| 真正的教育真正的爱 |

正面管教孩子 100招

不打不骂不娇不惯培养好孩子

徐望华 ◎ 著

中国校园感恩励志教育演讲团首席演说家
中国国际家庭教育研究院院长
国家教育部高级家庭教育指导师
历时3年创作的家教经典
献给家长和老师的首选礼物

给孩子一个没有伤害和痛苦的童年

立信会计出版社
LIXIN ACCOUNTING PUBLISHING HOUSE

图书在版编目（CIP）数据

正面管教孩子100招：不打不骂不娇不惯培养好孩子 / 徐望华著. — 上海：立信会计出版社，2015.1

（去梯言）

ISBN 978-7-5429-4402-3

Ⅰ.①正… Ⅱ.①徐… Ⅲ.①家庭教育-通俗读物 Ⅳ.①G78-49

中国版本图书馆CIP数据核字（2014）第241542号

策划编辑　蔡伟莉
责任编辑　何颖颖
封面设计　久品轩

正面管教孩子100招：不打不骂不娇不惯培养好孩子

出版发行	立信会计出版社			
地　　址	上海市中山西路2230号	邮政编码	200235	
电　　话	（021）64411389	传　　真	（021）64411325	
网　　址	www.lixinaph.com	电子邮箱	lxaph@sh163.net	
网上书店	www.shlx.net	电　　话	（021）64411071	
经　　销	各地新华书店			
印　　刷	固安县保利达印务有限公司			
开　　本	720毫米×1000毫米	1/16		
印　　张	19	插　　页	1	
字　　数	290千字			
版　　次	2015年1月第1版			
印　　次	2017年9月第3次			
书　　号	ISBN 978-7-5429-4402-3/G			
定　　价	36.00元			

如有印订差错，请与本社联系调换

前　言

天下所有的父母都希望自己的孩子长大后有出息，将来成长为一个有用的人。这当然是好的，但是，孩子的成长并不是一个单方面的过程，作为父母，每一天都在和孩子互动，父母对孩子的影响十分深远。

在我们一味谴责学校教育、社会教育不尽如人意的同时，往往忽略了我们的父母、我们的家庭教育也有着不可推卸的责任。作为父母，作为孩子的第一任老师，有必要反省一下自己对孩子的教育方式是否得当，是否科学。

在中国式家庭教育模式中，我们常常遇到这样的情景：

父母们望子成龙心切，要求孩子每门功课得满分，兼有多种爱好和专长，如钢琴、绘画、音乐、舞蹈等，想让孩子百科无所不晓，百艺无所不精。岂知拔苗助长，往往适得其反。

有的父母在孩子的成长道路上遍设温室和驿站，为孩子抵御风暴，剪除荆棘，为孩子营造一路平安的坦途。岂知这种风不吹雨不淋的无忧式培养法，却造就了一个个脆弱不堪、难以成熟的孩子。

有的父母在孩子的生活起居、身体健康方面可以说照顾得无微不至，却在他们的为人处世、心灵健康方面漠不关心，忽视了孩子的情商培养，忘记了要把孩子培养成一个真正的人才是教育的根本。

有的父母恨铁不成钢，信奉棍棒底下出才子，导致了孩子的心灵扭曲。有的父母崇拜金钱，奉金钱为万能，对孩子的奖惩一概与物质利益挂钩。他们认为，世界上最伟大的爱，就是为后代留下金山银海。可是，用金钱铺就的富N代们，长大后往往难以继承好家业。

因此，在家庭教育中，如何培养好孩子，是父母们最大的疑问。要想做好亲子教育，父母不但要努力提高自己的认识水平，还要采取严格有效的教育方式。

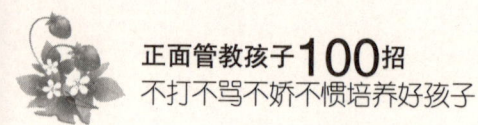

　　本书结合现代教育中较为先进的教子理念,列举出了100种正面管教孩子的有效方法,改变了传统的说教、批评、打骂、娇惯、溺爱等种种不当的教育方式。书中用最常见、最真实的亲子生活小故事为父母指明了家教的方向,规避了父母在家庭教育中最常犯的管教错误,既分析了不当的教育方式会给孩子的成长带来怎样的后果,同时强调了合理而科学的正面管教方案给孩子带来的种种优势和好处。

　　不当的管教方式会影响孩子的一生,而有效的管教方式会有益孩子的一生。相信父母们通过本书提供的正面管教方法,能够让每一个孩子变得健康、优秀和受欢迎!

目　录

第一章　好父母胜过好老师，榜样比管教更有力量 ……………… 1

第1招　言传和身教并行，培养好孩子先做合格好父母 ………… 2
第2招　告诉宝贝，我愿做你一生依靠的大树 ……………………… 4
第3招　放低姿态，用威信赢得孩子的信任 ………………………… 7
第4招　在孩子面前谨言慎行 ………………………………………… 10
第5招　不要过分地宠溺孩子 ………………………………………… 12
第6招　无原则地替孩子辩护是大多数父母易犯的错 …………… 14
第7招　给孩子立下规矩才得方圆 …………………………………… 17

第二章　不打不骂，教孩子学会做人 ……………………………… 21

第8招　德行是家庭教育的必修课 …………………………………… 22
第9招　教孩子做一个诚实守信的人 ………………………………… 24
第10招　让孩子学会自己负责 ………………………………………… 27
第11招　可以让孩子吃点亏 …………………………………………… 30
第12招　教孩子做一个爱心小天使 …………………………………… 33

第三章　不烦不躁，心平气和与孩子互动沟通 …………………… 37

第13招　教育孩子前先控制好自己的情绪 ………………………… 38
第14招　心平气和比指手画脚更有效 ………………………………… 40
第15招　掌握一些与孩子沟通的艺术 ………………………………… 43
第16招　与孩子建立平等、信任、民主的关系 …………………… 46
第17招　倾听孩子的心声 ……………………………………………… 48
第18招　沟通前先和孩子做朋友 ……………………………………… 51
第19招　多听听孩子的想法 …………………………………………… 54
第20招　温和地开导才能让孩子敞开心扉 ………………………… 57
第21招　给孩子一个说话的机会 ……………………………………… 60
第22招　鼓励孩子有自己的见解 ……………………………………… 63
第23招　让亲子沟通更快乐和谐 ……………………………………… 65

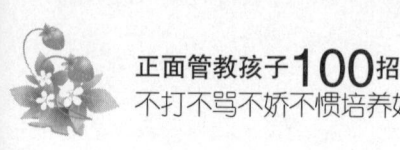

第四章　不讥不讽，孩子的进步从赞美开始 …… 69

- 第24招　讲究一点批评孩子的艺术 …… 70
- 第25招　永远不要对孩子做批判性的指责和讥讽 …… 72
- 第26招　将善于发现孩子的闪光点作为习惯 …… 74
- 第27招　给孩子表扬和赞美 …… 77
- 第28招　肯定和支持孩子的小小努力和成绩 …… 80
- 第29招　不要拿孩子与别的孩子作比较 …… 83
- 第30招　培养自信，让孩子学会对自己说"我能行" …… 85
- 第31招　宽容地对待孩子曾犯的过错 …… 88
- 第32招　陪着孩子一起向前飞而不是习惯回头看 …… 91

第五章　不吼不叫，让孩子主动爱上学习 …… 95

- 第33招　父母是孩子学习上隐形的翅膀 …… 96
- 第34招　理智地对待孩子的学习 …… 98
- 第35招　养成陪孩子一起学习的习惯 …… 101
- 第36招　不要过分地看中考试分数 …… 104
- 第37招　培养孩子良好的阅读习惯 …… 107
- 第38招　在学习中快乐比第一更重要 …… 110
- 第39招　其实你家的孩子并不笨 …… 113
- 第40招　寓教于乐，其乐无穷 …… 115
- 第41招　合理地给孩子制定学习目标 …… 119
- 第42招　即便望子成龙心切也不要拔苗助长 …… 121
- 第43招　不剥夺孩子的假期自由 …… 123
- 第44招　"课内老师教，课外家教补"并非人人皆宜 …… 126
- 第45招　父母要给予孩子学习上的有效帮助 …… 129
- 第46招　合理地利用优质的学习条件 …… 132

第六章　不逼不迫，正确引导和开发孩子的天赋和潜能 …… 135

- 第47招　找准孩子的兴趣点 …… 136
- 第48招　将孩子的兴趣和学习巧妙链接 …… 139
- 第49招　因材施教，培养孩子多方面的才艺 …… 142

第50招	别给孩子的特长进行功利性包装	145
第51招	正确引导和开发孩子的天赋和潜能	148
第52招	善待孩子的好奇心和想象力	151
第53招	让孩子学会自己拿主意	154
第54招	重视孩子的善问	157
第55招	认真回答孩子的发问	159
第56招	正面引导"破坏王型"的淘气包	162
第57招	在亲子游戏中学习和成长	165
第58招	在探索和实验中开发孩子的潜能	167

第七章　不娇不宠，让孩子内心变强大才无往而不胜 …… 171

第59招	给孩子一个坚强的性格品质	172
第60招	让孩子在竞争中学会乐观和忍耐	174
第61招	陪孩子一起在风雨中历练	177
第62招	让男孩女孩勇敢起来	179

第八章　不纵不惯，帮助孩子打造良好和谐的人际关系 …… 185

第63招	教孩子一点人际交往的本领	186
第64招	帮助孩子提高交际能力	188
第65招	让孩子在交友中学会和睦相处	191
第66招	告诉孩子，分享是一种美德	193
第67招	教育孩子交往适度而不是限制其交友	196
第68招	巧妙地帮助孩子化解友谊中的冲突	200
第69招	教孩子学会融入集体	202
第70招	积极地指导孩子交往良师益友	205
第71招	用好的方式帮助孩子搭建友谊的桥梁	208
第72招	让孩子做一个处处受欢迎的小主人	211

第九章　不拘不束，给孩子一片属于自己的蓝天 …… 215

第73招	放手，让孩子自己试着去做	216
第74招	锻炼孩子的生活自立能力	219
第75招	让孩子做一个快乐的人	221

第76招　不包办，不担忧，让孩子在独立中成熟 …… 224
第77招　让孩子养成良好的生活习惯 …………………… 226
第78招　不要让餐桌成为教子的课堂 …………………… 229
第79招　培养和提高孩子的自控力 ……………………… 231
第80招　教孩子学会保护自己 …………………………… 234

第十章　不疏不弃，用温暖和爱呵护孩子的心灵 …… 237

第81招　满足孩子"爱我你就抱抱我" …………………… 238
第82招　让孩子感受家的爱和温暖 ……………………… 240
第83招　让孩子做个心中有爱的人 ……………………… 243
第84招　让真善美住在孩子心中 ………………………… 245
第85招　亲子之爱要表达 ………………………………… 248
第86招　重视孩子的叛逆期心理和行为 ………………… 251
第87招　单亲家庭要给孩子更多一点爱 ………………… 254
第88招　给孩子一些安全感 ……………………………… 256
第89招　正确地跟孩子谈性 ……………………………… 259
第90招　从小让孩子懂得自然性别的差异 ……………… 262
第91招　青春期来袭，悉心呵护孩子的情感变化 ……… 265
第92招　尊重孩子的个人空间 …………………………… 267

第十一章　以礼为矩，教给孩子必要的言行规范和礼仪修养 … 271

第93招　教孩子做一个有礼貌有修养的人 ……………… 272
第94招　从小规范孩子的仪表形象 ……………………… 274
第95招　指导孩子担当文明就餐的小淑女、小绅士 …… 277
第96招　让孩子知礼、懂礼、守礼 ……………………… 280

第十二章　不吝不奢，合理地锻炼孩子的财商 ………… 285

第97招　跟孩子这样来谈钱的问题 ……………………… 286
第98招　培养孩子正确的消费观 ………………………… 288
第99招　穷养男富养女，不用优越的物质条件宠爱孩子 … 291
第100招　培养财商可以从孩子做起 …………………… 293

第一章

好父母胜过好老师,榜样比管教更有力量

第1招
言传和身教并行，培养好孩子先做合格好父母

父母是孩子的第一任老师，也是和孩子接触最多的人。父母的言传身教对孩子的影响是深远的。他们本能地模仿和他们接触时间最长、与他们最为亲近的人——父母，孩子表现出来的一些个性品质总能在父母身上找到根源。实际上，随着孩子的成长，父母的形象为子女逐渐树立了成功的榜样。

在家庭教育中，父母一定要为孩子树立良好的榜样。孩子在童年时期的个性、品德逐渐开始形成，此时他的主要学习方式就是模仿，模仿大人的一言一行，模仿父母的举止做法。因此，父母的行为方式会直接影响孩子，甚至被孩子全盘接受。

我国有句古话："养不教，父之过"，充分说明了身教在孩子成长过程中所起到的重要作用是不容忽视的。

言传重要，身教更重要

"身教胜于言教"，这是古训，是我国传统家教的重要经验，很值得我们现在的家庭教育发扬光大。但目前有不少家庭教育只是重视言教，而忽视身教。

比如，有些父母，重言教，轻身教，对孩子的习惯养成危害甚深。这里不妨看两个生活镜头——一位年轻的妈妈和儿子在公园里玩耍，妈妈指着地上的易拉罐对儿子说："看，易拉罐到处乱扔，多不卫生！"然后将其一脚踢开。

一位父亲教女儿背古诗。父亲说："锄禾日当午，汗滴禾下土。"女儿说："爸爸，我手里的面包吃不了啦！"父亲说："那就扔掉吧！"

可见作为父母，千万不能只重视言教而忽视身教，只有父母的言传和身

教并行,给孩子起到良好的榜样示范作用,才是教育的关键。

【正面管教秘诀】

对子女的日常教育,榜样的力量是无穷的,父母是孩子的第一任老师,我们的言行无时无刻不影响着孩子,语言和行动两个方面缺一不可,用我们的言行来引导子女的成长,才是科学合理的家教方案。

要求孩子也要求自己

父母要给孩子树立榜样,先要做到自己身正为范,既要求孩子,也要求自己。

孙路一进家门,就看见儿子拿着瓶啤酒自斟自饮,已经喝得满脸通红了。他冲上前,生气地夺下酒瓶:"好小子,你还喝上啤酒了!"儿子挥挥手:"有什么了不起,喝点啤酒算什么呀,你不整天喝吗?"

儿子毫不屈服,先是让孙路有些不知所措,转而就是火冒三丈:"反了你了,还敢说你爸了!"说着,抬手就是一巴掌。

父母要重视自己在孩子面前的榜样作用,凡是要求孩子遵守的行为准则和规矩,父母首先要做到,才能理直气壮地要求和督促孩子,孩子也才会心服口服。

【正面管教秘诀】

当孩子指出父母的错误时,父母应该首先欣慰地认识到,孩子有了自己的认识能力、识别能力,他的心智越来越成熟了。父母也不要反对孩子对自己提意见,要像要求孩子那样,虚心听取孩子的意见和批评,承认自己的错误。

在教育孩子的问题上父母要一致

父母的言传身教最好保持一致。虽然在教育孩子时,夫妻双方发生分歧是在所难免的。但作为父母,千万不能忽视这种分歧,否则,你们将犯一个非常大的错误。

爸爸妈妈又吵起来了,星星的眼泪刷刷地流,可是谁也没有在意她的感

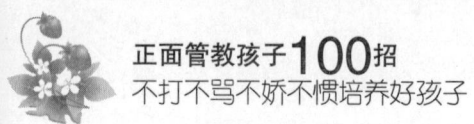

受,他们只顾着与对方争吵。星星爸爸说:"应该让孩子学习英语和数学,这样才能提高孩子的学习成绩,否则将来她就考不上大学。音乐和美术只会影响孩子的学习。所以我坚决反对你的做法。"星星妈妈说:"现在应该注重对孩子的素质教育,你那套教育理论只会使孩子越来越笨,考不上大学又怎样?孩子本来就有艺术天赋,干吗不好好培养她。为了更好地发展孩子的潜能,我必须让孩子暑假去学习音乐和美术。"小两口吵来吵去,都固执己见,根本没法达成一致。星星哭得很伤心,大叫道:"我什么也不学,我去找奶奶。"说着就冲了出去,小两口傻眼了,片刻停顿之后又吵了起来,星星爸爸说:"孩子变得这么任性是你惯坏的!"星星妈妈说:"赖我?全是你惯的!"他们继续吵,谁也没想到应该去把小星星追回来。

【正面管教秘诀】

在对待孩子的问题上,父母之间往往会发生分歧,或许因为各自双方的个性和自尊,而一定要和对方硬撑到底,可是父母有没有想过,这样做,伤害最大的是孩子。因此,为人父母者在教育孩子的问题上一定要做到求同存异,千万不能让孩子感到无所适从。

第2招
告诉宝贝,我愿做你一生依靠的大树

孩子在小的时候会将父母看作"偶像"、"超人"一样的人物。在他们的眼里,父母无所不能,爸爸妈妈就是最伟大的人。如果父母是大树,那么孩子就是树苗。

男孩与女孩天生的差异,促使父母不得不去思考:怎样促进不同性别孩子的成长和发展呢?教育专家认为,父母分别做男孩女孩不同的偶像,可以让孩子一生受益。

通常来讲,女孩性格的形成受母亲的影响是最大的,男孩性格的形成受父亲的影响是最大的。有的妈妈喜欢乱发脾气，经常对着家人大喊大叫而且不能克制，总是给家庭制造一种不祥和的气氛。而有的妈妈对待家庭成员都很亲热，对丈夫很尊重，并且尽力教育孩子，让家庭和睦温馨。两个不同的妈妈肯定会培养出性情不同的女儿，第一个妈妈培养出来的女儿肯定不能把家庭照顾得细致周到，而第二个妈妈培养出的女儿在将来也一定是个好妈妈，她会把一种宽宏友爱的气氛带到自己的家庭中。

同样的道理，如果作为父亲总是逃避对家庭的责任，对待家人粗暴且漫不经心，那儿子在将来长大之后也会具有这些特点，难以成为家庭的顶梁柱。如果父亲在家中能够很好地扮演自己的角色，在家中主动承担更多的责任，儿子在耳濡目染下将来也一定会成为一个真正的男子汉。

当然，母亲对儿子的影响、父亲对女儿的影响也同样重要。母亲那种鲜明的女性气质同样有助于男性气质的培养，父亲的那种男性气质则有助于女儿表现出女性气质。因此，双亲的形象力量对子女的成长会形成潜移默化的影响。

父母自身修养好，孩子就能素质高

父母在日常生活中的一言一行、一举一动，其自身的形象和修养都在教育和影响着孩子，这比说教更见成效。

公共汽车上，一个准备给老人让座的男孩突遭母亲的训斥："就你多事，坐下！"这个孩子以后可能再也不会给老人让座了，也可能会变得不再尊重和关心老人了。母亲若为一点琐事就与邻居争吵，那么，孩子出现与小朋友的不团结问题也就不足为奇了。

或许不少父母都有这种感受，在许多事情上，孩子竟无师自通。其实，有时孩子能最细致地领会到父母的思想和感情；最善于效仿和学习大人的行为和语言；母亲的想法和做法一点都瞒不过孩子锐利的眼睛。"孩子是父母的一面镜子"，"上梁不正下梁歪"，说的就是这个道理。

【正面管教秘诀】

当你希望子女具有优良的品格和修养时，首先要让你自己先具备这些品

格和修养。为了培养出色的后代，父母还应努力提高自己的科学文化水平。家庭教育不同于学校教育，要把培养孩子的良好品质和性格放在首位。所以说，合格的父母不是天生的，但是可以经过学习而变成的。

在孩子面前始终保持良好的形象

作为父母，当你面对孩子时，你可能会忽视自己对孩子的形象作用，毫不顾及自己将在孩子面前扮演的是什么角色。这是父母们最易犯的一个很大的错误，这个错误可能会让你失去做父母的资格，以致痛悔终生。

爷爷老态龙钟，口水鼻涕不停地流。儿媳妇嫌他脏，不让他同桌吃饭。有一次，爷爷不小心把饭碗打碎了，儿媳妇破口大骂："老不死的，以后给你一只木碗算啦！"几天后，年轻夫妇俩发现儿子小强在用斧子砍木头，就问小强在干什么。小强回答说："我在做木碗，等你们老了给你们用它吃饭，免得打碎瓷碗。"夫妻俩听了儿子的话，面面相觑，感到十分羞惭，从此请小强的爷爷同桌吃饭了。

【正面管教秘诀】

所有为人父母者应注意自己的形象和修养对孩子的影响。你们自身的修养在教育上具有决定意义。不要以为只有你们同孩子谈话，或教导孩子、吩咐孩子的时候，才是在教育孩子。其实，在生活的每一瞬间，你们都在教育着你们的孩子。

父母懂得自我反省，孩子就学着知错能改

在日常生活中，一些小事也可能会对孩子产生不良的影响。例如：6岁的女儿走进厨房，后面跟着4个伙伴。时间是下午4点45分。妈妈还在准备晚餐，并正在一点点品味道。孩子问："妈妈，我们能吃点东西吗？"嘴里塞满食物的妈妈说："不行，快吃晚饭了，如果你现在吃，晚饭时你就再也吃不进什么了。"

其实妈妈真正懊恼的原因是："为什么女儿总是把隔壁的孩子带到家里？我已厌倦把冰棍都分给邻居的小孩，他们总是吃个精光，一点也不留给

我们。"此时此刻，这才是真正的理由，而且是个正当的理由。但是因为不能直接说出来，妈妈就用各种不相干的理由拒绝女儿。并且，妈妈自相矛盾的表现却只能引起孩子心中的疑惑：为什么你可以吃东西，我们就不行？

　　这种事情在日常生活中随处可见，妈妈或者并没有意识到，或者不认为自己有什么错误，但是，如果深究它的影响，问题就不是这么简单了。父母都希望子女能成龙成凤，可是，自己的行为却并不可取，父母不能自律，又如何能让孩子自律呢？

【正面管教秘诀】

　　父母是家庭中最直接、最权威的"参照物"和导师，能够自律的父母就能给孩子以好的影响，也才可能有威信去管教孩子，使孩子能健康、正常地发展，培养出健康的身心。因此，作为父母，在教育孩子时，就应该多做自我反省，尤其是在批评孩子的时候。

第3招
放低姿态，用威信赢得孩子的信任

　　世界著名教育家池田大作说："尊重孩子的人格，孩子便学会尊重人。"要教育孩子，首先要尊重孩子，在与孩子交流时要平等，在此基础上才会努力地去理解孩子的想法。这种平等的关系会使孩子愿意同父母交流，并能听得进父母的说教，这是进行教育的首要条件。

　　为了做到这些，在对孩子的教育上要尽可能多一些人性化，从孩子容易接受的事和有关的问题出发，给他提建议，让他明白哪些该做、哪些不该做。孩子最初的受人尊重的感觉来自于父母的威信。父母用威信获得孩子的尊重，是在日常生活中经过多次的训练、教育和不断地强化而逐渐建立起来的。父母在孩子面前树立威信，孩子就会懂得用威信去获得别人的尊重。能够得到父母的尊重与爱的孩子，才会懂得如何去尊重别人、爱别人。

所以，请放低姿态，放下长辈的架子，蹲下身来与孩子交谈，而不要总是给孩子高高在上的压迫感。你的威信来自于对孩子的尊重，爱他就要让他知道你很尊重他，这样孩子就会更加信任和尊重你。

父母许下的承诺就要兑现

有些父母往往向孩子许下这样那样的承诺，但很少有兑现的时候。久而久之，孩子对父母的做法习以为常，也就不会去遵守自己许下的承诺。而且，当父母不能依照承诺履行诺言时，孩子就会对父母的口是心非感到生气，且不再相信父母的话，久而久之，累积的怨气不但会严重影响亲子间的和谐关系，也会降低孩子对父母的信任度。

没有信任就没有威信。父母失信于孩子，其害处是相当大的。所以，作为父母，一定要做到说话算数，切不可为了达到某种目的而欺骗孩子，对孩子撒谎。

父母与子女之间的相互承诺应像与成人的交往一样认真对待，它不仅是与孩子交流的一种合理形式，也是培养孩子健康人格的一种教育手段。当孩子认识到自己答应了的事情就必须做到时，便有了责任感，从而学会履行责任，养成良好的道德习惯。

【正面管教秘诀】

父母要尊重孩子，不要以为孩子年龄小、不懂事，对孩子许下的诺言就不重视，无论能否兑现都不在意。在孩子的眼里，守信用是最重要的。孩子有时会抱怨说大人说话不算数，只是因为他们希望自己的愿望得到满足。

可以主动向孩子道歉

当父母因为工作等原因影响了诺言的兑现，孩子感到失望、委屈时，父母不可强迫孩子接受许诺不能兑现的结果。而是应主动而诚恳地向孩子道歉，把不能兑现的原因跟孩子讲清楚，取得孩子的理解和原谅，并在以后寻找适当的机会兑现自己没有实现的诺言。即使孩子暂时无法谅解，也不能用呵斥、教训的方式对待孩子，应该允许孩子发牢骚、表示不满。美国儿童心理学家罗达·邓尼说过:"父母错了,或违背自己许下的诺言时,如果能向孩子说一声对不起,可以帮助孩子建立自尊,同时能培养孩子尊重人的习惯。"

所以,父母对孩子必须言而有信、以诚相待,这样,孩子才会对父母产生充分的信任感,也才愿意把自己的心里话告诉父母。父母是孩子的镜子,也是孩子模仿的对象,也只有说话算话的父母才能在子女心目中树立起威信,才能避免因孩子说谎而头疼的事情发生。

【正面管教秘诀】

许诺包括物质许诺和精神许诺。适当的物质许诺是可行的,但不能过度,否则会滋长孩子虚荣、自私等不良习性。可尽量多地使许诺与有意义的活动相连,如许诺给孩子买书籍,带孩子去看画展、旅游等,既能调动孩子做事的积极性,又能丰富孩子的精神世界,开阔孩子的视野。

不要以大人的标准来判断孩子的缺点

父母要尊重孩子,就要学会站在孩子的立场看问题。为此父母要了解的一点是,每个孩子是生来就与众不同的,孩子的某些缺点可能就是他的个性所致,这不完全是他自己能够控制的。所以,作为父母不能以"孩子不应该这样"的想法来教育孩子,而是要接纳孩子的缺点,这不是他的错,虽然需要改正,但是,要知道如果你的孩子改正了,他比没有缺点的孩子付出了更多的努力,他事实上更优秀。

父母以大人的标准来判断问题,这对孩子是不公平的。

父母只有接纳孩子的缺点,认识孩子的缺点,才能心平气和地帮助孩子纠正缺点,完善自己,使孩子变得更出色。

【正面管教秘诀】

面对有缺点的孩子,父母不仅要安慰孩子、鼓励孩子,帮助孩子树立信心,更要注意发现和培养孩子的优点和长处,帮助孩子扬起生活的风帆,创造人生的辉煌。

第4招
在孩子面前谨言慎行

人们常讲:"孩子是父母的影子。"就是在形容孩子与父母之间的关系,有什么样的父母,就会有什么样的孩子。

大多数的孩子在生活中会不自觉地把父母当成自己的模仿对象,可以说,在生活中父母的一言一行、各个方面,都对孩子形成深远的影响。孩子也是通过父母在生活中表现出的各个细节来学习生活的方式和处世的态度。

父母是否善良,是否有爱心,这些决定着孩子的品格。妈妈是事业心更重还是更加以家庭为重,这些决定着女儿将来对家庭的态度;爸爸在社交圈子中的地位和风格,往往是儿子模仿的轨迹……

正是因为如此,父母尤其要注意自己的言行举止,这些很可能就会成为孩子模仿的对象。有的时候由于自己不经意的小动作,甚至就会误导孩子。

不要当着孩子的面指责别人

有的父母常会议论一些亲戚朋友之间或是单位里同事之间的事情,常会因为各种原因,有意、无意地挑剔别人的毛病,评论别人的缺点,而且不避讳孩子。

父母谈论的这些事情,可能都是因为自己觉得亲戚朋友、单位同事有对自己不公平、不理解的地方,而经常带有不满的情绪,在考虑问题的时候难免有失公正,对别人的评价也就难免有些偏激,而孩子对事情的理解能力有限,这就不可避免地会把一些主观的是非判断、对错的概念带给孩子,这对孩子学会公正、公平地对待他人和事情都是不利的。

【正面管教秘诀】

尽量避免在孩子面前谈论他人,尤其是谈论他人的缺点、毛病。在生活和工作中,要以平常心宽容地对待亲戚朋友和同事,给孩子树立一个"严于律己、宽以待人"的榜样。

不在孩子面前命令他人

孩子可能受父母的影响，从父母那里学到了命令别人的"本领"。有些父母认为，在家里不用客气，因此在家庭成员之间常常用命令的口气讲话；有的父母常在孩子面前命令保姆，这些都会给孩子造成不良影响。教孩子学会了命令人，会让孩子学会了以自我为中心，从来不会站在别人的角度想问题。

如果孩子在情绪不好的时候命令别人，父母可以告诉孩子："心里有什么不高兴的事情可以慢慢说出来，用命令的口气说话是解决不了问题的，常常还会把不好的情绪带给别人，把本来可以办好的事情办坏了。"

【正面管教秘诀】

父母经常命令他人，会使孩子的是非观念发生错乱，严重影响孩子自我意识的形成，并且还会让孩子产生模仿的心理。

警惕在不经意间教给孩子的坏习惯

孩子对事物好坏的分辨能力差，对父母所做的事总是有意无意地模仿。父母在生活中的习惯也都在影响着孩子。例如，如果父母在要求孩子诚实的时候，自己却没有做到言行一致、诚实守信，那么就会成为孩子说谎的榜样。

例如家里来了不受欢迎的人，妈妈在屋里躲起来，让孩子到屋外说"我妈妈不在家"等，这会给孩子留下不好的印象。孩子会从妈妈的行为中，得出一种结论：说谎是被允许的。可以说，有怎样的父母就会有怎样的儿女。做父母的一定要谨言慎行，不要让孩子得出"爸妈也说谎，却不让我说谎"的结论。

【正面管教秘诀】

有些做父母的，每逢孩子做错了一件事，便要打骂。其实，很多父母没有意识到，孩子的一些行为往往来自父母的习惯。要让孩子表现得好，就要用良好的行为习惯去影响他们。

正面管教孩子100招
不打不骂不娇不惯培养好孩子

第5招
不要过分地宠溺孩子

疼爱孩子是父母的天性，但是如果疼爱得过了头，那就变成溺爱了。教育孩子，最忌讳的就是溺爱。一个在溺爱环境中长大的孩子，别指望他将来会有出息。对孩子的爱，只能放在心里，表现出来的，该狠还是要狠一点。要舍得让孩子吃一点苦头，不要对孩子的要求全部给予满足。以孩子为中心，一味地溺爱，是不利于孩子身心健康的。

孩子的性格是软弱还是强大，与父母的溺爱程度有很大关系。通常，妈妈比爸爸更容易溺爱和顺从孩子，而爸爸则能显示给孩子勇敢、自信、安全、坚毅、强悍的性格特征。

幼儿园有一种叫"钻鱼"的户外活动器材，在父母接孩子回家时，经常会有孩子爬到鱼背上下不来，害怕地叫爸爸或妈妈。妈妈听到孩子叫声后总是急急忙忙把孩子抱下来，而爸爸听到叫声后往往对孩子说："你自己下来！能上去就能下来。"

事实证明，父母越不溺爱孩子，将来孩子走向社会之后应付压力的能力也越强。

当与孩子有冲突时，父母不要先妥协

父母与子女之间发生冲突时，双方都有责任，往往是相互不理解造成的。这时，只要其中一个人退出争吵，另一个人也就"孤掌难鸣"了。如果父母撤离"战场"，那么孩子也就变成"孤军"了。

当与孩子有冲突时，首先必须了解孩子的动机。孩子从小就有一种强烈的占有欲和优越感，本能地用各种小手段来达到控制大人尤其是母亲的目的。父母如果屡屡让步妥协，孩子的自我为中心的思想就会越来越膨胀，变得十分任性，在家里就会越来越多地与父母发生冲突。因此，父母不可太过迁就孩子的任性行为。

【正面管教秘诀】

当冲突发生时，可以采取"无为而治"的方法，既不动怒也不理睬，让孩子自讨无趣。没有人参与，没有观众，孩子自然就会偃旗息鼓了。"无为而治"，运用到教子上，能使家庭和睦，纷争减少，在不知不觉中培养了孩子的好性情。

不要轻易迁就孩子不合理的要求

小米从学校一回家，放下书包就坐到了电视机旁，开始看他最喜欢的动画片。妈妈走过来问他："老师布置的作业写完了？""还没有，我先看会儿动画片再写。""那你先看10分钟再做，好不好？""嗯。"小米盯着电视机回答了一声。10分钟到了，妈妈又来到小米身边："小米，该做作业了。""妈妈，我再看5分钟，好不好？""就5分钟。"妈妈只好回去做自己的事。5分钟很快到了，"听话！时间到了。""不，我就是要看。"妈妈火了，把电视机关上，从小米的书包里把他的作业本拿出来，放在他面前。可是小米却两眼看着窗外，一动也不动。"还不快点做。"妈妈高声叫道。

可是小米一点儿反应都没有，妈妈也拿他没办法。

【正面管教秘诀】

对孩子不合理的要求不要一味迁就，要做到坚持原则，迁就和顺从孩子的不合理要求，实际上是助长他们的"自我为中心"，容易使孩子变得自私自利。因此，父母要拒绝孩子的不合理要求，让孩子明白，在这个世界上，不可以为所欲为，人要学会控制自己的欲望。

妈妈最好不要过分袒护孩子

在对孩子的态度中，母亲对孩子的袒护要多于父亲的现象比比皆是。

晚上，回家的途中，母子俩边走边说白天的见闻。

孩子："妈妈，今天在幼儿园，有个小朋友打我了。"

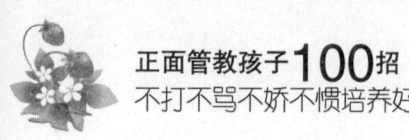

母亲："是吗？快告诉妈妈，打你哪儿了？疼不疼？"

孩子："不疼！"

母亲："那你为什么不打他呢？是不是他先打你的？"

孩子："不是。是我先抢他的座位，他不给，我把他推倒了，他就打了我，老师批评了我俩。"

母亲："什么？你挨了打，老师还批评你？下次，不用跟老师说，谁打你，你就使劲打他，不能让别人欺负你，知道吗？"

孩子："可是，我们老师说，打人不是好孩子，互相谦让才是好孩子。"

母亲："……"

【正面管教秘诀】

像上述故事中这种过分袒护孩子的行为易导致孩子自私的性格，影响他的人际关系，更为重要的是阻碍了孩子的社会性发展。所以，父母应该改变这种过度的亲子意识，站在一个比较客观的立场，判断孩子的行为并实施正确的教育方法。

第6招
无原则地替孩子辩护是大多数父母易犯的错

当孩子犯了错误的时候，有的父母会对此视而不见，反而说："不要管得太严，孩子还小呢。"有时候爷爷奶奶还会站出来说话："不要教得太急，他长大之后自然会好的。"这样环境里长大的孩子往往缺乏是非观念，长大之后很容易变得任性、不讲理。

为了孩子的健康成长，要给予他充分的爱，但是不可以一味地迁就，无原则地替孩子辩护。否则培养出来的孩子将来会出现很多问题，如缺少远大的理想、缺少是非的观念、缺少良好的习惯、缺少挫折教育等，从而直接影响孩子的未来。

很多父母都会纵容孩子，将孩子的过错揽到自己的身上，如以"我们的童年过得很艰辛，再不能让孩子经受我们已受过的那些磨难了""现在条件好多了，只有一个孩子，因此，无论如何也不能让孩子吃苦受累。""算了，他还是个孩子"这些为借口，试图为他们对孩子的溺爱找理由。正是出于这种心理，溺爱子女才成为当今社会的普遍问题。

如果父母对孩子没有要求，一味地迁就，百依百顺，满足孩子的一切要求，唯恐孩子不高兴。在这种家庭中，父母是孩子的奴隶，绝无任何威信可言。而孩子往往也变成唯我独尊、任性、为所欲为的小霸王。

父母该不该教训孩子"不准哭"

孩子的成长需要欢乐、轻松，但实际上，令父母揪心的是孩子的哭声，从一出生起，哭声就陪伴着孩子。那么，如果孩子今天为这个哭，明天为那个哭，一哭你就慌了，怎么办？怎么才能让他活泼开朗而不是脆弱爱哭呢？

这个问题的答案是：孩子没错，是父母认识有误区。有些父母认为哭是懦弱的表现，特别是对男孩，认为男孩就应该坚强，正所谓"男儿有泪不轻弹"，孩子一哭，就马上制止，或者转移他的注意力，而这种做法并不利于孩子的身心发展。

【正面管教秘诀】

正确的做法是，父母先弄明白孩子为什么哭，再帮助孩子一起解决让他哭的烦恼和困难。帮助孩子排解不良情绪，而不是孩子一哭就训斥或强令禁止。哭能很好地调节人的情绪，是最好的心理治疗方式。如果强忍情绪，压抑下去，积累到一定程度，情绪是会爆发的，这样对人的伤害是非常大的。而且孩子可能因为服从父母的权威，说不哭就不哭了，将难过的情绪压抑到内心深处，但压抑了情绪，并不表示情绪消失了，日积月累，会造成孩子的心理问题。

不要无原则地为孩子辩护

有的父母只喜欢听别人夸奖自己孩子的好话，而听到别人提及自己孩

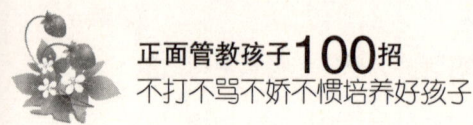

子的缺点、错误则一脸不高兴,甚至无原则地为孩子辩护。孩子之间发生争吵,总是千方百计地庇护自己的孩子,这样不利于孩子的成长。

孩子缺乏辨别是非的能力,父母的态度往往是孩子判断是非曲直的依据。父母对子女的缺点和过失不批评,过于纵容,这样会使孩子是非不分,以致错上加错。父母千方百计为孩子的错误开脱,孩子看在眼里,记在心上,慢慢对别人的教育劝告无动于衷,甚至形成知错不改、明知故犯的坏习惯。

【正面管教秘诀】

过分庇护孩子,孩子会把父母当作保护伞,做错事就找父母庇护,久而久之会养成不讲道理、专横的坏习气,助长孩子的依赖心理,会妨碍孩子独立自主个性的形成和与人交往能力的锻炼。

不要纵容孩子的任性

在现在社会中,任性可以说是独生子女的通病。

5岁的芳芳聪明可爱,乖巧的时候,也着实惹人喜爱。由于芳芳能歌善舞,语言表达能力强,在家里,爸爸妈妈、爷爷奶奶、姥姥姥爷都争着疼爱她。可是,芳芳有一个很大的问题——太任性。在家里随心所欲,什么事情都得依着她,稍不如意,她就会大发脾气,哭闹不止,谁的话都不听。为此,她的父母伤透了脑筋。尽管他们一再告诫她"你下次再也不许重犯了",可不愉快的事情还是不断发生着。这天一大早,妈妈因为着急去上班,就匆忙帮芳芳把尿盆倒掉了。芳芳的脾气立刻又上来了,号啕大哭:"你为什么要倒尿盆?这是我自己的事情!"她的脾气越来越大,没完没了,眼看着妈妈上班要迟到了,那也不行!最后还得是大人让步,哭得一抽一噎的芳芳,拿着尿盆走进厕所,从抽水马桶里舀回"该自己倒的"尿,重新倒一遍,才算完事!

【正面管教秘诀】

任性作为一种不良的性格,除了与天生的秉性有关以外,最主要的是与父母的教育方式有关。孩子小的时候,常常有不合理的要求,父母觉得孩子小,不懂事,就迁就他,时间长了,就会形成孩子放任自己的心理定势,习

第一章 好父母胜过好老师，榜样比管教更有力量

惯于按照自己的意愿行事，并要求他人服从自己。所以，父母在养育孩子的过程中，要把握爱的尺度，不要过分地、没有原则地纵容孩子的任性。

第7招
给孩子立下规矩才得方圆

法国启蒙主义思想家卢梭说过："幼儿时期是成长中的最主要时期。"现在，很多父母都很重视孩子的早期家庭教育，但由于许多父母缺乏家庭教育方面的知识，存在着两种极端表现：一是对孩子的管教过严，给孩子订下许多清规戒律，这也不许干，那也不许干，把孩子的手脚束缚得紧紧的；一种是教育过宽，对孩子的要求，不管是合理的还是不合理的，一律满足，结果导致孩子放任自流，为所欲为。

父母在教育孩子的问题上要做到宽严相济、恩威并施，这就要求父母要给孩子立规矩并把握好尺度。懂得宽严相济，既不一味地强求孩子服从自己的管教，也不纵容孩子不好的习惯，这点值得很多父母好好学习。

在我们现在的家庭中，一般情况下孩子和母亲在一起的时间大大多于和父亲相处的时间，母亲在孩子的早期家庭教育中扮演着很重要的角色。可是有的母亲爱子心切，常常过度地溺爱自己的孩子，而将家规忘在脑后，形成孩子主宰着父母一切的尴尬局面。

儿童教育学家普遍认为，对孩子应当宽严相济。该严的时候严，父母才能在孩子面前树立起应有的威信；该宽的时候宽，孩子才能够不被束缚，收到良好的教育效果。

不分青红皂白给孩子"定罪"不可取

周末，爸爸妈妈去接小志，爷爷却告诉他们，小志竟然没有告诉爷爷就从爷爷的抽屉里拿了200元钱！

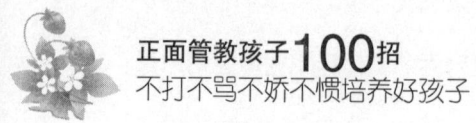

爸爸妈妈认为小志的行为实在是太让他们失望了,这不是个小问题,是道德品质问题呀!尽管小志认了错,事情也过去很多天了,可爸爸妈妈还是想起来就生气,一有机会就利用这件事教训小志一番,还把事情告诉了外婆、外公、舅舅、小姨,让大家都来给小志讲道理,好让他以后再也不敢"偷"钱了。事后爸爸妈妈才得知,原来小志是用这200元钱买了自己心仪已久的钢笔。

像上面故事中的父母,做法是不可取的。这种不分青红皂白地给孩子定罪,甚至因为痛恨孩子的错误,就忍不住把孩子的行为告诉所有人,以期孩子可以在大家的教育下改正错误,或许会适得其反。

虽说父母的出发点是好的,但孩子的行为有时是冲动的、不计后果的,却并非是有意的。如果父母不分析孩子这种行为的原因、动机,就把它定性为道德品质败坏,会使孩子因一次偶然的错误行为而背负上深深的负疚感、罪恶感,造成沉重的心理负担和阴影,从而影响孩子的心理健康、性格发展和自尊心、自信心的建立。

【正面管教秘诀】

把孩子的错误公布于众,以示惩罚、教训,对孩子来讲是一种缺乏尊重的、粗暴的甚至是很残酷的方式。孩子有思想、有感情、有自尊心,他在明白了自己的错误后,也会很后悔、很难过,会希望自己悄悄地改正错误,重新得到父母的认可、喜爱,而不是将自己的错误公布于众。

先立规矩再要求孩子

有些父母从不对孩子外出的同伴、地点提出过要求,也从未给孩子规定回家、学习、做游戏等的时间,而每当出现问题时却又不能用冷静和理智的方法对待,不顾孩子的请求,与孩子赌气,想怎么惩罚就怎么惩罚。这种教育方式是不对的。

俗话说,没有规矩就不成方圆。对孩子是一定要立规矩的,尤其是在孩子与同学、朋友一起交往的问题上。但这个规矩不是临时要求孩子,或是在有问题以后再告诫孩子,而是要在平日里就明确要求孩子做到的。如每天

第一章 好父母胜过好老师，榜样比管教更有力量

放学以后没有特殊情况应该直接回家，有事情晚归或是与同学一起外出，必须事先跟父母打招呼，并讲清楚和谁一起出去、去哪里，以及什么时间回来等，让这些规矩成为孩子的行为习惯。

【正面管教秘诀】

当孩子偶有很小的失误没有遵守规矩时，父母不要因为没有出现什么问题而忽视，要严肃地提醒孩子并提出批评，以强化孩子的规则意识。

把握立规尺度，做到宽严相济

有些父母，尤其是相对年轻的父母，在对待孩子上，往往缺乏应有的分寸。他们对待孩子往往是无原则的，过分的溺爱。有的对孩子姑息迁就，任其发展；有的只知道想方设法满足孩子的锦衣美食，却不懂得给孩子良好的精神食粮和思想营养。这样，势必会把孩子惯坏、宠坏。这种"爱"是盲目的、有害的。

苏联著名教育家马卡连柯的《父母必读》一书中的序言有这样一段话："子女固然由于父母方面爱的不足而感受痛苦，可是，他们也会由于那种过分洋溢的伟大感情而腐化堕落。理智应当成为家庭教育中常备的节制器，否则孩子们就要在父母最好的动机下养成最坏的特点和行为了。"这段话讲得十分深刻。

【正面管教秘诀】

在爱孩子的过程中，要把握立规尺度，坚守做父母的原则，既不失爱，也不缺乏严厉。

第二章

不打不骂,教孩子学会做人

第8招
德行是家庭教育的必修课

无论是教育男孩还是教育女孩，父母都希望他们成长为一个正直、善良、勤劳的人。与此同时，父母还希望女孩会更加温柔、富有同情心，希望男孩能更加坚定、果断。如果在孩子小的时候不为这些品质打好基础，当他们在成人之后很可能就承担不了家庭和社会的角色。比如，在男孩小的时候如果没有经受过锻炼，成家之后就干不了最起码的家务活，把家庭的责任推卸开。同理，女孩如果过于独立自主，缺少温和、耐心和宽容，将来便不可能照料好家庭。父母在教育孩子的时候，应该是为他们的一生着想，为他们做长远的规划，让他们赢得一生的幸福。

著名思想家卢梭说过："既不能说一种性别完全不同于另一种性别，又不能说两种性别完全一样，也不能说某种品质隶属于某种性别，男性和女性具有这些品质的程度应有所不同。"因此，在培养孩子的德行和品质问题上，男孩和女孩的目标、方法和途径应有所不同。

注重孩子的品德修养

当前青少年品德修养是德育教育重中之重，是教育学家们十分重视的育人问题，也是十分棘手的问题。

某中学八年级某班女同学A，因在六年级读书的弟弟受同班一位女同学"欺负"，在课间女同学A带四五个本年级女同学到弟弟所在的班级把那个女同学打了一顿，弟弟的女同学的班主任找到学校教导处反映此问题，寻求解决。可是，女同学A承认事实，却拒绝认错，无可奈何，找父母，来的是女同学A的妈妈，这位母亲并没有协助老师教育女同学A，却支持自己的女儿拒绝认错，之后，气势汹汹地离开了学校，并甩下一句话："谁敢欺负我女儿，

第二章 不打不骂，教孩子学会做人

就和谁没完……"

一会儿，女同学A的父亲伙同几个亲戚来到学校，张口就骂："谁欺负我女儿了？"摆出要打某老师的架势，给女儿撑腰……

类似的镜头不胜枚举，如此父母带大的孩子，品德修养能好到哪里去呢？

【正面管教秘诀】

父母应该从小加强孩子的品德修养，从一点一滴做起，从身边的小事做起。

不要只重视知识传授而忽视技能培养

传授知识、培养技能跟素质教育有联系，但也有不同。家庭教育应该是素质教育，教育的目的应该是提高孩子的素质，培养技能、传授知识要为培养素质服务。一些父母过分重视知识传授、技能培养，往往会逼着孩子学这学那，虽能使孩子学到一些东西，但孩子的素质会下降（使孩子失去兴趣、心理发展受阻等）。兴趣是孩子学习、持续发展、取得成就的心理基础。

【正面管教秘诀】

我们不要"捡了芝麻丢了西瓜"。这种做法是本末倒置了，"本"是素质培养，"末"是知识传授、技能培养，抓好了"本"，"末"就会好。不是有"纲举目张"的说法吗？我们不能把"目"，即网眼一个一个地拉开来，而应该举"纲"，即网绳。我们都知道，逼着孩子学习，效果甚微，培养了素质，那是终生受用的。总之，培养孩子，重要的是观念正确，方法正确。

帮助孩子建立正确的道德标准

父母要培养孩子的道德品质，并在教育孩子的时候把一些美德故事讲给孩子听。例如见义勇为的故事，我们并不主张孩子去见义勇为，因为他们还不具备救助别人和自我保护的能力。但我们要让孩子有正义感和是非观念，并以此建立正确的道德标准。

但在现实生活中，一些不尽如人意的事情又使成人变得实际、世故，做

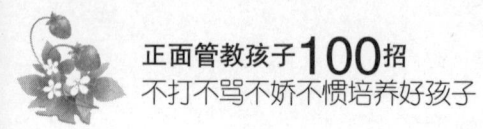

出一些与道德、道理相悖的事情,比如有人好心搀扶倒地的老奶奶,却被讹诈。于是有的父母会教育孩子,少管闲事,避免惹麻烦。父母这种理论教育和面对现实生活事件时完全不同的态度,会让孩子认知水平和分辨能力都不能发育健全,在是非、正误、对错面前感到迷茫、困惑和无所适从,从而影响到孩子正义感和是非观的形成。

【正面管教秘诀】

父母不仅要把正确的是非观念、道德标准播种在孩子心里,使孩子成为有正义感、有是非观念、诚实勇敢的人,而且要让孩子在能力范围内尽量按道德的标准去做。

第9招
教孩子做一个诚实守信的人

忠诚和信任体现了中国传统道德和中华民族人格的要义。从古至今,我们区分人格高下的一个重要标准就是看其是否具备诚信的品格。孩子若能拥有忠诚的品质,自然便能赢得人们的喜爱和欢迎,这是用多少金钱都无法换取的。相反,孩子如果缺乏忠诚之心,失信于人,将会导致人生的失败。所以,父母在培养孩子的时候,要重视对他们的诚信教育。

信任在人的精神生活中是必不可少的,它代表一种对人格的积极肯定与评价。每个孩子都有被别人信任的需要,而当这种需要得到满足的时候,他们就会感到鼓舞和振奋,作出最好的表现。正直诚信品格的养成不是一朝一夕的事情,父母需要为孩子树立一个良好的榜样,以身作则,在生活中坚持诚信正直的言行。尤其是在利益面前,比如金钱、名誉、升职……如果违背了诚信和正直的原则,对孩子的成长会带来负面的影响。

父母应该明白,自己在多得到一分金钱的同时也应具备诚实的品德;反之,如果自己的收入固然是有所增加了,职位有所提升了,但人格在孩子的眼里却大大降低了，实在是得不偿失！因此，在培养孩子的时候，父母要严格要求自己，做一个讲诚信的父母，才能教育孩子成为一个正直而有诚信的人。

引导孩子与他人建立信任感

猜疑之心是自私、对别人不信任的一种表现，有猜疑心的人遇事爱以自己为中心进行思考，维护自己的利益，所以，这类人往往小肚鸡肠、斤斤计较，容易反友为敌、反爱为仇，同时，猜疑也会将人际关系搞得很紧张。

文倩是独生子女，父母离异后她跟母亲生活在一起。由于家庭关系长期不和睦，文倩性格孤僻，不善于与人来往。母亲也不时地告诫她，叫她不要轻易相信别人，凡事得靠自己，特别是男人，都靠不住，最好不要和他们接触。因此，文倩一个朋友也没有，同学和她说话，她就猜疑是不是别有用心。特别是男同学和她打招呼，她就认为对方没安好心，想欺负她。她总是处处怀疑别人，敌视同学，因此，她每天都生活在猜疑、恐惧的阴影里，精神压力非常大。有一天，文倩终于承受不了这种压力，精神失常了。

【正面管教秘诀】

在交往中要互相信任，要放手让你的孩子去与别人交往，不要把社会看成是一片黑暗，毕竟大多数人是值得信赖的。过多地保护孩子，只会束缚孩子的手脚，使他们失去体验社会、认识社会的机会。只有在大海里游过泳的人才知道，大海既有波澜壮阔的宏伟，也有暗礁海兽的凶险。

正确处理孩子的偷摸行为

父母对孩子偷拿别人东西的行为既不能反应过度也不能掉以轻心，例如，把孩子偷摸的行为当成是"借东西"而视而不见，或者贬斥孩子是"贼"，这两种做法同样有害。父母可以试试通过以下的方法让孩子改正错误，并培养其诚实的品格。

父母要以恰当的处理方式告诉孩子什么样的行为是正确的，让他树立正确的价值观。父母要抓住问题的实质向孩子解释："你没有经过别人的同意

就拿了他的东西，这是小偷的行为，我们必须马上还给人家。"父母要及时告诉孩子不能随便拿别人东西的道理，不能让这种行为继续发展。

当知道孩子偷东西之后，一定要让孩子将偷来的东西还给对方，当面向对方道歉，从而培养孩子的羞耻心，强化孩子的自制意识。父母发现来路不明的东西一定要向孩子问清楚，不能姑息默认。

【正面管教秘诀】

父母发现孩子犯错误时，要热情地帮助孩子改正错误，绝不能对其冷嘲热讽，动辄"揭底"，或者任意在别人面前宣扬。不要让孩子自暴自弃，"破罐子破摔"。当孩子有所进步时，则要及时表扬、称赞，激励其不断地向上，直到完全改正。

孩子说谎就是不诚实吗

孩子在2~3岁时，认知和语言能力的发育不成熟，还不能看出自己言行之间的直接关系。对他们来说，行为远远比语言重要得多，而语言都是模糊的，有多重的含义。

3岁左右的孩子并不明白，故意说谎误导别人是不对的。教育专家们认为，事实上这时候或稍大一点的孩子对说谎几乎达到了狂热的程度。

小男孩勒韦才4岁，常缠着妈妈讲故事，妈妈说今天太累了，一翻身睡去，爸爸也说不早了，明天还得早起，失望的孩子自己一边比划一边说："昨天我看见一位老奶奶，她拉着我的手说：'小宝宝真漂亮，到我家去，奶奶给你巧克力吃。'"

小勒韦的话让父母目瞪口呆。

孩子说谎很是让父母们恐慌，认为这是孩子变坏的前兆。其实，并没有这么严重。第一次发现孩子说谎时，父母不要大惊小怪，也用不着惊慌；不要在孩子面前唠叨，也不要痛打孩子。用简单粗暴的态度对待孩子，不但不能让孩子得到教育，相反会让孩子为逃避惩罚或出于恐惧继续编造谎言。

6岁的欧思内卡在踢足球时不小心地把玻璃窗给打碎了，当父亲向他问起这件事时，他回答说："一个大孩子干的，他很快溜了。"由于害怕受到惩

第二章 不打不骂，教孩子学会做人

罚和感到羞愧，他撒了谎。

作为父母，正确的办法是耐心教育，慎重对待。先了解孩子说谎的情况，并在此基础上进行耐心说服教育，让孩子明白其中的利害，让孩子认识到事情的严重性，并由此勇敢地承认自己的错误。

【正面管教秘诀】

尽管有些撒谎行为情有可原，如果孩子习惯性撒谎，特别是在重大的问题上撒谎，就成为问题了。经验表明，经常说谎的孩子会有反社会的行为，如诈骗、偷盗等不良习惯。因此，对于孩子的撒谎行为，无论是出于什么样的目的，父母都要注重孩子品格方面的教育。

第10招
让孩子学会自己负责

一位青少年教育专家到华盛顿参加完一个国会的听证会，出来在路边等车，看见一个母亲和一个3岁左右的小孩过马路。那个小孩不小心摔了一跤，母亲走了过去，对小孩说："汤米站起来！"小孩继续在地上耍赖。母亲的声音越来越大、表情越来越严肃："站起来！"小孩立刻站起来了。母亲把小孩带到路边就开始训斥："汤米，你看看你刚才，像个男子汉吗？还说长大了要保护妈妈，你那个样子能保护我吗？做事情不能担负自己的责任，还妨碍交通。"3岁的小孩含着眼泪，被妈妈带走了。

赫胥黎说："人在早年遭受几次挫折实际上有极大的好处。"吃得苦中苦，方为人上人。其实，孩子一生中不遇挫折是不可能的。在成长时期人顺利了未必是好事，对孩子过分保护，往往会妨碍孩子身心的正常发展，使他们变得胆怯、依赖心重、神经质，不敢做任何尝试，而且不易与人接近。为了让孩子在以后的生活中少吃苦头，在孩子成长的过程中，父母要做的是要精心设计一个有益的教育环境，使孩子在成长过程中适当地吃些苦头，培养

他承受挫折的勇气和能力。有了这样的准备，孩子才可能在以后少吃苦。

孩子做事情经常是随心所欲的，如果父母不加以引导，这种倾向就有可能让孩子变得缺乏责任心。不管事情大小，在孩子作出决定或者说出某句话后就必须告诉他要承担责任，为自己的行为负责。

如果你的孩子从学校回家比平常晚了半小时，你会怎么做？斥责？怒骂？当然不，这些方式不仅于事无补，还会加深孩子的叛逆和反感心理。只有让孩子懂得自己的行为将会产生什么后果，他才会对自己的行为负责任。在培养孩子的责任心之前，我们还应该注意一点，那就是要让孩子对某件事负责到底，必须清楚地告诉他做事的要求，并且与处罚联系在一起。这样，孩子才会明白一个人要对自己的行为负责的道理。

培养孩子的责任心

在生活中，你有没有碰到过这样的事情，明明是孩子做错了事，可他总能找出一些理由来为自己推卸责任。

小强正在桌子旁边和小花猫玩，忽然他不小心把桌子上的一个杯子碰到地上，"砰"的一声摔碎了。妈妈闻声赶过来，看到地上的碎片，还有杯子里的水流得到处都是，心中不由得非常生气，脸色也沉了下来，瞪着小强。小强赶紧对妈妈说："不是我碰的，是小花猫跑到桌子上把杯子给碰下来了。"看着小强那副害怕的样子，妈妈也就没什么好说的了。

怪罪他人是生活中一种常见的现象，孩子学得很快。然而，在有些情况下，是父母强化了孩子怪罪他人的习惯，也许他们以前在自己做错事后承认了，结果却换来了父母的一顿惩罚，以后他们也就学"乖"了，发现只要自己把责任推到别人身上，父母也就拿他们没办法，而且还会站在他们这一边。因此大部分的孩子都喜欢把生活中他们所犯的错误推给别人，以逃避大人的惩罚。

【正面管教秘诀】

当你发现孩子经常说"我一点儿办法也没有"、"不是我的错"等之类推诿责任的话的时候，父母一定要反思自己的教育方式。要培养孩子学会负责。对孩子来说，学会对自己负责，对他一生的成长都很重要。因此，在孩子承认了错误以后，你就不要惩罚他，而应该引导他，教育他，让他明白必须为自己所做的事情负责。

孩子犯的小错误也不能轻视

教育家徐特立曾经说过："今日的儿童转眼即成青年，稍不注意就难补救了。"然而，在生活中，多数父母会认为，孩子犯了小错误可以原谅，犯了大错就必须加以批评。因此，很多父母都易犯下这样的错误：对于孩子所犯的微小错误，不去注意，更不用说去提醒孩子注意了。

轩轩跟他会变魔术的叔叔学了点儿变魔术的本领。有一次，妈妈让轩轩跟她到菜市场买点儿菜，他趁人不备，顺手牵羊"拿"了两只鸭蛋。回到家里，他兴奋地从口袋里拿出鸭蛋向妈妈显示自己快捷的身手。

妈妈感觉偷总是不好，不过转念一想这件事似乎并不是什么大事，孩子只不过是拿了两只鸭蛋而已，因此妈妈并没有把这件事看得很严重，仅仅对孩子说："拿别人东西多危险，被人发现了怎么办？以后不许干了！"对轩轩犯的错误，妈妈不但没有进行处理，晚上还把鸭蛋当成了"战利品"让儿子享用。后来，当轩轩因为偷盗电子游戏机被警察带走时，他的妈妈泪流满面，她根本没有想过，把孩子一步步带向犯罪深渊的不是别人，正是她这位只知道疼爱孩子的妈妈。

【正面管教秘诀】

父母要有一定的警惕性，发现孩子犯错误时不能姑息迁就，一定要指出危害。千万不要因为事情不大，而忽视对孩子的正面教育，因为很多孩子犯错误，往往都是从微不足道的小事开始的，所以，做父母的一定要告诫孩子：不好的行为即使很小也不要去做。小恶不除，必成大患，父母一定要防微杜渐，防患于未然。

培养孩子的自信心

孩子为什么缺乏自信呢？造成孩子缺乏自信的原因主要有三个方面。

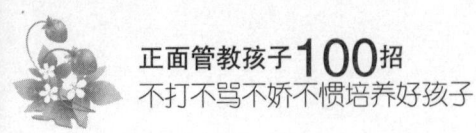

首先，是父母包办代替过多，不让他们自己动手做些力所能及的事情，使他们缺少对自身能力的认识。

其次，是父母经常用各种危险恐吓孩子，"别爬高，会摔断你的腿！""别去学游泳，淹死怎么办？"这种教育方式使孩子能力难以发挥，不敢大胆尝试做任何事情。父母切不可用"你太笨！没用！"这样的话来指责孩子。

最后，是父母望子成龙心切，期望值太高，使孩子尝不到成功的喜悦，反而得到许多因失败而导致的斥责，孩子心理负担太重，害怕失误，于是羞于表现自己。

父母不正确的教育态度是孩子自卑的重要原因，因为自卑的孩子往往根据父母对他们的评价来进行自我评价。解铃还需系铃人，孩子自信的获得大都要靠父母。

【正面管教秘诀】

有的孩子自尊心很强，如果做错事，自己就很内疚。如果父母再对他冷嘲热讽，甚至拳脚相加，就会严重挫伤孩子的自尊心，孩子会"破罐破摔"，越来越差。这时父母应关心、体谅孩子，对他说人人都会犯错，只要知错就改，下次不犯就行了。这样，孩子会排解消极情绪，越来越自信。

第11招
可以让孩子吃点亏

吃亏是一种福，聪明的人往往运用这种福祉为自己赢得更多的利益。

父母可以告诉孩子，也许很多时候你会嫉妒身边和你水平一样甚至不如你的人，因为他们能得到让你一直以来都梦寐以求的机会，你也许还会无数次地问这到底是为什么。可是，也许你并不知道，他们在获得这个机会之前已经铺垫了很多，谦让了很多，也许正是他们之前的宽容以及在你看来是

"吃亏"的行为,为他们开启了更广阔的成功之路。因此,父母应该让孩子明白,有时候,最喜欢占便宜的人未必到最后也饱尝硕果,倒是最先吃亏的人会占到最后的大便宜。人最初退的一步是为了更好地向前走十步,甚至一百步!

孩子太霸道,父母怎么办

在幼儿园里,常可看见这样的情形:老师在分饼干时,每个小朋友得到的都是同样大小的饼干,但孩子们总要比较一番,认为自己应该得到更大的一块,并因此而引起纠纷,这就是隐藏很深的儿童"霸道"意识的表现——希望自己能独得利益。

被娇宠过度的孩子大多会期待别人认真对待他的愿望,他不必努力便成为天之骄子,通常他还会认为:与众不同是他的天赋权利;他还认为,必须获得突出的地位,别人必须承认他是特殊人物,一切都是以他为中心的。

具有独占意识的人令人憎恶,孩子年幼,不知祸害之大。然而,父母应深知其弊害,不要以为孩子霸道一些不足为怪。有些父母甚至认为这是孩子的个性,加以鼓励;有些父母认为这是孩子心智高的表现,稚气可爱。在这种心理指导下,使得孩子独占利益的心理越加膨胀,尤其是独生子女。

【正面管教秘诀】

为人父母者,为了使你的孩子将来更有出息,在他小时候就要培养他健康的心理,培养他不独占利益的良好习惯。

不忍心让孩子吃一点亏好不好

有一位父亲非常苦恼,他的孩子好像不明白谁对他好。看到别的小朋友抢他的玩具,父亲帮他抢了回来,但孩子却不领情,反而要父亲走开。因为父亲将"抢"看成了"欺负孩子",而孩子却认为"争来抢去"是玩的一部分。

作为父母,千万不要因为担心孩子吃亏或被欺负而减少孩子与同伴相处的机会,要看到孩子与同伴相处的优势:其一,相近的年龄使得孩子之间的

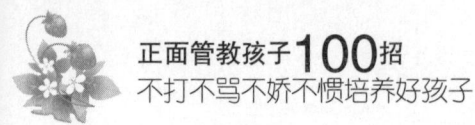

心身发展具有相似性，他们有相近的言语，有相近的思维，也就有了沟通交流的基础；其二，相处是个不断发展变化的动态过程，可能有摩擦、争斗，也可能喜悦无比，但无论怎样都有心灵的碰撞与启发。他们可以在喜怒哀乐中学会分辨，学会争取，学会妥协，学会合作。如果没有任何的问题与矛盾，孩子将失去适应力的锻炼机会，也就没有了运用自己的感官与头脑的必要与可能。

【正面管教秘诀】

作为父母，首先要学会忍心让孩子"吃点亏"。要知道，一个不能吃亏、事事都爱占便宜的人，无法得到别人的欢迎，最终也无法融入集体中，难以获得人生的成功。

孩子意志薄弱，该如何纠正

有的孩子一会儿学这，一会儿学那，一天到晚忙忙碌碌，却不见成效；孩子在做事前，前怕狼、后怕虎，怯懦胆小，犹豫不决；孩子自制力差，上课经常开小差，学习时精力无法集中，或者是制订计划但不执行，一遇到困难就退缩。以上行为都是意志薄弱的体现，如果孩子长期存在这种问题，那么他们将来很难有所成就。

做父母的经常会因为孩子的上述表现而苦恼，但却苦于不知道如何纠正，其实，在培养孩子毅力方面应该这样做：

从点滴小事上培养。有些孩子意志不够坚强，但又不肯从小事做起，以为一节课、一次作业与意志无关。岂不知，就是这小小的一堂课、一次作业，滋长了意志薄弱的蔓延，最后才导致学习上的"全线崩溃"；反之，学习上意志坚强的人，必定认真对待每一堂课、每一次作业，积小胜为大胜，获得学业上的成功。

凡是孩子自己能做的事情，父母绝不要插手，更不能包办。若一时搞不清孩子能不能做到，应该让他先试一试，父母再决定帮不帮、帮到什么程度。要想使孩子意志坚强，父母自己先要做一个理智的人、一个能保证自己的"爱心"不泛滥的人。

第二章 不打不骂，教孩子学会做人

学会拒绝。对孩子的不合理要求，父母必须学会拒绝，否则就是在纵容孩子。这方面特别要注意的是夫妻间要互相通气，保持一致，以免孩子钻空子。绝不可以认为谁满足孩子的一切要求谁就是爱孩子，那样会使孩子任性的，任性是学习成绩不好的最重要的原因之一。

学会"撤退"。当孩子遇到确实解决不了的问题时，父母不要硬逼他完成指标，要适当地"撤退"。"撤退"不等于失败，"撤退"之后要想办法看看孩子问题到底出在哪里，并加以解决。明明打不胜的仗硬要打，很容易摧毁孩子的意志。

给孩子找点需要长期坚持的事情做。例如，天天扫地，坚持晨练，写日记，照顾邻居老人，为教室开门等，至少要能坚持一个学期。这种事对培养孩子的意志作用很大。不过不要硬去要求，要和孩子商量，让孩子自己下决心。其间如果孩子半途而废，父母不要发火，要再给孩子机会。培养孩子的意志本身就需要父母有耐性，不能急于求成，也不要讲什么大道理。培养意志靠的是行动，而不是说教。

这样看来，能否培养孩子的毅力，这是对父母教育艺术的考验，更是对父母毅力的考验。只有意志坚强的父母才能培养出有毅力的孩子。

【正面管教秘诀】

孩子意志水平的高低往往取决于是否有良好的做事习惯，独立思考、持之以恒、锲而不舍、循序渐进等都是良好的做事习惯。而一曝十寒、半途而废、虎头蛇尾、知难而退等，都是不良的做事习惯。

第12招
教孩子做一个爱心小天使

自私之心是人利己本性的过度膨胀，是万恶之源，贪婪、嫉妒、报复、吝啬、虚荣等病态心理从根本上讲都是自私的表现。如果一个人自私到将追

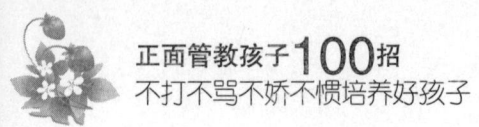

求自己的幸福变成人生唯一的目标，那他的人生就会变得没有目标。自私的人，在生活中总是会受到排斥和鄙视，所以父母在养育孩子的时候，要教育孩子摒弃他们自私的心理和行为，做一个有爱心的人。

孩子在生活中往往很容易表现出自私来，比如凡事以自我为中心，不会为别人着想，觉得别人和世界都应该围着自己转；只顾自己的利益，不顾他人、集体的利益；乱扔果皮纸屑、乱穿马路；凡事不愿与人分享，有好的学习方法也不肯与同学们进行交流；在别人来请教问题的时候，表现得不热心。根据孩子自私的种种表现，父母要有针对性地让他们远离自私，有爱心的孩子才会受到欢迎。

我们生活在一个联系越来越紧密的世界里，每个人都无法孤立地生活，所以父母需要让孩子明白，凡事都不要只为自己着想，要懂得给别人提供帮助，这样才能得到别人的帮助。因为帮助别人就是在帮助自己。

该不该对孩子说"捡拾不值钱的东西不必交还"

维群回家后，跟妈妈说，自己在回来的路上捡到一支铅笔，明天再交给老师。妈妈拿起铅笔仔细看看，又旧、又脏，就对维群说："这么破的铅笔你也捡，还放到自己的铅笔盒里，脏死了！说不定这根本就是别人不要了、扔掉的，你还当宝贝似的捡回来要交老师。"维群说："那可不一定。我试了，还能用呢，里面也有铅，明天让老师问问是谁的，还给他多好。"妈妈用不屑的口气说："这么旧的一支铅笔，快丢了，多不卫生。反正你捡没捡也没人看见，别搁铅笔盒里等着交老师了，扔了算了！"说完，拿起那支铅笔扔进垃圾桶。

父母也许会说，要是孩子捡到一个钱包或是值钱的东西我们自然会教育他把物品交公，或是还给失主的，可一支破铅笔，不值几个钱，现在谁会重视？扔了也就扔了。虽然物品不值钱，但对于引导和教育孩子建立良好的道德品质来说，意义是一模一样的，这也是"勿以恶小而为之，勿以善小而不为"的道理。

【正面管教秘诀】

父母一定要肯定孩子的行为，鼓励他把捡拾到的物品交给学校、老师，或是自己去找到失主。同时，告诉他，不仅要懂得爱惜东西，而且要知道珍惜别人的劳动成果。

教育孩子"少管闲事"是错误的

阿超在学校里告发了踢坏别人家玻璃的同学。回家后他跟爸爸说："就是他踢的，踢坏人家的玻璃本来就应该赔，他还不肯承认。我又没有诬陷他，只是说出了事实。明明是他不诚实，他们凭什么说我做得不对？"可爸爸却把脸一沉："好像你多正义似的！如果是你踢的，你诚实，主动承认踢坏人家玻璃就得了。反正不是你，他爱承认不承认，爱诚实不诚实，跟你有什么关系？别人都不说，干吗就你出这个头？万一回头报复你，怎么办？真是多管闲事！"

孩子做得没有错，但父母却以成人的价值观和为人处世的原则要求孩子别多管闲事，这种教育方式欠妥当。

说真话的实质是追求公正、正义，尤其是在别人都不敢说真话时，孩子的行为是需要很大的勇气的。父母的抑制，会使孩子在以后的日子里，丧失说真话的勇气，学得世故、圆滑。

【正面管教秘诀】

不要用成人世界中的世故、圆滑过早地影响孩子，但要教会孩子如何保护自己。告诉他以后遇到类似的问题该怎么办，比如私下与同学商量而不是当面揭发同学，这样或许会使同学更加容易接受。

多教育孩子学会帮助他人

有一个人想知道天堂和地狱究竟有什么区别，于是他找到了上帝，请求他带自己去看看。上帝欣然答应了。

他们首先来到了地狱，看到的是这样一幅景象：一群饥饿不堪的人正拿着一根长勺拼命往自己嘴里送东西，但是那根长勺实在太长了，比他们自己的手臂还要长，所以他们无法弯曲自己的手臂把食物送进自己的嘴里，有的人的手臂甚至弯曲得变形了，但还是没有吃到任何食物。地狱果然是一幅活

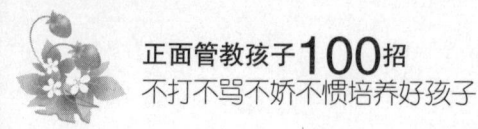

生生的悲惨景象。

他们又来到了天堂，那个人被自己眼前所看到的惊呆了——天堂里的人们也是拿着一根同样长的长勺，但是他们每个人都吃到了食物，这是为什么呢？因为他们每个人把获取的食物都舀给了坐在他对面的那个人吃，每个人都这样做，所以每个人也都吃到了食物。于是那个人明白了一个道理：帮助别人其实就是在帮助自己。

但是现实中，有些父母很少教育孩子去帮助别人，这是极其错误的。

【正面管教秘诀】

"种瓜得瓜，种豆得豆。"在孩子心灵这片土地上，从小播下"助人为乐"的种子，长大后，他们就会关心他人，善待他人，体验到完美人生的快乐；如果种下"自私自利"的种子，孩子长大后只会关心自己，对他人缺少爱心，这样怎么能有所作为，又怎么能获得快乐呢？

第三章

不烦不躁,心平气和与孩子互动沟通

第13招
教育孩子前先控制好自己的情绪

"现在的孩子越来越难管了！"一些年轻的父母抱怨说，"稍不如意，脾气就上来了。打也不听、骂也不灵，哄他吧，他还更来劲！"有些父母会觉得这样的孩子简直无可救药，索性就用自己的坏脾气去好好教训一番，但最后效果往往事与愿违，这样的情况下次还会出现，并且会在孩子内心留下创伤，伤害彼此感情。

有意识地控制自己的情绪，支配自己行动的能力是意志的重要品质，是情商的重要因素。

父母管教孩子必须有理有据，不能是情绪化地打骂。如果是孩子犯了错误，必须让孩子知道错在哪里，违反了规矩一定要处罚，这是为他们将来的人格养成打下基础，这样才不致让孩子有偏差的认知或行为产生。如果是孩子因为任性而影响父母的情绪，此时千万不要上前制止，或者劝解，否则孩子会更撒娇，脾气会更倔强。此时父母无需大发雷霆，不妨采取冷观的对策，孩子就会在一种严肃的氛围中意识到自己的错误，渐渐收敛起自己的"牛脾气"。

左手给予关爱，右手严格要求

严格要求对孩子来说，是很重要的。这是因为，孩子们往往缺乏经验，是非界限有时分不清，而且对自己的情感和行为往往也不善于独立控制。如果父母对他们不严格要求，他们往往还不能主动、自觉地学习和按行为道德标准来做事。因而，这就更需要父母对他们的思想和行为有严格的要求，使他们养成良好的思想和行为习惯。仅有爱不见得能教育和培养出优秀的孩子来，而应该把爱和严格要求结合起来。

严格要求也是爱孩子的一种体现。所谓"爱之深,责之切",就是说,严格要求正是出于深切的爱。所以,做父母的不应该受盲目的爱所支配,要"严"中有"爱","爱"中有"严"。当然严格要求并不意味着对孩子过于严厉、动辄训斥打骂,而是要做到以合理为前提。同样,态度应该是耐心的、循循善诱的。

【正面管教秘诀】

父母对子女一定要怀着带有严格要求的爱,千万不要溺爱和姑息孩子、过分地迁就与宠爱孩子。一定要有理智、有分寸。只有这样,才能把孩子培养成为有良好个性和品行的优秀人才。

教育孩子不要情绪化

有的父母教育孩子,常常为自己的情绪所左右。父母高兴时,教育孩子能注意方式方法,不高兴时就简单粗暴,甚至无事找事,把孩子作为出气筒,动辄打骂训斥、讽刺、挖苦等。这种因父母情绪的好坏而出现的教子尺度不一,其祸害是无穷的。

这会在孩子的行为标准上造成混乱。就是说,这往往会使孩子不知自己到底应该怎样做,既不利于孩子不良行为的及时纠正,又不利于孩子良好行为习惯的养成。

这容易使孩子养成看父母脸色行事的坏毛病,并且不利于父母及时、准确地把握孩子的真实情况,不利于家庭教育实现有针对性、实效性。

父母的不良情绪直接影响着孩子的心境,特别是因不良情绪而导致的父母教育孩子方式方法上的过激行为,往往会使孩子同时遭到"体罚"与"心罚"的双重伤害,这不仅严重地影响着孩子身心的健康发展,甚至会对孩子的一生带来重大伤害。

这往往还会使父母在孩子心目中的威信大大降低,这种威信的"降低",往往又会对以后的家庭教育人为地制造出种种障碍,比如,有些父母所说的"孩子大了,反而越来越不听话",就与这种"障碍"有关。

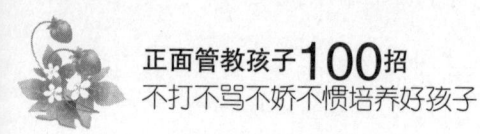

【正面管教秘诀】

父母在教育孩子时应依靠理智的力量学会控制自己的不良情绪，比如学会并善于以自我暗示、自我激励、心理换位等方法来管住自己。

放松心情，不要将成人的快节奏变成对孩子的要求

有的父母直言孩子太"慢"，是因为父母习惯将成人节奏变成对孩子的要求，忽视了孩子成长阶段的特性。

父母该做的不是逼孩子加快速度，而是自己放松心情，放慢节奏。到底是孩子动作太慢，还是父母太急？所有这些问题都值得父母反思。要想让孩子做什么事情都快一点，只有找到他慢的根本原因，才能对症下药。想改变孩子的一些坏习惯，就要避免一味地责备，而是要帮助孩子提高动作的熟练和敏捷程度，激发孩子学习的兴趣，增强自信心，提高责任心，教给孩子如何利用统筹方法提高效率、节省时间。

【正面管教秘诀】

一般情况下，孩子都希望完成任务后马上出去玩，但多数父母却会让他们继续做其他练习。由于孩子看不到玩的希望，所以就想出了磨蹭的招数。对这样的孩子，父母要懂得给孩子适度的任务，留一定的空闲。

第14招
心平气和比指手画脚更有效

"去，给我回家写作业去！""不准说话，赶紧吃饭！""今天必须去辅导班听课……"这种以成人为中心、强迫责令的教育方式在我们的生活中随处可见，但这样做的效果，往往是孩子被动学习和做事，到下一次遇到同样的问题，还是要父母来敦促。可以说，父母强势的教育是收效甚微的。命令这种方式应慎用，也绝对不能滥用。

第三章　不烦不躁，心平气和与孩子互动沟通

在教育孩子的过程中，很多父母都忽略了孩子是发展中的个体，具有独立的人格和鲜明的个性心理特征。"有理不在声高"，父母要懂得把握好言语的分量，而不是数量。了解孩子、尊重孩子、激励孩子，才是成功的教育方法。

父母是最了解自己的孩子的。父母要根据自己孩子的特点，重视沟通的重要性，采取不同的方式来教育好自己的孩子，不能一味地下命令，这样有的放矢、持之以恒，一定会取得良好的教育效果。

如果孩子从父母那里继承了好的性格，同时他又有勤奋、智慧等优点中的任何一条，就能走向成功了。好性格不仅是具有脾气好、能为别人着想这些特征，更是积极进取、越挫越勇、追求卓越的一种习惯。这也是孩子从父母那里得到的最好的财富。

对待孩子不要过度严厉

有些父母认为对孩子训斥、恐吓、打骂才是爱孩子，尤其是一些父亲，更以为如此，殊不知他们这种过分严厉的教育方式使他们走向了与溺爱对立的另一个极端——苛责。

其主要表现为：

打骂威胁：部分父母把孩子当作自己的私有物品看待，完全忽视孩子是一个独立的个体，动辄就打骂、吼叫，甚至威胁送派出所、公安局。

无故斥责：自己不顺心就拿孩子出气，孩子的一切言行都在其训斥之列，无休止、无理由地训斥孩子这也不对，那也不对。

蛮横专制：在家里，孩子的一切言行都必须听从父母，不许孩子稍有叛逆行为，喜欢发号施令，指手画脚、高嗓门，希望孩子服服帖帖，乖巧听话。

由于以上几种不正确的爱孩子的方式，会使孩子变得冷漠。这样的孩子由于从小体会不到家庭的温暖，感觉不到父母的和蔼可亲之处，容易对周围的人或事采取冷漠和无动于衷的态度。

【正面管教秘诀】

建议父母多跟孩子说道理，不要用打骂、斥责的方式对待孩子，因为打

骂对孩子会有很大的影响。平常父母要多和孩子沟通，了解孩子的想法，用讲道理的方式教孩子会较为适当。

坚决禁止家庭暴力行为

天下父母都爱自己的孩子，然而并非每一位父母都知道自己的孩子究竟需要什么样的父母。因此，很多父母对孩子的教育陷入了误区。

2002年11月12日中午，在湖北武汉，父亲去接11岁的儿子夏某放学回家，得知孩子因贪玩逃学没去上课，书包也被没收了，父亲一怒之下，用尼龙绳将儿子五花大绑地悬空吊在阁楼的横梁上，然后去取书包。半小时后回来时，儿子已经瞳孔放大、气绝身亡。

2002年11月25日在辽宁沈阳，8岁男童王某比较淘气，父亲让他学习，他跑出去玩，事后生怕父亲责怪，当晚跑到奶奶家住宿。

第二天父亲让儿子罚跪，一会儿又发现儿子坐在地上玩耍，盛怒之下，父亲拳打脚踢，将儿子活活打死。

【正面管教秘诀】

为了孩子的健康成长，容易冲动、喜欢对孩子报以拳脚的父母们一定要引以为戒，摆正自己的心态，不要粗暴地对待孩子。否则将一失足成千古恨。

过分的保护或粗暴会造成孩子的怯懦

过分保护型与粗暴型的家庭教育方式都可能造成孩子怯懦的性格。前者，父母代替了孩子的思想和行为，孩子缺乏经验，生活办事能力差，单纯幼稚，遇事便紧张、恐惧、焦虑。后者，父母剥夺了孩子思维和行动的机会，孩子时常担心遭批评和斥责，遇事便紧张、焦虑、消极、被动。有些父母对孩子的胆小不加引导，孩子见到生人或到了陌生的地方，便习惯性地害羞、躲避，没有自信心。孩子进入青春期后，自我意识逐渐加强，对别人对自己的评价很敏感，希望自己有一个"光辉形象"留在别人的心目中，为此，他们对自己的一言一行非常重视，唯恐出差错。这种心理状态导致了他们在交往中生怕被人耻笑，因此表现得不自然、腼腆。久而久之，便羞于与

第三章 不烦不躁，心平气和与孩子互动沟通

人接触，羞于在公开场合讲话。

【正面管教秘诀】

要培养孩子勇敢坚强的性格，可以让孩子勇于和别人交往。让孩子向经常见面但说话不多的人如邮递员、售货员等问好。与人交往时，特别是与陌生人交往，要告诉孩子善于把紧张情绪放松。让孩子使用一些平静、轻松的语句，进行自我暗示，这样能起到缓和紧张情绪、减轻心理负担的作用。

第15招
掌握一些与孩子沟通的艺术

亲子沟通在家庭教育中绝对不是一件无足轻重的小事，它关系到父母与孩子之间的和谐关系，关系到对孩子求知欲的培养以及对其人格的尊重。但是遗憾的是，在现代家庭教育中，父母与孩子的有效沟通总是被忽视。

父母应该重视与孩子的沟通，这样才能走进他们的内心世界，知道孩子在做什么、想什么，才能更切合实际地为孩子的成长提供一个良好的环境。

成功的家庭沟通，应该注意以下因素：理解、关怀、接纳、信赖和尊重。"理解"要求父母和孩子双方能够设身处地地为他人着想；"关怀"不但存在于内心，更要切实付诸行动；"接纳"要求考虑到每个孩子的个性，懂得欣赏孩子身上的优点；"信赖"是指要做到既信任孩子也信任自己；而"尊重"是指尊重孩子的权利，尊重他们的意见和选择。

要建立一种积极健康的家庭沟通交流关系，应该改变父母是决策人、孩子是接受者这样的家庭角色。父母在家庭教育中应该懂得进行角色交换，每一个家庭成员都可以对他表述的愿望予以积极的辩解。通过沟通，可以让孩子学会站在他人的立场上思考，养成理解他人的习惯，成为一个全面发展的优秀人才。

不能漠视和孩子的沟通

平时大家见面,彼此间常常关切地问:"最近心情好吗?"可是,却很少有人这样问孩子。

根据一家青少年教育机构的问卷调查,孩子对父母的希望是:多和我聊一聊天;对我和颜悦色一些;我感到很寂寞,很孤独,不要一有错就认为是我的原因;别把我当出气筒,能多陪我做做游戏。这个调查结果说明,由于有些父母不太关注孩子的情感需求,只习惯于教条式的训导,弄得孩子无所适从,心情压抑,不知道自己的存在价值及乐趣。

为什么相当多的家庭缺少沟通,却丝毫没有察觉呢?因为在中国传统的家庭教育中,不少家庭对孩子的教育是:批评多于表扬,禁止多于提倡,指责多于鼓励,贬低多于欣赏,威胁多于启发,命令多于商量。这样的背景下,孩子处于不被尊重的地位,怎么可能产生真正的心灵沟通呢?

【正面管教秘诀】

父母每天无论多忙,都应该留点时间和孩子在一起,注意观察孩子的情绪有什么变化,询问他们有关学校里的事,也让孩子参与到力所能及的家庭事务中来。有时一个微笑,一个充满鼓励的眼神,就能激发孩子的无限生机和活力。

不要替孩子做选择

我们有个奇怪的习惯,就是在孩子尚小,没有明确的选择意识时,偏偏让他们自己做主,比如让刚满百日的孩子"抓周"等;等到孩子长大了,渐渐有了自己的意愿,想自己做主时,父母们又不干了:"不行,哪能你自己说想干啥就干啥!"

大多数父母就是犯了这样的错误,他们不了解孩子的爱好和情况,更不了解孩子的内心世界,他们所做的一切,说白了就是为了他们自己的虚荣和求胜心理,他们根本就没有考虑过尊重自己的孩子。父母认为,即使有些时候教育子女过火一点儿,打骂甚至是挖苦、讽刺、唠叨一些,不都是为自己孩子好吗?换句话说,父母千辛万苦,一切都是为了孩子好,难道还需要尊重吗?

【正面管教秘诀】

为了培养孩子独立负责的品质,父母要避免使孩子养成那种凡事皆依赖父母的习惯。指导孩子在自己的选择中认识自己并发现自己的力量,才是父母应该注意的。父母与孩子谈话时,可以自觉地运用鼓励信任的语言,表示相信孩子有能力作出正确的选择。

试着发自内心地去理解孩子

无论什么人,受激励而改过,是很容易的;受责骂而改过,是不大容易的;而孩子尤其喜欢听好话,不喜欢听恶言。大多数做父母的看见孩子玩肮脏的东西,就马上把它夺过来,而且还要骂他,甚至还要打他。其结果,孩子改过的少,而怨恨父母的多;即使不怨恨父母,至少也一定不喜欢父母了!

美国精神病学家威廉·哥德法勃曾经说过:"教育孩子最重要的,是要把孩子当作与自己平等的人,给他们以无限的关爱。"无数事实也表明,父母以居高临下的命令姿态来跟孩子说话,反而会使孩子产生逆反心理。只有父母转变姿态,不用命令的口气跟孩子说话,才有可能让孩子感受到平等。

如果父母明白孩子的心理,在面对迟迟不肯睡觉的孩子时,你可以这样对孩子说:"呀,这东西真好玩呀!可惜时间不早了,乖孩子应该去睡觉了。要不你再玩5分钟,就去睡觉,好吗?"这样既夸孩子乖,又是用征询的口气同他说话,孩子觉得受到了尊重,也许到不了5分钟就乖乖地睡觉去了。而且这样也为父母留下了余地,即使孩子暂时不听话,也不至于惹得父母为了自己的威严而去与孩子大动肝火。但父母一旦向孩子发出了命令,那是一定得让孩子服从的,不然不利于以后的教育。

【正面管教秘诀】

在具体的家教实践中,父母要对孩子的心理进行一番"研究",然后想想自己在孩子这样的年龄,遇到同样的事时是怎样想的、怎样做的。这样就可以发自内心地去理解孩子,从更高的角度看问题,解决问题的方法自然会得到改善。

第16招
与孩子建立平等、信任、民主的关系

对于孩子来说,只有父母能够影响他的一生。而父母与孩子之间亲子关系的质量高低也在很大程度上决定了教育的成功和失败。

有的人把孩子形容为一本书,为什么这样说呢?因为孩子的内心世界实际上非常丰富,可惜很多父母并不留心去了解,也不给孩子表现自己的机会,这样的教育就会缺乏互动。父母首先做到了尊重孩子,才会得到孩子发自内心的尊敬和认可。因此在日常的家庭生活中应该养成平等协商或民主的风气,凡事坐下来心平气和地沟通一下,再难以逾越的鸿沟都可以顺利地迈过去。

教育心理学专家经过研究得出的结论是,一个人只有在自尊自愿的状态下,才能够释放出自身的潜能。父母要懂得尊重孩子,把他当成一个独立的个体,孩子才能逐渐培养起珍惜自己权利的意识。在良好的家庭环境中,和孩子的人格应保持平等,父母不应该因孩子年纪小而漠视他在家中的地位。平等、信任和民主是营造良好的家庭氛围的前提。

与孩子建立平等信任的朋友关系

父母要做孩子的朋友,既要对孩子严格要求,善于从日常生活中发现问题,随时给孩子引导和指引;又要把孩子作为平等的伙伴,与孩子一起学习一起玩,尊重孩子的一切;还要给孩子确实到位的帮助,让孩子感到心里踏实,从而健康长大。

因此,不能只在嘴上对孩子表示信任,而要表现在行动上,尤其是对于那些学习成绩不理想的孩子,父母要特别注意这个问题。因为任何孩子都希望自己是最棒的,有些孩子成绩上不去,屡遭挫折,心理压抑,心情烦躁,他们多么希望父母说几句鼓励的话，以减轻心里的负担。如果父母不理解孩子此时的心情，偏要在孩子身边一遍遍唠叨此事，即使父母的用意是好的，但招来的却是孩子对父母的反感，而且还会因此伤害孩子的自尊心，导致孩子自卑、怯懦、缺乏进取的勇气，甚至厌学。

总之，父母应该同孩子建立起相互信任、平等、相互尊重的朋友关系。因为孩子不仅需要在生活上能抚养自己的父母，也需要经验多、阅历广、愿意倾听、能够给予自己忠告和帮助的"忘年交"。

【正面管教秘诀】

如果父母还没有和孩子建立起平等信任的朋友关系，双方不妨现在就坐到一起，开诚布公、推心置腹地进行沟通和交流，把彼此的想法告诉对方，这样才会更好地消除隔阂、化解代沟。其实父母慢慢地就能体会到，同孩子做朋友是一件非常有趣也是非常快乐的事情。

试着站在孩子的角度看问题

孩子往往喜欢与家庭以外的成人交往，因为那些成人对待他们很像同辈，而孩子在家庭中往往就感受不到这种气氛。

有些父母对孩子，总像是上级对下级那样，强调他们自己的观点与尊严而不顾及孩子的想法，父母从来都是对的，而孩子从来都是错的。这样做，不仅得不到孩子的认同，还容易引起他们的反感，破坏父母在他们心目中的形象，因而达不到预期的教育效果。

父母和孩子的交往，应该是平等和民主的，而不是独断的。首先，在家庭教育过程中要尊重孩子。孩子在家庭中扮演的虽然是子女的角色，但与父母一样，他们的价值和尊严也应该受到尊重。

【正面管教秘诀】

站在孩子的角度，是对孩子的尊重，是有效沟通的一种重要技巧。父母只有放下架子，在生活中尊重孩子，以平等的身份对待孩子，与孩子相互信任，做孩子的知心朋友，才能实现最成功的沟通，才能在教育孩子时，让孩子对自己更加信服。

有的家庭大事可以跟孩子商量一下

孩子是家庭的重要一员。可是，许多父母在决定一些事情尤其是一些重要的事情时往往把孩子排斥在外。是的，生活中纯粹的大人之间的事没有必要让孩子知道，可是还有很多事是完全应该让孩子也参与讨论的，尤其是涉及孩子的某项决定。不要以为孩子小，什么也不懂。更不要以为孩子是你的，你就可以随便对他作出决定。

我们做父母的要时刻记得，孩子是家庭重要的一分子，许多事情不要忘记弯下腰与他平等商量。一家人坐在一起商量某件事，大人和孩子各自的观点都一一说明，做父母的把意见耐心地传递给孩子，让他思考判断，然后耐心地听取孩子的想法，把自己置于孩子的思维角度，总能找到每个问题最合适的答案。

当然，商量不是父母发号施令，而是要使每个问题都通过民主的方式来解决。商量更不是迁就，而是父母与孩子对话、沟通、相互了解，形成双方可接受的意见或办法。

【正面管教秘诀】

尊重孩子的权利，就是要征得孩子的同意，让孩子有选择的机会并且在尊重孩子的基础上给予引导，这也是民主家庭中父母为孩子应当负起的一个责任。

第17招
倾听孩子的心声

孩子在外面有了不愉快的事，往往难以开口和父母谈起，很容易使父母错过教育孩子的机会。因此，父母应主动和孩子谈话。当然，你得问一些非常特殊的问题，使得沉默不语的孩子开口。你最好不要问："今天在学校做什么？"因为孩子的答复可能就是短短的一句话："没有什么。"你要改问一些更特别的事情，如"下课时，和谁玩"或者"最近的美工课，你们做哪些东西"这样的问题，比较容易引导孩子打开话匣子。但是，如果孩子不愿意马上谈，也不要逼迫，退一步告诉孩子"好吧，什么时候告诉我都行"，让孩子知道你什么时候都可以听他谈。对于比较内向的孩子，需要更长时间的启发，可以给他讲一个类似情况的故事，引起孩子的共鸣，也可以搂着他静静地坐着，他最终会忍不住和父母交谈。

有时候，孩子不愿意和父母沟通，是因为大人们的思想和话题已经落伍了。孩子会认为，他们感兴趣的话题和东西在大人们看来完全不懂。因此，父母要想跟孩子保持一致的步调，还要留心社会上新的现象、新的事物，紧跟时代步伐。父母如果不能紧跟时代步伐，就会与孩子在思想上、行动上产生距离。父母只有经常主动与孩子交流一些当前流行的一些物品、观点、主张等，主动学习一些孩子感兴趣的东西，才能让双方在一起时有共同语言和谈话内容，有效地避免两代人之间无话可谈的尴尬，使亲子关系更融洽。

听话的孩子一定是好孩子吗

中国的家庭信奉"听话"教育，中国的父母普遍认为听话的孩子就是好孩子，不听话爱顶嘴的孩子就是坏孩子。"听话"也是中国父母对孩子讲得次数最多的、在教育孩子时使用频率最高的词，孩子在家里被时时教训要听父母的话，孩子上幼儿园后，就被千叮万嘱要听阿姨的话，孩子上学了也要被要求听老师的话。总之，听话的孩子总是招人疼、惹人爱的孩子，不听话的孩子总是招人嫌、惹人烦的孩子。

久而久之，"听话"便成了好学生、好孩子的代名词。毋庸置疑，要求孩子听话并非有错，然而，为了提高孩子的自主性，若片面强调孩子听话，则会影响孩子的健康发展。

生活中有的孩子犯了错误，试图找出理由为自己辩护，其目的无非是为求得父母对自己的谅解，这种心理很正常，也是孩子鼓足了勇气才这样做的。如果父母武断地加以"狙击"，孩子会认为父母不相信自己。

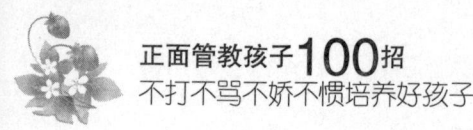

【正面管教秘诀】

父母应警惕孩子听话的背后可能是心理的压抑。为了得到父母的疼爱、老师的称赞，孩子宁愿放弃自己的想法，就算是违背自己的意愿也在所不惜。听话的孩子不完全等于好孩子，他的内心可能潜藏着危机，对父母言听计从的孩子，他的未来可能令人担忧。

说教不是与孩子交流的万能法宝

有的父母在孩子学习出现问题或不听话时，不是认真分析孩子出现这些问题的原因，找到解决问题的具体方法，只是简单地说教、讲大道理。也就是说，孩子懂得的道理，父母一而再、再而三地讲；而关于解决问题的方法，却仍是一片空白。

父母空洞的说教，不能实际、有效地解决问题，对帮助孩子改掉毛病是没有多大作用的。这样的结果只能是使孩子因为学习困难而失去兴趣和动力，还会因为父母反反复复的训斥、唠叨而使亲子之间产生隔阂，造成孩子的逆反心理。

所以，父母应该耐心地与孩子聊聊，找出孩子学习不好或不听话的原因，然后对症下药。

【正面管教秘诀】

无论是什么情况，父母都要坚决改掉天天说教、唠叨的毛病。只要随时注意孩子的情况，做到每隔一段时间，和他聊聊有什么想法、有没有新问题，就足够了。

学会倾听孩子的声音

现在大多数家庭充满了纠纷，亲子关系恶劣，这是由于父母没有把爱和关怀恰当地表达出来。父母在社会及单位等各方面的压力下，忙着自己的工作、应酬，或者为自己的享乐、应酬、爱好找借口，常说没有时间与孩子进行有效的沟通，等到孩子出现了问题，就采取打骂、惩罚的方式来管教。不懂得倾听孩子的声音，将很难达到教育孩子的良好效果。

父母与孩子之间的沟通,经常因不合理的表达方式而受到破坏,比如用命令的语气:"你必须怎样"、"我说不可以就是不可以"、"我要求你怎样……你做不到就会……"孩子犯点错误就严厉地批评、指责、打骂。虽然父母只是恐吓孩子,但孩子听多了,就会十分厌烦甚至抵触父母。孩子因此会觉得自卑,慢慢缺乏勇气与父母沟通,免得再挨打、挨骂。

【正面管教秘诀】

父母要与孩子良好地沟通,就要学会倾听,倾听是要让孩子觉得他是最重要的。父母和孩子一起分享他的快乐,不要扫孩子的兴。孩子伤心时来找你倾诉,你要留心听,要换位思考,体会他的心情。因为倾听包含了对孩子的爱、尊重和接纳。

第18招
沟通前先和孩子做朋友

父母和孩子能够顺利地交流思想,对于相互之间保持良好关系非常重要,父母都希望孩子能跟自己讲讲他们内心的感受,这样父母就可以理解和帮助他们。

很多父母都会遇到类似的情形:有时,父母拖着疲惫的身体,努力地打起精神,准备和孩子好好沟通沟通,但不是被孩子三言两语打发了,就是被噎得半天回不过神来,不但不能达到了解孩子的目的,还惹了一肚子气,因此也逐渐丧失了和孩子谈话的兴趣,以至于越来越不了解孩子,越来越不知道该怎样教育孩子。所以,做父母的要学会与孩子交谈的技巧。

如果孩子把父母当作自己的朋友,就乐于把心里话讲给父母听,因代沟而产生的沟通障碍也就消失了。所以,父母要与孩子进行良好沟通,先学会和孩子做朋友。像朋友一样与孩子谈心,交流思想,可以及时了解孩子的思想状况,把握孩子的心理,也让孩子理解你对他的关心和爱护。这样能够促进孩子与父母之间的感情，使孩子对你产生信任感，也有利于孩子的健康成长。父母要尽量从繁忙的工作中抽出时间来陪孩子一起玩，例如一起看电视或一同骑车到某处游玩，培养朋友般的"友谊"。

可以跟孩子谈谈自己工作上的事情

在中国，似乎很少有父母对孩子谈自己的工作的习惯。小明小时候就不知道父亲的工作都是怎么回事。小明的父亲也从来不对小明说起。有时候，家里来一群父亲的同事，会几个小时地谈他们单位的事，好像是大家都在评论几个人。总之，他们说起工作，也多是在谈人事纠纷，小明听得没兴趣，说到底，也不知道他们的工作是个什么概念。

孩子有时是很想知道他们父母的工作场所是个什么样子的。一个9岁孩子说："我有个同学甚至不知道她母亲的工作是什么。"

【正面管教秘诀】

如果你把你的工作情况告诉你的孩子，他们就可以想象出你在上班时间工作的情形，而不会老是猜想你每天到底哪里去了。同时，他们还能知道一件更加重要的事情——你对工作满意时会感到高兴，不满意时你会感到不愉快等。假如可能的话，你甚至可以偶尔把孩子带到你工作的地方看看。

你和孩子说话的语气是怎样的

人人都有受尊重的权利，对于孩子也是一样。很多父母不注意与孩子交谈的语气，结果对孩子造成了伤害，这是家庭教育中经常出现的误区。

很多父母由于没有学会与孩子进行有效的交流，往往在不知不觉中，用一些孩子不喜欢的声调，说了一些违反自己本意的话，结果和孩子造成了不必要的冲突。芳芳气鼓鼓地回到家里，因为下雨，班上原定的郊游没有去成。妈妈见她不高兴，随口说了句："哭也没用，要玩还有下回呢。又不是我让它下雨。"本来芳芳似乎还没有发作的意思，这一下可不得了：先是呜呜地哭了一阵，不一会儿跑到自己的房间，索性趴在床上大哭，而且连晚饭也没有吃。

也有很多父母在动怒的时候，往往口无遮拦。有时觉得说得越难听，越

第三章 不烦不躁,心平气和与孩子互动沟通

能提醒孩子注意。父母们哪里想到,许多话是会导致严重后果的,绝对不能说出口。例如:"给我滚!就当我没有你这样的孩子!""你以为你是谁,你可是我养大的!"

【正面管教秘诀】

像上面故事中诸如此类的话对孩子都是一种言语上的伤害。也许他还没有关于"自尊"的意识,可是这话会让他感到自己是个没用的人,是个累赘,可又无力改变这个现实。这种矛盾的心理会让孩子惶恐和无所适从。这样的情绪压抑得太久,必定会化为愤怒,总有一天会爆发出来。那时,很可能会有严重的后果了。

不要总是打断孩子的话

在一个闷热的下午,妈妈浑身是汗地骑着自行车在人流车流中艰难地行进。女儿坐在她的车后,向她讲着在班里与同学闹别扭的事,劳累疲惫、心里正烦的她毫无反应地听着。渐渐地,女儿的声音弱了下来。突然,她小声说:"妈妈,我差点儿忘了,老师让买一盒橡皮泥。"妈妈不耐烦地说:"早干吗去了,刚才路过文具店为什么不说!"谁知当她极不情愿地带着孩子返回文具店时,女儿竟然气鼓鼓地自己跳下车,恨恨地说:"不买了,回家!"说完,头也不回地径直往家走。一进家门,妈妈就冲到女儿面前质问她为什么这么不听话。女儿眼泪汪汪地望着她说:"妈妈,你知道吗,我们小孩也很可怜!"妈妈一下子愣住了,像遭到重重的一击。女儿的小脸通红,哽咽着:"妈妈,你们父母心烦的时候,可以对小孩发火;我们小孩心烦的时候,找谁发火呢?你知不知道,我们有时也很难受……"孩子的话使妈妈的内心长时间无法平静下来。

【正面管教秘诀】

认真听完孩子的话,不仅是在对孩子进行平等做人、平等对待别人、平等对待自己的教育,也是走进孩子心灵的有效手段。作为孩子的父母,只有真正进行换位思考,对孩子的诉说才会认真听下去,才能产生交流中的互动。否则,没等孩子说完两句话,就不耐烦了,那就会伤了孩子的自尊心。

第19招
多听听孩子的想法

当父母平时在讨论问题或商量某个决策的时候,可以有意识地征询下孩子的意见,听听孩子的想法。比如:"你觉得我们这么做怎么样?""你认为我们买什么牌子的电视机好呢?"当孩子说出自己意见的时候,父母要及时给予回馈,如果孩子说得有道理,就可以按照孩子说的实行;如果孩子的想法欠考虑的话,父母就要给孩子讲清楚为什么这次爸爸妈妈没有听你的意见,指出孩子需要完善考虑的地方。这样就可以逐渐使孩子关心家里的事情,同时还可以提升孩子的思维能力,有助于他思考的全面性和理智性发展。

需要注意的是,父母在和孩子沟通的时候,应当把孩子当作一个真正的商量对象,而不是敷衍的心态,和孩子说话的态度要和蔼,不能颐指气使,粗暴地否定孩子的意见和对孩子冷嘲热讽,不要端出父母的架子,要让孩子感觉到,父母的确是在认真地听他的意见的。

再有,并非家庭里的每一件事情都是适合孩子参与的。所以父母在让孩子参与之前,先要考虑好家里的哪些事情适合让孩子来参与,哪些是不适合的。通常来说,凡是参与的过程和结果有利于孩子身心发展的,就可以让孩子一同来参与,如家庭的计划开支、旅行计划等。

不要用命令的口气跟孩子讲话

方圆不愿做父母眼里听话的孩子,原因是觉得他们不尊重自己,总是用命令的口气让自己做这做那。这样,方圆与父母的关系一直都不是很好。

有一次,方圆正在专心画画,妈妈命令她说:"方圆,过来帮妈妈烧锅。"方圆不情愿地回答道:"我在画画。"妈妈看见方圆没有起身,走到她面前严厉地说:"我叫你烧锅你听见了没有?你还想不想吃饭?"方圆抬

第三章 不烦不躁，心平气和与孩子互动沟通

头看着妈妈说："我正在画画，我的画还没有画完呢。""你的画能当饭吃吗？"方圆的妈妈说着，拿起女儿画了一半的画，几下把它撕碎扔在了地上，然后再次命令方圆道："去烧锅！"方圆看着妈妈野蛮的行为，听着妈妈命令的声音，伤心极了，她怒视着妈妈叫道："我今天不吃饭！"说完站起身跑进了自己的小屋，把门反锁上了。

【正面管教秘诀】

父母习惯用命令的方式支配孩子，使孩子处于被动服从的地位，时间长了，孩子就会形成退缩的性格，依赖性强，缺乏主动性；也有可能走上另一个极端，孩子经常与父母顶嘴，逆反心理增强，走入社会后也会具有反社会性。所以，父母对孩子一定要注意说话的语气，千万不要用命令的方式同孩子说话。

父母不要按自己的意愿去组织亲子活动

在与孩子的共同活动中，父母很少考虑孩子的意愿，总是对孩子参与活动的地点、内容给予很多的限制。这就失去了亲子活动的意义。

亲子活动中，有些父母只是按照自己的意愿来安排，而不听取孩子的意见，这样会使孩子觉得父母并非真心实意地要陪伴自己，他们说的与心里想的完全不是一回事儿。因此，孩子会认为父母虚伪、不诚实，口是心非，而且不尊重自己的意见，从而对父母产生不满，甚至以后不愿和父母一起活动。这就失去了父母与孩子交流、了解孩子的机会。

如果父母总是要求孩子依从父母的安排，会使孩子渐渐地习惯于简单的服从，而没有自己的主意、见地。虽然，有些父母认为这样的孩子"听话"，但对于孩子个性和自信心的发展是不利的。

【正面管教秘诀】

在与孩子一起活动时，父母要多和孩子商量，尽量听取孩子的意见。只要孩子提出的要求是合理的，在经济上、时间上能够做到，父母就要尽量满足孩子。这样，孩子才能真正放松身心，精神愉快地参与活动中。通过活动，父母也才更容易与孩子增进感情、加深了解。

关注孩子在家与在学校的不同心理表现

很多父母都容易忽视的一个问题是，孩子在家与在学校会有不同的表现。老师向学生父母反映问题，许多父母听完老师的诉说后第一反应是：这是我孩子干的吗？不可能！他在家那么老实巴交，怎么可能到了学校就调皮捣蛋呢？

目前在我国独生子女中，这种在校和在家的表现极其矛盾的现象普遍存在，只是表现形式有别。有的孩子在家调皮、任性，不服管教，在校却遵守纪律，表现较好；有的孩子在家外向，在校却沉寂、内向；有的孩子在家热情开朗，在校却变得沉默寡言。

应该说这种现象有益之处在于孩子不同程度地融合于学校群体环境中，逐渐适应集体生活，有利于孩子的成长。弊端在于有的孩子入校后，习性的改变是被动的，很可能是外在的压力和内在的心理问题所致，这样易形成孩子抑郁、自卑、焦虑、孤僻等心理问题。

更大的危害在于，如果孩子在校与在家的习性表现长期不一，截然相反，很容易导致孩子的性格分裂或形成双重性格，不利于孩子的身心健康和人生观、价值观的塑造。

孩子在家庭中和在学校里的不同表现同时存在，长期不能接轨、融合，很重要的一个原因是父母与学校交流沟通不够，父母与老师彼此不了解孩子在各自环境的习性和表现。

【正面管教秘诀】

怎样让孩子在家和在学校表现得一致呢？最主要的是父母要主动与老师多交流沟通。不仅要了解孩子在学校的学习情况，更要了解孩子在学校的心理变化、思想言行、人际关系等各方面的表现，对孩子在学校的所作所为有一个总体把握。

第三章 不烦不躁,心平气和与孩子互动沟通

第20招
温和地开导才能让孩子敞开心扉

相信每个孩子最初的心扉都是向父母敞开的,但是往往是因为不耐心的父母口无遮拦的抱怨甚至责骂,使孩子向父母关紧了诉说心意的门,他们情愿与自己的小伙伴去诉说,也不愿意向父母透露一个字。

可怜的父母虽然是多么地爱自己的孩子,却始终不能走入孩子的内心。孩子在犯了错误之后,往往都会有些后悔甚至自责,这个时候,如果父母以宽容抚平孩子内心的不安,并适时进行教育,相信孩子一定能够将父母的教诲牢记在心。父母不要奢望自己的孩子不犯错,因为当孩子犯错的时候,恰好就是我们要教导他的时候,这是实行教育的黄金时刻,聪明的父母一定要抓住这最好的教育时机。

可惜的是,有些父母并不懂得这个道理,看到孩子犯错误了,顿时火冒三丈,失去了冷静,只顾着生气忘记了教育。父母这样的态度,可能使孩子因为恐慌而做出撒谎、抗拒,甚至离家出走的举动,导致问题复杂化,甚至会演化为一场悲剧。

怎样给予孩子有效的指导

随着人们工作节奏不断加快,竞争压力日益增大,许多父母不得不将更多的时间和精力投入工作中,致使他们无暇顾及甚至忽视对孩子尤其是处于青春期孩子的教育和指导,这已成为当今普遍存在的一个社会现象。

专家认为,父母与孩子出现沟通危机,如果说是因为工作忙,那是大人在自我推脱,最主要的原因是做父母的不注重孩子的生理和心理变化,缺乏和孩子沟通的技巧。家庭教育是一种生活教育、实践教育,父母是孩子的首任老师,但父母与孩子沟通时要淡化学校教育的色彩。但在生活中,家庭教

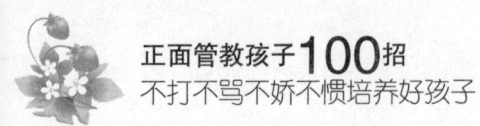

育学校化现象很普遍，孩子到学校的任务是学习，可回到家里，父母仍然追着孩子的学习不放，孩子自然会很反感。

经常有父母向教育专家咨询：和孩子每天沟通多长时间比较合适？如果要把家庭教育规定出时间，那样就太刻板了，和孩子沟通不是学校上课，家庭教育要融入日常生活中，应随时随地、自然而然。

【正面管教秘诀】

在家庭中父母对沟通技能、方法的掌握与学习的重视程度，与孩子未来社会适应能力的高低紧密相连。如果一个孩子从小在家庭中能够同家庭成员很好地沟通，当他步入社会时，他也能很好地与其他人沟通。

给孩子一个诉说心事的机会

在如今的家庭教育中，有些父母认识不到倾听孩子诉说的重要性。孩子一旦有问题，总爱以成人的思维方式去评判孩子所做的一切，把自己的意愿强加给孩子，不给孩子解释的机会，轻则呵斥，重则打骂。这样，孩子因失去说话的权利或者自己的想法得不到父母的重视，只好将委屈和不满埋藏在心里，长此以往，做父母的就很难知道孩子的所思所想，这样对孩子的教育就会无所适从。另外，孩子的说话权得不到父母的尊重，父母不让孩子把话说完，一方面不利于孩子语言表达能力的提高，另一方面也使孩子产生自卑情绪。久而久之，孩子就会与父母产生对抗情绪，以致双方相互不信任，产生沟通困难的问题，甚至还会造成孩子的不良心理。

我们知道，亲子之间的沟通交流是影响亲子关系、孩子性格发展的重要方面。所以，如果父母们能对孩子的倾诉多一点耐心，给孩子一个诉说心事的机会，那么，孩子遇到事情时就会乐于向父母倾诉，与父母建立良好的沟通。

【正面管教秘诀】

如果父母忽视了与孩子的交流，不重视孩子的倾诉，时间久了，不良的影响就会表现出来。因为对于一个已经有自我主张和能力的孩子来说，让他乖乖地"听话"是一种痛苦。其实，仔细倾听孩子的诉说并回答孩子的问题，对加深亲子关系大有裨益，这可以加强孩子的自信心和安全感。

与孩子沟通先要端正自己的态度

父母是孩子成长过程中最好的老师。孩子的一言一行都深受父母的影响。孩子处理事情的方式，对待人际关系的方式，主要受父母态度的影响和强化。孩子的自尊、自信、自主性、意志力等都受父母态度的影响。

从一定程度上来说，父母的态度和孩子的智力水平是互为因果的。如果孩子的资质差些，父母以较好的温和的态度对待孩子，给孩子以积极的评价，那么，孩子的态度往往是积极的，对周围事物的看法也是乐观和自信的，孩子会认为自己会有所成就，他怀着乐观的心态去努力，结果往往就会变成现实；反之，消极态度和评价只能使孩子失去信心，使孩子不去努力，其结果使孩子的智力和能力更差。

父母对孩子的态度不仅影响孩子智力发展和学习能力，还影响孩子其他能力和人格的发展。父母对孩子持有消极粗暴的态度，就会导致孩子的行为向不良或不健康的方面发展，父母对孩子持有积极温和的态度，就会引导孩子的行为向健康的方面发展。只有在父母端正态度的情况下，在父母的鼓励和帮助下，孩子在社会能力方面才能建立起较好的自我评价和自我意向，建立起自信心，从而更好地发展自主能力、独立能力和其他社会能力，为一生奠定良好的基础。

【正面管教秘诀】

父母在和孩子的谈话中，如果发生意见冲突，千万不要失去理智，父母要在商讨的气氛中端正态度，给孩子做分析，不要一味地否定孩子的意见，不然会使孩子养成沉默寡言的孤僻性格。

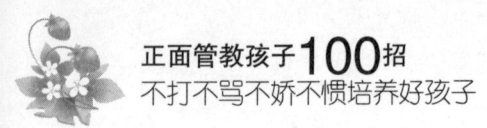

第21招
给孩子一个说话的机会

有的父母总觉得孩子没有发表意见的权利,在孩子表达出他的意愿和想法时,父母也总是不屑一顾。当父母就家里的某个决策讨论的时候,如果孩子在一旁插嘴,父母就大声呵斥"大人说话小孩子别插嘴"、"这是大人之间的事,没你小孩子什么事,一边玩儿去",实际上父母的这种态度已经对孩子产生了消极的暗示和影响,无疑是给热情高涨的孩子迎头泼了一盆冷水,使孩子自信全失,严重的可能会让孩子觉得自己在家里一无是处,可有可无,进而导致一些本来可以避免的心理问题,如轻视自己、自我怀疑等。一旦孩子真的出现了心理问题,父母就要追悔莫及了。

国家一级作家骆晓戈教授的教子之道值得推崇。在骆教授的众多教育方法中,最大的亮点就是让孩子参与家庭决策,给孩子一个发言权。比如要添置家庭共用品,都会征求女儿的意见。全家小到衣服大到房屋的购买,她都给女儿充分的发言权和决策权。

一般来说,能够经常参与家庭决策中来的孩子,性格较为开朗,能够在众人面前条理清楚、简明扼要地表达自己的见解和意见,能够主动关心别人、考虑别人的感受,有较强的集体责任感和责任心,待人接物也处处能彰显出自信;而那些从来不参与家庭决策的孩子,考虑事情通常是狭隘的、以自我为中心的,集体意识淡薄,依赖心理强,做事的主动意识差。因而可以看出,让孩子参与家庭决策中来对孩子的健康成长有至关重要的影响。

与孩子交流切忌只说不听

倾听孩子说话,重要的是多听少说。经常有孩子抱怨:"没有一个人真正听我说话,他们只是在说自己的!"孩子对这种情况有特殊的感受。称职的父母，一定要学会聆听孩子说话，用自己对孩子的信任、尊重去促使孩子多说话，让孩子把自己的所思所想都表达出来，这样，才能与孩子进行良性的交流和沟通。

倾听孩子的心声，让孩子把内心的真实想法说出来，体会孩子的感受，不但可以增进父母与孩子之间的感情，也可以让孩子明白，不管有什么困难和烦恼，都会得到父母的体谅和支持。这会让孩子有安全感，而这种安全感可使孩子的创造力和理解力得到全面的发挥。

父母在倾听孩子说话的时候要肯花时间、有耐性，做个有修养的听众，用心倾听孩子的心声，用心走进孩子的世界，积极发现孩子的优点，然后对孩子的优点进行发自内心的赞扬。父母应鼓励孩子，尝试着不去批评孩子，只要父母耐心地这样去做，了解关怀孩子，孩子就会很乐意和父母在一起，如此，拥有一个心理健康的孩子并非梦想，孩子也能顺利迈向成功之路。

【正面管教秘诀】

父母要善于利用自己的行为语言向孩子表示"我在听着呢"、"我感兴趣"、"你说得真有意思"。下面几种信号可以表示对孩子的注意：一是用慈爱的目光注视孩子；二是正面面对孩子；三是与孩子紧挨着坐。

不要斥责孩子"不许顶嘴"

顶嘴，这是孩子成长中所必经的过程，是孩子正常的成长表现，他是在证明给你看，他开始有了独立意识，对事物有了自己的见解。

无论是哪一个年龄层的孩子，口语上不礼貌的表现对父母来说，都是相当困扰的问题，不但会阻碍亲子间正常的沟通，而且对孩子将来的人际关系与心智发展更会造成不良影响。

有些父母，面对孩子的顶嘴，会直截了当地对孩子说"不许顶嘴"。

与其直截了当地对孩子说"不许顶嘴"，还不如说"我理解你的感受，但是你能换一种口气说吗？"或者说，"我不喜欢你这样说话，你可以慢慢用你的道理说服我。"如果孩子正在气头上，父母也可以说："我知道你现

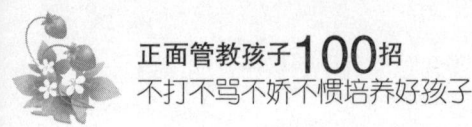

在很生气,等你冷静下来我们再谈好吗?"

其实父母应当明白,孩子向来都是很直接地用言行来表达自己的意图的,从来不会遮遮掩掩。所以,在孩子顶撞你时,你应该问问自己:"究竟发生了什么?这个小家伙想怎样?"当你明白了孩子的意图后,你就会理解为什么突然之间孩子会变得那么粗鲁。从孩子的角度考虑问题,有助于父母缓和气氛和自己的情绪。父母这么做也是给孩子作出了一个榜样,教他学会控制自己的情绪。

【正面管教秘诀】

父母一旦发现孩子有顶嘴的习惯,就应认真分析产生的原因,多与孩子谈心,了解孩子在想什么,喜欢什么。多与孩子沟通,就可以减少冲突的发生,改变孩子顶嘴的不良习惯。

给孩子一个解释的机会

有的父母性子特别急,当孩子犯错时,不给孩子解释的时间和机会,先打骂一顿再说。其实父母的这种做法是很自私的,打骂孩子仅仅是为了发泄自己的怒气,缓解自己的情绪,丝毫起不到教育的作用。有时孩子犯错并不是出于本意,而是想帮助父母做点事,只是由于自己的经验和能力不够才犯错。比如,有个小女孩本想帮父母洗碗,却不小心把碗打碎了。如果父母不听孩子解释而打了孩子,其结果是打击了孩子劳动的积极性,以后孩子再也不会帮父母干活了。

【正面管教秘诀】

孩子犯错是很正常的。面对孩子的错误,如果父母不注意教育方式,不分青红皂白地批评、责骂、惩罚,不但不能让孩子改正错误,相反会使孩子形成胆怯、退缩或者是叛逆、攻击等不良心理。所以,像大海一样包容孩子的过失,以平静的心态对待孩子的过失,才是最好的教育方法。

第三章 不烦不躁，心平气和与孩子互动沟通

第22招
鼓励孩子有自己的见解

著名画家丰子恺在教育孩子的问题上是非常灵活开放的。丰子恺有很多朋友，他们常常聚到一起谈天说地。大人们在一起谈书论画，畅所欲言，只要孩子有兴趣，丰子恺总是鼓励他们加入进来，并说说自己的想法。丰子恺不仅看重待客之道，也非常珍视孩子独立思考和学习的品质。正是在这样开放、自由的讨论氛围中，孩子们渐渐学会了自己去辨别和理解事物。

除了在教育方式上开放、灵活，丰子恺自己也是一个很有创新意识的人。他在年轻时留学日本，在此期间学习西洋画、小提琴、日文、英文和德文，他还常常去听歌剧、参观各种地方。在50多岁的时候，他还学习了俄文，并翻译了不少俄罗斯的文学作品及美术、音乐方面的著作。

丰子恺学习、尝试的精神对儿女的学习有着很大的影响。他的女儿丰一吟继承父亲的喜好，成为一位著名的翻译家、画家。她的风格与父亲并不相同，用自己的目光来观察世界，是丰一吟从父亲那里得到的最大影响。

允许孩子有自己的想法

几周前溪凡要代表学校参加区里的绘画比赛。妈妈让她画在学校得奖的那幅"海底世界"，获奖的把握更大一些。可溪凡说："这幅画在学校得了奖，上区里比赛干吗还要画它？我要创作一幅新的。"妈妈又苦口婆心地讲了很多道理，溪凡也没有争辩，但真到比赛的时候，溪凡还是按自己的主意画了别的画，结果却因为准备不足没有拿到名次。妈妈得知结果之后，对着溪凡嚷："你就这么任性！平时，让你听英语你要做语文，让你练琴你要画画，可让你画画了，你又要看电视，总想按你自己的想法办。这样的小事就算了，参加比赛这么大的事情，你也敢先斩后奏！这回自己吃亏了吧。看你

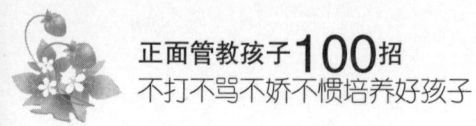

以后还敢不敢自作主张……"溪凡的眼泪一下子掉了下来。

其实，允许孩子表达自己的见解并非是让孩子自作主张。随着年龄的增长，孩子对世界的认知水平大大提高，独立意识和各方面能力越来越强，孩子开始有了自己对事物的认识、见解和观点，开始要求自己安排自己的生活、学习，这正是孩子长大的标志，是孩子独立意识和自信心的一种表现。

【正面管教秘诀】

作为父母，即使是面对像溪凡这样的孩子自己做主却出现了失误的情况，也不要呵斥、指责和禁止。先帮助孩子总结这次没有做好充分的准备、低估了对手的教训。在遇到事情时，帮孩子分析情况、给予一些建议，启发孩子自己想办法解决问题，并在必要的时候为孩子把关。

给孩子以权利

孩子是世界和平的象征，在孩子的世界里没有国界、阶级、种族、职业、性别、偏见等，但成人世界的不平等观很快会感染孩子。所以父母应该传授孩子真正的平等权，一种不以成绩、不以长相、不以家中财富作指标的平等。人本来就有智愚之分，也有兴趣与品位不同之别，这些差异足以左右孩子在学校里的表现，但那不代表孩子的全部。跑不快的孩子也可以享受与人竞逐的快意；图画画不好的孩子，依然可以绘出他心中的天地。唯有平等的待遇，孩子才不至于在挫折中流失掉学习、生活的乐趣。父母平等地看待每个孩子，孩子方能学会平等地看待自己。

【正面管教秘诀】

尊重孩子，按照联合国《儿童权利公约》所说，就是要尊重孩子的生存权、发展权、受保护权以及参与家庭、文化和社会生活的权利。根据《未成年人保护法》，这些权利一概受到法律的保护，当然还包括儿童的隐私权（偷看孩子的日记、信件就是侵犯了孩子的隐私权）。

让孩子学会说"不"

专横的父母，是不让孩子说"不"的。试想，这样的父母，又怎能与孩子成为真诚的、平等的朋友呢？这样的父母又怎能把孩子放在最为重要的位置上呢？

在生活中，我们时常听到一些父母在说："我的孩子很听话，从来不会说'不'。""我的孩子理解能力很强，说了就能够理解，因此，他几乎没有什么反抗。"

从未表示过拒绝或反抗的孩子在教育学家们看来是危险的。

以色列学者瑞巴曾经将孩子分成有反抗期现象与没有反抗期现象两种。就这个问题，瑞巴曾做过近20年的追踪调查，他专门调查这些孩子们的成长情形。结果发现，显示有反抗期现象的孩子们，后来成为具有自主性较强的人格特质者，而未显示有反抗期现象的孩子，长大之后多成为缺乏自主性的人。

孩子没有表现反抗期现象其实有两种原因：一是孩子缺乏自己的主张与精神，二是由于父母施加太大的压力。这样就使孩子具有温顺、缺乏主见的人格。

不少孩子之所以能成为活泼、有反抗精神的人，是因为在某一时期体验过自己的主张，能够以自身的实际体验为基础，进一步学习并能表现自己的欲望或主张。

【正面管教秘诀】

成长中的孩子学会选择接受和反抗，这是极为正常的事，也是自然的事。这表示孩子已经开始有自己的想法，而不仅仅只是接受。

第23招
让亲子沟通更快乐和谐

一位母亲问她5岁的儿子："假如妈妈和你一起出去玩时渴了，一时又找不到水，而你的小书包里恰巧有两个苹果，你会怎么做呢？"

儿子小嘴一张，奶声奶气地说："我会把每个苹果都咬一口。"

虽然儿子年纪尚小,不谙世事,但母亲对这样的回答,心里多少有点失落。她本想像别的父母一样,对孩子训斥一番,然后再教孩子该怎样做,可就在话即将出口的那一刻,她突然改变了主意。

母亲握住孩子的手,满脸笑容地问:"宝贝,能告诉妈妈你为什么要这样做吗?"

儿子眨眨眼睛,满脸童真地说:"因为……因为我想把最甜的一个留给妈妈!"

那一刻,母亲的眼里隐隐闪烁着泪花,她在为孩子的懂事而自豪,也在为自己和孩子做到快乐沟通而欣慰。

的确,在家庭教育中,亲子沟通是十分重要的,但能做到愉快地沟通,则会让亲子关系更加亲密。快乐沟通可以说为有效沟通锦上添花。

如何让沟通变得快乐和谐?幽默的话言、多些互动和良好的谈话气氛是三大关键。

幽默地和孩子沟通

父母在教育孩子的时候,往往喜欢板起面孔说教。其实,可以来点幽默,教育效果将会更好。幽默是润滑剂,能使大家融洽地相处;幽默是快乐之源,能使我们的家庭生活充满和谐与快乐。在我们的家教中,恰当的幽默不仅能使孩子免去在大人面前的拘谨,还能使其在轻松一笑中接受良好的正确的教育。

幽默是一种行之有效的、不可忽视的家庭教育手段。幽默感可以感染孩子。在一个充满幽默欢笑的家庭里,孩子就会变得活泼、热情、开朗。目前,西方国家的教育机构相当重视对孩子幽默感的培养。作为启蒙教育者的父母,与子女开些善意的玩笑,鼓励孩子说些健康的俏皮话,用幽默的方法教育孩子,是十分有益的。

【正面管教秘诀】

对待孩子的错误,严肃认真的批评是一种教育方法,有时采取幽默的手段同样也可以达到教育的目的。我们不应总是用斥责、惩罚的方式对待犯错

第三章 不烦不躁，心平气和与孩子互动沟通

误的孩子，不要让孩子总是担心受到惩罚，而要使他们在看出自己的错误的同时破涕一笑，其效果往往比板起面孔训斥孩子好得多。

与孩子的快乐互动时间再多一点

玛丽每天一早上班，下午3点下班。回家后，玛丽先是检查儿子的书包，再到洗衣间给儿子洗衣服，然后做晚饭。一次，当玛丽打电话聊天时，10岁的儿子在起居室吼了起来："妈妈，你就不能坐下来陪我一分钟吗？"儿子的话令玛丽大为震惊。自以为对儿子已够关心的玛丽，居然受到了儿子的责问。

在今日，多数父母因工作繁忙，仅注重在生活上关照孩子，而对于孩子想要什么、想干什么，却一无所知。

现代生活的快节奏和人们心理的躁动不安，以及各种复杂的社会和生活问题，使得人们与孩子在一起的时间变得越来越少。也许我们真的有无数事情要做，但这并不意味着我们在工作与照顾孩子之间必须作出选择。只要稍动脑筋，就会发现许多事情都可以变成娱乐。做饭时，不妨与孩子玩玩"过家家"的游戏，其实这并不耽误做一顿丰盛的晚餐，还能培养孩子的家庭责任感。与大一点的孩子一起做家务、猜谜、说故事、讲谚语等，都是不错的活动。

【正面管教秘诀】

我们身边超过40%的父母与孩子沟通时只谈孩子的学习，而沟通的方法多数仍以"父母"自居，以命令口吻与孩子说话，更有一部分父母干脆承认无法与孩子沟通。他们或许不知道，如今孩子喜欢的父母是：和蔼的、朋友式的、愿与孩子沟通的和有幽默感的。

创造良好和谐的亲子沟通氛围和环境

有些父母在与孩子沟通的时候，不讲究氛围，只要是想沟通了，随时随地就开始，这样不好，往往达不到预想的效果。

当亲子交谈的沟通气氛不顺畅时，你可中断交谈，以沉默来停止负面

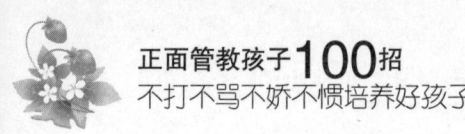

的情绪，或暂时离开谈话的现场。万一不能离开，就强迫自己转移思考，想想任何其他的事件或经验：也许是一些令人愉快的回忆，也许是正在计划的事，可使自己暂时忘掉困扰的问题。

如果有些事情令你感到很困扰，希望暂时忘掉它，你可以大声地自我对话，谈一些与这无关的事情，诸如想想明天要到百货店买什么东西，房间衣物是不是要稍加整理。负面思考的停止或转移，可以让自己暂时逃离不愉快的情绪，以免影响亲子沟通的气氛和心情。

【正面管教秘诀】

每当父母冲动地采取某种行动时，常常正中孩子的心意，且更增强了孩子不良行为的表现。如果父母能表现出不在意或一些孩子预期外的反应，通常孩子会察觉到他们的行为无效而减少不良行为的发生。

第四章

不讥不讽,孩子的进步从赞美开始

第24招
讲究一点批评孩子的艺术

父母都会遇到孩子有进步或者是犯错误的情况。这个时候，很多父母会采用一些方式来对孩子进行一些"回馈"，如果孩子表现好父母买零食来奖励。相反，如果表现不好，父母可能会通过惩罚来让孩子记住教训。赏罚有学问，简单的物质奖励和皮肉之苦都是不恰当的，也不会收到最好的效果。

英国17世纪著名的政治家、哲学家和教育家约翰·洛克提出过"绅士教育法"，曾得到大部分家庭的认可。他主张，一定要用温存的语言，耐心热情的态度，和颜悦色的劝导，有计划、有步骤地培养孩子的习惯，切记不可声色俱厉、简单粗暴地责备和训斥他们，以免伤害孩子脆弱幼嫩的心灵和正在成长中的自尊心。他提出的这种奖惩方法就是使孩子知道羞耻和光荣。孩子一旦懂得了受尊重与羞辱的区别，尊重和羞辱对他们的心理就成为一种最为强有力的刺激。父母一旦能让孩子爱惜名誉，惧怕羞辱，就等于使他具备了一种真正的做人原则。这个原则会永久性地发挥作用，使他们走上正轨。

在对待孩子的奖惩上，日本教育家多湖辉认为，孩子会在被批评的过程中学会辨别是非，学会区分哪些事情是好的、哪些事情是坏的。因此，父母要学会正确地批评孩子，做到既改正了孩子的缺点，又不伤害孩子的自尊心。

批评孩子要讲策略

一个淘气的男孩经常惹祸。父母每次都大喊大叫，甚至抡起藤条抽打他，却收效甚微。有一次他偷了商店的玩具，差点被送警察局。父母及时赶到，说服店主再给他一次机会。回家后，等待男孩的又是一场狂风暴雨。面对父母的强烈指责，男孩变得麻木不仁，而且还会产生这样一种想法："反正我是坏孩子，那就坏下去吧。"父母的训斥、打骂为孩子的心灵筑起一堵高墙，阻断了亲子间的情感交流，没能让孩子站在父母的立场上想问题，却增加了漠视和仇恨：反正你们不爱我，所以也不需要你们来管教我。

【正面管教秘诀】

上述故事中的管教方式显然是不妥的。在孩子犯了错回家之后，父母可以什么也不说，采用此时无声胜有声的方式，比如独立思考，作出一副冷静的样子，露出难过的表情。孩子本以为会像以前那样等待着一场强烈的指责和打骂，但是却没有，反倒父母难过的样子，让孩子一下子想起父母日常的操劳，抚育他的呕心沥血。从此以后，孩子会痛下决心，改过自新。

批评之前考虑孩子行为的动机

人的行为是在动机下产生的。孩子缺点和错误的产生，都是有其原因的，同样一个错误可能是不同原因造成的。

一位小学六年级学生，星期日在学校里玩足球时，不小心把教室的玻璃打碎了。当时没有人知道，值班室也没有人发现玻璃碎了。但这个孩子主动到传达室告诉值班人员，玻璃是他打碎的，并表示要赔偿。孩子回家后告诉父亲打碎玻璃的事，父亲严厉地说：「踢球就好好踢，干吗踢坏人家玻璃，就会给我找事，什么时候才会让我放心。」听到父亲严厉的批评后，这个孩子很委屈，在踢球时不小心打碎了玻璃并不是他故意的。

【正面管教秘诀】

孩子不良品德、不良行为与不良习惯应该受到父母的批评。但是，父母在批评孩子时要具体情况具体分析，搞清孩子不良行为、不良品德与不良习惯产生背后的动机是什么，有区别地对孩子进行批评，才能收到比较满意的效果。

不要当众批评孩子

有的父母批评孩子时总是大吵大叫，这一闹，周围四邻都听见了，孩子感觉很不好，觉得自尊心受到了伤害，见了邻居也不好意思说话，只好低头跑过去。还有的父母家里来了客人，就当着客人的面唠叨孩子，说孩子的

缺点，这种批评实际上严重地刺伤了孩子的自尊心，不但不利于孩子改正缺点，反而容易造成孩子与父母的对立局面。

一个星期天，一位中学生邀请他的同学来家聚会，他们玩得正开心，妈妈回来了，看到家里乱七八糟，便火冒三丈，当着同学的面把儿子臭骂了一顿。儿子觉得自尊心受到严重挫伤，同学们也感觉下不了台阶。于是，孩子一气之下就到姥姥家去住，每天都从姥姥家直接上学，母子俩僵持了2个星期，最后还是妈妈主动承认错误，化解了矛盾，孩子才回家。

另一个孩子与他的同学说："我妈妈有病，家里一来客人就批评我，越批评我，我越不服。"

可见，当众揭孩子的短处，并不是明智之举。

【正面管教秘诀】

孩子都是有自尊心的，孩子越大，自尊心就越强，比如中学生就比小学生自尊心强。父母当众批评孩子容易使孩子自尊心受到损伤，并可能产生敌对情绪。因此孩子有缺点，父母要在没有外人的情况下，对孩子进行善意的批评，并指出改进的措施，这样孩子就容易接受。

第25招
永远不要对孩子做批判性的指责和讥讽

有时候，孩子由于年龄小、认识水平不高、考虑问题不周全、力气小等不足之处，导致在做事的过程中难免会出现一些失误。这时父母不要指责他，更不能惩罚他，对于有失误的地方，要帮助他分析原因，找到问题所在。这样，既能保护孩子的自尊心和积极性，培养良好的心理品质，又能逐步帮助孩子走向成熟，不断提高自己的认识水平和解决问题的能力。

如果孩子总是做得不好，也切不可性急。要以激励为主，肯定孩子做得好的方面，在此基础上找出不足之处，从而为下一次避免失误找到方法。这

第四章 不讥不讽，孩子的进步从赞美开始

样的方法，不仅极大地增强了孩子的自信心，对促进孩子的身心健康发展也将产生积极作用。

不要用言语讽刺孩子

大凡是人都是有缺点的，孩子就不必说了。一些不用功和粗心的孩子，在做练习，甚至考试中常会把一些极简单的试题做错。有的父母看了孩子的作业本或试卷，连简单的试题都答错了，感到气愤和失望，于是会说："这么简单的题目都会算错，你还能做什么！"有的为了刺激一下孩子，还故意说一两句："你真是白吃了几年饭！你还在上小学一年级吧！"

当然，这种话父母不但会对上小学的孩子讲；有时对已上中学或大学的孩子，在不耐烦或感到失望时也常讲。有时父母看到朋友们的孩子青云直上，而自己的孩子大学毕业七八年了，还没有被提拔，心里不免有些愤愤不平："你工作这么多年了，连个科长都没当上。不知你到底在机关做了些什么？"

只有愚蠢的父母才会用讽刺的话贬低孩子。聪明的父母不会这么做。

【正面管教秘诀】

讽刺话对于孩子不可能产生什么好的效果，因为这种话只能刺痛他的内心，但并不能使他悔悟，认识不到自己不用功或粗心大意的错误与缺点。

如何鼓励性格内向的孩子

父母们莫不希望自己的孩子处事积极，因为，有些孩子的确非常内向与消极。上课时即使会作答，也不敢举手一试，虽然有实力，成绩却不见得理想。这种类型的孩子，总是畏畏缩缩的，令父母感到焦急。一些父母为了纠正孩子的这种性格，就心急地再三责骂："你怎么这样死气沉沉！"或是"你就不能活泼一点吗？"不然就是以鼓励的方式对他说："好好加油吧！"然而，这两种方式皆难奏效。

也有不少父母鼓励孩子与积极活泼的小朋友一起游戏。却不知内向的孩子与活泼好动的孩子相处，反而会形成更大的压力，无形中在内心形成了一堵心墙，甚至会加深孩子的自卑感。

【正面管教秘诀】

对于性格畏缩且消极的孩子，首先应制造一个没有压力、宽松的环境，让比较内向的孩子们一起嬉戏，彼此之间便没有自卑感，这样能使他们主动交往。如果让这类孩子与年纪较小的孩子一起游戏，也可以使其消极的态度大为改善。只要让性格内向的孩子拥有自信，经过一段时日，自然能与同龄玩伴相处和谐。时日一久，自然可以改变其原有的态度。

不要对孩子进行有损自尊的批驳

当一个孩子一件事没做好时，父母如果马上进行有损自尊的批驳，对孩子的身心健康发展是不利的。

一些容易伤害孩子自尊心的破坏性的批驳话语有：贬低——傻瓜！不顶用的东西！废料！凌辱——你简直是个饭桶！非难——叫你不要做，你还要做，真是不可救药！压抑——不要强词夺理，我不会听你诡辩！强制——我说不行就不行！还敢顶撞！要挟——你再不学好，妈妈就不爱你了！滚出去！央求——我求你看一会英语吧，孩子！贿赂——只要你这次考100分，我就给你1 000元零花钱。讽刺——一洗碗，你就打碎碗，真行，以后还要做大事，做梦去吧！

【正面管教秘诀】

如果父母经常用这些批判的语言教育孩子，这样不仅不能把孩子教好，还会把事情弄僵，更会把孩子的不良行为放大，以至于不可救药。

第26招
将善于发现孩子的闪光点作为习惯

父母该如何对待孩子的优点和缺点呢？当孩子在某一件事情上比别人做得好，就是他的优点。比如，你家的孩子语文不如别的孩子，但数学可

第四章 不讥不讽，孩子的进步从赞美开始

能比别的孩子好；你家的孩子在学习上可能成绩平平，但体育却出类拔萃；你家的孩子绘画笨手笨脚，但却有着惊人的音乐天赋。也就是说，所谓的优点和缺点，主要是对事而不对人的。人人都是平等的，都是好孩子。如果父母正确地认识这一点，就不容易造成某些孩子的妄自尊大和另一些孩子的自卑。如果对孩子某次考试成绩的高低和某次比赛的输赢太在意，必须分出个"优等生"和"差等生"来，这种竞争的结果就会危及孩子整个的生活质量。

每个孩子都是与众不同的，有可能是某一方面的天才，也有可能是某一方面的庸才。所以，当孩子自愧不如别人时，在被别的同学比下去时，父母千万不能责备、讥笑孩子，这样会使他气馁，甚至失去信心、丧失竞争意识。父母可以引导孩子从竞争中发现自己的进步和长处，帮助孩子学会认识自己，欣赏自己，喜欢自己。从另一个角度看，优势可以帮助孩子展示自己的力量，而劣势能够帮助他们检验自己的不足，其目的都是为了求得进步，让孩子变得更加优秀。

相信孩子的能力

每个小孩都愿意父母夸他们聪明能干，父母说他："还是上小学一年级的学生"等于"你的天资差"。当然只会使孩子泄气。有的孩子本来对父母依赖性很强，读书做功课都要父母催，做事要父母喊。后来孩子由于某种原因改变了，主动读书做功课，而且还主动帮助父母打扫卫生。于是父母觉得惊讶，不自觉地说了一两句："今天怎么太阳从西边出来了？"或："今天这孩子怎么变得我认不出来了？是跟隔壁大维学的吧？"

父母首先就把自己孩子的才能否定了，孩子就会觉得无所依靠，而丧失信心，结果什么都不想做。

【正面管教秘诀】

在孩子受到老师或别人责骂"你什么都不会"时，作为父母应该鼓励支持孩子。不管别人怎么说他不行，但是只要孩子的父母承认孩子的能力，信任孩子的能力，支持和鼓励孩子，最后孩子就一定会努力拼搏，而不会沉沦下去。

不要用挑剔的眼光找孩子的毛病

父母应该认识到每个孩子都是独立的个体,和其他孩子没有太大的可比性。学习别人的优点固然重要,但是,培养孩子的个性更重要。相信孩子,解放孩子,首先要赏识孩子。现在父母教育孩子的心理有些错位,不是用赏识的目光去看待孩子的优点,而是用挑剔的眼光找孩子的毛病。最可怕的是,用别人家孩子的长处去比较自己家孩子的短处,越比较越觉得自己的孩子不如别人家的孩子优秀。

其实,你的孩子就是你的孩子,没有必要总去和别人家的孩子相比,只要你的孩子今天比昨天进步,你就应该祝贺他。所以,父母要学会欣赏孩子,不要总是拿自家的孩子与别人的孩子去比较,孩子之间是无法比较的,父母要让孩子保持自信!无论如何,父母都要鼓励孩子在生命的交响乐中演奏属于自己的乐章。这是孩子潜能最大化的重要通道,也是孩子自信最大化的源泉,更是使孩子实现人生价值的必由之路。

【正面管教秘诀】

父母要尊重自己孩子的天性,不要盲目跟风,人家孩子学这个我就让自己的孩子学这个,人家孩子上北大我就让自己的孩子上清华,这样的做法都是不可取的。其实,做父母的只有找到适合自己孩子的发展道路,按照孩子的天性去培养他,孩子只有按照他自己的规律去成长的时候,他才可能获得幸福和成功。

善于发现孩子的优点

美国成功教育学家拿破仑·希尔曾经说过:"每个孩子都有许多优点,而父母恰恰相反,他们总是盯着孩子的缺点。认为管好孩子的缺点,才能让孩子更好地成长。其实,这样做就像蹩脚的工匠,是不可能造出完美瓷器的。"

而在我们中国就有不少这样的父母,他们一提起孩子就满腹牢骚,在他的口中,孩子简直是一无是处。

每一个渐渐长大的孩子,如果父母爱他,他就会认为自己是可爱的。

第四章 不讥不讽，孩子的进步从赞美开始

他会感觉到自己是天地间的宝贝，他的生命的存在就是一个大优点。假若父母打他，奚落他，那脆弱的生灵就像被利剪截断双翅，从此一蹶不振。

所以，父母应该善于发现孩子的优点，让孩子在自信中成长。充分发挥正面、有效的教育作用。面对孩子，竭力发现和放大他们的优点、闪光点，并进行真心的赞扬，引导其成为改掉不良行为的动力，使孩子建立自信，迈向成功。

【正面管教秘诀】

每个父母都应善于发现孩子的优点，让孩子在自信中成长，面对"坏孩子"，更需要竭力去找他们的闪光点，哪怕是沙里淘金，哪怕是微不足道，都需要发自真心地去赞扬、鼓励和引导。

第27招
给孩子表扬和赞美

父母对孩子的评价是奇妙和有力的，甚至在很大程度上决定着孩子情绪的巨大变化。如果父母总是对孩子不闻不问的话，那孩子就很容易形成自卑的性格。

一位父亲介绍了自己的经验：从女儿上小学开始，我就注意鼓励和夸奖她。当然，我不会去夸奖女儿的外表，而是对她做事的态度进行肯定。

这位父亲的教育方法就非常科学，他了解女孩的心理，知道这个年龄阶段的女孩很想取悦父亲。这时如果父亲总是夸奖女儿漂亮，那女儿会很容易把注意力放在自己的外表上。父母对女儿品质的夸奖，可以为女儿指引正确的努力方向。

赞美和欣赏对孩子的感动胜过惩罚的教育，对孩子的鼓励和肯定，会促进他发现自己的长处和能力，继而对自己更有信心。

无条件地爱孩子,相信每一个孩子都会成为好孩子。每个孩子都蕴藏着有待挖掘的巨大的潜能,做父母的一定要通过赞美的方式让孩子能够获得更多的成长喜悦。

教育的方法不是千篇一律的,而是要根据孩子不同的个性制定不同的教育原则。选择适合自己孩子的教育方式才是最佳的教育方式。

不要吝啬对孩子的表扬

在培养孩子独立性的时候,称赞是一个很重要的事情,任何孩子都想有或认为自己有值得骄傲的地方,如果能明确地加以指出来,他就会感到信心十足,如果只是自己心里觉得很得意,并没有得到大家的认同,那他可能会失望至极。

但是,许多父母却往往忽略了称赞的作用,对孩子总是指责、不满、唠叨,以为这样便是严格要求,然而却往往得到相反的效果,引起孩子的反叛。

有位老师曾讲过他们班上一位同学的情况:小锦是位初二学生,学习成绩很差,但还未自暴自弃,在老师的帮助下,成绩有了些好转,数学单元测验还得了一个"良"。小锦非常高兴,希望得到父母的表扬,可是,父母对他的进步却视若无睹,对着不合格科目大骂他"懒鬼"、"蠢猪",说他给父母"丢尽脸",小锦觉得自己经过那么多努力好不容易得的"良"根本得不到父母的认同,还是和以前一样受到斥骂,以后便自暴自弃,无论父母如何责骂都没有用了。

【正面管教秘诀】

每个人都有其长处和短处,父母必须了解孩子的性格特征和优缺点,加以正当的褒贬,特别是适当的鼓励、称赞,才能使孩子信心百倍,勇敢地面对人生。作为父母,你要始终相信,你的孩子是个可塑性很强的人,不要打击他的自信心,在他的人生路上,千万不要吝啬你的称赞!

表扬具体的长处孩子会更喜欢

对于孩子来说,有些父母表扬得太笼统、模糊,常常简单地用"你真是一个好孩子"、"你真棒"这样的一般赞语。

其实要想达到表扬的效果,应对孩子的优点和进步的具体细节给予肯定,使孩子明白"好"在哪里。对孩子的表扬越具体,孩子越容易明白哪些是好的行为,越容易找准努力的方向。

例如,孩子看完书后,自己把书放回原处,摆放整齐。如果这时父母只是说:"你今天表现得不错。"表扬的效果会大打折扣,因为孩子不明白"不错"指什么。你不妨说:"你自己把书收拾得这么整齐,我真高兴!"一些泛泛的表扬,如"你真聪明"、"你真棒"虽然暂时能提高孩子的自信心,但孩子不明白自己好在哪里,为什么受表扬,且容易养成骄傲、听不得半点批评的坏习惯。

【正面管教秘诀】

表扬不仅要具体,而且表扬的方式还要时不时地变化,如果父母使用单一的、不变的、重复的语言去表扬孩子,时间一长,根本起不到激励孩子的作用,有时甚至引起孩子的厌烦。

表扬的方式注意实虚适度

有些父母在表扬孩子的时候,不注意"实虚"适度,从而影响孩子对自我的肯定。父母对孩子的评价应该是公正、准确的。但是,表扬作为教育孩子的一种多功能手段,在具体运用中可以有一定的灵活性,即在坚持实事求是的前提下,允许有一点"虚"内容。这里的"虚"主要指的是两个方面:

一方面是对事实的适度夸张。例如,孩子纯粹是因为好玩,挥着扫帚在院中"扫地"。父母明知如此也不必道破,应及时表扬他爱劳动的行为,这种夸张有利无害,因为它既是对孩子正确行为的肯定,又可以让孩子知道,劳动是一种美德。

另一方面是对孩子将来的期望。例如,孩子的美术作业并不好,幼儿园每次作画,孩子总有自卑感。父母可以这样说:"你现在还没掌握好方法,

以后只要按老师要求认真去画，肯定会画得很好！"这种鼓励尽管超越现实，但对孩子来讲是必不可少的，关键是要把握好表扬中"虚实"的程度。为此，在含有虚的内容的表扬中，应该注意三点：一要有利于增进孩子的自信心；二要不脱离实际；三要给孩子指明前进的方向。

【正面管教秘诀】

表扬可以和奖励相结合。孩子表现得好，可以适当地给一些精神奖励和物质奖励，如给孩子讲一个有趣的小故事，或给一个小玩具、小食品等，以鼓励孩子继续努力。

第28招
肯定和支持孩子的小小努力和成绩

每个孩子都渴望成功，但由于年龄小、能力有限、经历和经验缺乏以及各种因素的影响，难免会遇到失败和挫折。一次小小的失败，对成人来说是微不足道的，对孩子来说却是一次不小的危机。

有许多孩子本来拥有聪明的头脑，是全班甚至全校的尖子生，但往往因为一次考试不理想或是老师某一句话对他的打击，就变得消沉起来，导致学习成绩下降、上课精力不集中，甚至逃学。这种心态如果得不到调整，孩子的一生就可能是碌碌无为，不敢面对一点困难。如果父母不能及时发现并给予理解，孩子的压力会更大。因此，父母们面临的最大挑战，就是如何面对孩子的失败而仍然有信心去鼓励和支持他。

有些父母喜欢对孩子使用空洞的说教，比如"失败是成功之母""不吃苦中苦，怎做人上人"等。这样的语言，让孩子并没有得到真实的体验和帮助，他们无法理解其中真正包含的意义。正确的做法是，和孩子一起分析失败的原因，帮助孩子认识到哪些导致失败的原因是自己可以改变的，哪些是改变不了的。并且告诉孩子，世界上很多事并不是你尽力了就一定能成功的。但只要你尽最大努力就可以。凡事尽最大努力就好，这种小小的肯定和支持对孩子来说就是一种最大的进步动力。

肯定孩子的努力与收获

如果一道比较难的数学题，孩子通过冥思苦想，终于想出了解答方法，当他运算的时候，却因为马虎，算错了一个数字，最后导致整个题目的答案错了。这时，父母首先该怎么做？是训斥孩子算错了，还是表扬孩子找到了解题的方法？许多父母可能会首先想到前者，他们只看到孩子的结果做错了，而没有看到做事过程中孩子的努力与收获。所以，每当父母觉得孩子错了，想骂他、打他的时候，一定要从另一面去"发现"孩子。

有时候，也许孩子所取得的结果是错误的，但是其间所付出的努力和收获却是宝贵的。

作为父母，应该赏识孩子的刻苦努力，对他们的努力给予最热情的支持和鼓励。不要因为自己孩子的不聪明而气馁，而应该为孩子的不努力而担心。很多情况下，父母应该故意淡忘孩子的聪明，而重视孩子的努力，并把这种理念传递给孩子，让他们感觉到只有努力才能获得父母的认可和夸奖，进而逐步明白一个道理：聪明往往只能决定一时的成败，而努力则决定了一生的命运。

【正面管教秘诀】

赏识孩子的刻苦努力，告诉孩子成功与失败并不是对立的，它们不过是一种比较。有时，成功只是比失败多了一点点，只要刻苦努力，就是在不停地前进。

不给孩子面子还浇冷水的做法不可取

有些父母自己的自尊心往往比较强，而对孩子的自尊心却毫不在意，就算已经感觉到孩子受了委屈或伤害了孩子的自尊，也不以为然，认为小孩子没有什么面子不面子的，甚至有时还有意给他们浇一些冷水。其实，这种做法非常不明智，因为这不但不能激励孩子，反而会给孩子造成心灵上不可磨灭的伤害，甚至让孩子怨恨父母，造成亲子关系的紧张。

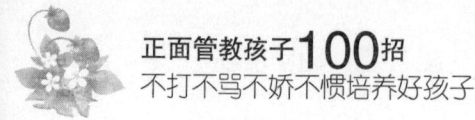

每个孩子都有自尊心，作为父母，应该清楚地认识到这一点，这样才能避免一些不必要的麻烦。尤其在别人面前，孩子的自尊心更加强烈，当着别人的面批评和训斥孩子，将会大大地伤害孩子的自尊。大人的一言一行将影响孩子的一切，当你漫不经心或火冒三丈地说孩子"笨"的时候，就是让孩子形成一种概念：我是天下最笨的孩子。孩子一次次地接受大人的苛责，也就等于一次次地接受对自己的否定：我什么也比不上别的孩子。

因此，父母应该把对孩子的赏识扩展到别人的面前，要善于当着别人的面赏识和尊重自己的孩子，让孩子充分感觉到你对他的重视和欣赏，从而激励孩子产生无穷的力量和信心。

【正面管教秘诀】

赏识教育的理论告诉父母，对孩子要多赞扬、多鼓励，少批评、少责骂。经常对孩子赞扬、鼓励，尤其是当着别人的面赞扬孩子，能使孩子产生成功感和荣誉感，从而增强他们学习和做事的信心。

不要当着孩子的面批评老师的不足之处

有的父母，看见孩子在学校受了点委屈，态度就显得不够冷静，对学校和老师横加指责。

一味顾及所谓的脸面、自尊，只知道护着孩子，而不明是非对错，认为在一些"小事情"上不必严格要求，会使孩子失去对事物的辨别、对是非的把握，忽视纪律、公共意识和道德准则，渐渐变得以自我为中心、按照自己的意愿行事，并且无法面对老师的批评和成长中的挫折。

对老师的批评，既会加重孩子对老师的不满，也不利于问题的真正解决，还会使孩子在以后养成遇到事情就消极回避，或是依赖他人、推卸责任的坏毛病。

【正面管教秘诀】

在孩子与老师产生矛盾时，做父母的首先要态度冷静，以公正的立场来进行评判，而不是不管对错，只维护孩子。

第四章 不讥不讽,孩子的进步从赞美开始

第29招
不要拿孩子与别的孩子作比较

适当引导孩子的好胜心是培养的关键。孩子天生就有或多或少的竞争意识和好胜心理,这种心理本身没有好坏之分,只要父母给予正确引导,就可以利用孩子的这种心理促进其全面、健康地发展,使孩子变得更优秀。

竞争取得胜利的关键在于实力,而要增强实力,关键是超越自己。当然,孩子要提高自己就得向别人学习,要进行横向比较,以发现自身的优势和不足,但是无论怎样横向比较,最终还是要改变自我,才能有成效。连自我都不能超越的人是无法超越别人的,超越自我是超越别人的前提,超越别人只不过是超越自我的一种自然结果。

很多父母把超越自我和超越别人的关系颠倒了,他们总是横向比较,忽视了孩子自己跟自己比是否有进步,而是将自己的孩子去与别人家的孩子作比较当成习惯。这样时间久了,孩子就会形成眼睛盯着别人位置的不正常的心理,从而滑向喜欢嫉妒别人的泥坑。

不要抬高自家的孩子而贬低别人家的孩子

"我听说你家孩子考上重点高中了,真希望我的孩子也能像你的孩子一样有出息。"或者"你肯定走后门了吧?"如果这是你的口头禅,那么表明:当朋友或邻居们的孩子做得很出色时,我们都免不了会比较。如果自己的孩子相形见绌,不要自责。要常常提醒自己,就算孩子没有得到很多的奖品或证书,你也同样可以是个好父母。如果连你都很在意这些荣誉的话,你就在向孩子传递一种信息:他是个失败的孩子,因为他没有得过奖。同样,你也不能想当然地认为,如果别的孩子得了奖,他们的父母一定是走后门。这种想法会使得你们之间产生隔阂,一旦孩子碰到困难时,你便不会伸出援

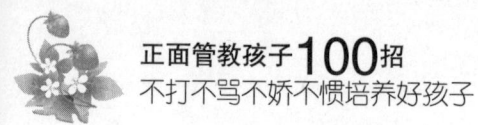

助之手。

如果你是听众：听到别人夸奖自己的孩子，这是对你的最好的恭维和鼓励。但切记不要时时刻刻都在别人面前夸耀自己的孩子。因为这样，你和孩子都会慢慢地迷失在这些夸奖当中，无从判断，其实他仍然有待提高。但如果你总是对孩子的成绩不予以重视，吝惜你的夸奖，那么你的孩子便会始终缺乏自信。

【正面管教秘诀】

在对自己的孩子作评价时，与孩子的同龄人作横向比较是十分自然的，但此时须注意多多肯定别人家孩子的优点，而切莫任意抬高自己、压低别人，如孩子仿而效之，将后患无穷。

不要攻击和数落孩子的缺点

有些父母总认为孩子是自己的，就要有什么说什么，看见孩子的缺点和错误要马上指出来，这是对孩子负责，结果是与孩子的关系越搞越僵，自己心里难免委屈，其实孩子的心里更委屈。

你要了解人人都喜欢听赞扬的话，对自己的缺点不是不清楚，而是不愿意别人说得太清楚，所以父母不要直接攻击孩子的缺点，那只会引起孩子的反感，这是一种本能的自我保护，谁都一样，换作自己又有什么不同呢？

所以在指出孩子缺点的时候，最好先赞扬他的优点，即使这优点是你都不相信的，反正他相信就行了。孩子很粗心，你可以先夸他做事很果断，就是细心差了一点；孩子语文不好，数学不错，你当然先夸他数学厉害，语文再加把劲那就更厉害了。

【正面管教秘诀】

美玉也有瑕疵：孩子有缺点不可怕。每个孩子的能力都是不同的，他们总会在一些方面有不足甚至是缺陷。这时候，如果连父母都看不起他们，甚至嘲笑他们，那孩子会更加自卑，甚至自暴自弃，从而毁了孩子的一生。

第四章 不讥不讽，孩子的进步从赞美开始

不要当众斥责孩子

有些父母会因为孩子的不听话而气急败坏，口不择言，甚至当众大打出手。也许有些父母是想通过这样的行为向公众表示，自己是个会管教孩子的好父母，同时也希望公众的威慑力让孩子妥协。

有这样一件事：在公交车上，忽然，一个刺耳的声音在车子前座响起。"老师说你没做作业。"话音未落，一巴掌扇在孩子的脸上。车上的乘客都惊呆了，像傻了似的看着他们。"你为什么不做作业？""如果不说明天就不要上学了，妈妈不会逼你的。"大概也就短短的两分钟，那个自称妈妈的人，在小孩脸上连着扇了四个巴掌，车厢里只听见孩子的抽泣声。

一个孩子没有做作业，可以有很多方法帮助他纠正这个错误。为什么要当着那么多陌生人的面，羞辱这个孩子呢？这样做显然不妥。

【正面管教秘诀】

当孩子出现错误的时候，要试着理解他，多站在孩子的角度看待问题，我们可以先听听他的想法，帮助他分析问题，从而使他逐渐学会解决问题。比如，可以试试用眼神、手势等进行暗示；或者用冷处理法让孩子自己去调适，等事后再找孩子谈；还可以把他带到避开人的地方问明原因再进行教育。

第30招
培养自信，让孩子学会对自己说"我能行"

皮格马利翁效应又称为罗森塔尔效应。它的中心意思是，我们的热切期望会使被我们期望的人达到我们的要求。心理学研究发现，在教育实践中，罗森塔尔效应对孩子的成长有巨大的影响。人们通常这样说明罗森塔尔效应："说你行，你就行；说你不行，你就不行。"要想使孩子发展得更好，

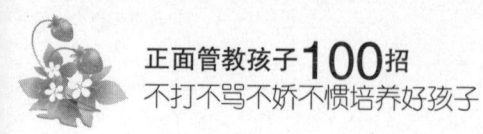

就应该给他传递积极的期望。积极的期望促使孩子向好的方向发展，消极的期望则使孩子向坏的方向发展。

称赞就像是养料，它会使孩子得到很大的鼓励，使他们雄心勃勃，信心十足更进一步。父母的表扬比其他人给孩子的表扬作用更大。儿童心理学家经过实验发现，孩子们总是在无意识中按大人的评价调整自己的行为，以得到父母的表扬和鼓励。

因此，在教育中，父母们应该对孩子多一些表扬，少一些批评。面对孩子天真幼稚的行为，不能用成人的标准来判定，应发自内心地赞美孩子的创造力："你真行！我小时候可不如你。"随着孩子年岁的增长，对他的鼓励更应多于批评，孩子的进步就会越来越快，也会把父母当作自己成长道路上的良师益友。如果父母只知道一味地责备，甚至恶狠狠地训斥，那么必定会使孩子的自尊心在你的训斥声中渐渐丧失殆尽。

永远不说孩子"窝囊""没出息"

父母都希望自己的孩子出类拔萃。当发现孩子因为胆小、不自信而失去锻炼、展示自己才能的机会时，父母往往有一种"恨铁不成钢"的感觉，因此一味地批评孩子窝囊、没出息，希望孩子能够勇敢一点、自信一点。

孩子本来就缺乏自信，父母不是想办法鼓励他，而是在"恨铁不成钢"的心理驱使下，给孩子定位为窝囊、没出息、丢人等，只会使孩子更加怀疑自己、更加没有自信，并从此背上一个思想包袱：连爸爸妈妈都这样说我，看来我真的是不行，真的没有本事。

【正面管教秘诀】

即使孩子出现了胆怯、不自信的现象，父母也要控制好自己失望、着急的情绪，给孩子以安慰、鼓励。父母可以指出他的优势、能力，让孩子能够正视自己的能力和在老师、同学心目中地位，帮助孩子增强对自己的信心。

激励孩子对自己说"我能行"

中国的父母经常说孩子这不行那也不行，使孩子感到非常苦恼。有一个

第四章 不讥不讽，孩子的进步从赞美开始

小学生在作文中写道："妈妈总是说我不行，我学骑车，妈妈说不行，会摔着；我学炒菜，妈妈说不行，怕烫着；我学游泳，妈妈说不行，会淹着。这不行那不行，我什么时候才能行？"这位小学生问的是有道理的。俗话说：要想知道梨子的滋味，就得亲口尝一尝；要想学会游泳，就必须到水里去扑腾；要想学会几样本领，就应该到实际生活中去磨炼，哪怕是摔几个跟头、经历几回失败也是有益的。

"我能行"与"我不行"只有一字之差，却有着本质的不同。"我能行"是成功者必须具备的心理素质，它使人扬起自信的风帆；而"我不行"正是失败者的主要内因，因为他失去的是成功的重要支柱——自信。

【正面管教秘诀】

面对困难和挫折，最难战胜的不是别人，而正是自己。当孩子能自觉地用"我能行"来鞭策自己的时候，他们会发现自己长大了许多，懂事了许多。而当"我能行"这三个字成为一种信念，牢牢地刻在孩子心中的时候，将为他未来的成功之路打下坚实的基础。

鼓励孩子多作自我肯定

对待已有自卑心理的孩子，有些父母不肯降低对孩子的要求。比如一个很不会画画的孩子画了一匹马，就开始过多地挑剔这里不好、那里不像。聪明的父母，应该降低要求，对孩子的每一个成功之处予以发现并作出由衷的赞赏："看，那马尾巴画得真好呀，好像是在风中飘舞一样！"或者"你为马涂的颜色真漂亮！我敢说这可是世界上跑得最快的马儿！"

让孩子多作自我肯定的一个最简单方便的方法是变更你对孩子作出的所有的表扬的主语：只要把"我"改成"你"，把"我们"（父母）对你（孩子）的表扬改成你（孩子）对自己的表扬。这种简单的变化能够更充分有力地让孩子认识到自己的行为是正确的，因而实际上就起着一种增加对孩子赞赏的效果。如："你今天用积木盖起了这么高的大楼，我真为你感到自豪！"可改为："你今天用积木盖起了这么高的大楼，你一定为自己感到了自豪！"

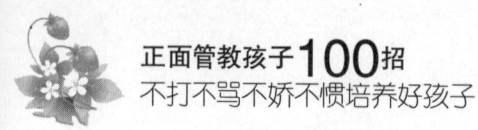

【正面管教秘诀】

鼓励孩子多作自我肯定,并不意味着应该让他"滥用"自我肯定。不要鼓励孩子在任何时候、任何情况下都使用自我肯定。自我肯定也应有个度,要分时间、场合,更要有一定的原则、标准和尺度。再好的良药也不能下得过猛——孩子的自我肯定用过了头,那就可能变成了一个自负甚至唯我独尊的小霸王。

第31招
宽容地对待孩子曾犯的过错

如果你希望自己的孩子学会宽容,你首先应该具有宽容的品质和开阔的心胸。如果父母总是无视孩子的意见,心胸狭窄,对孩子要求苛刻,为一点小事争执不休,而从不给孩子一个改错的机会,孩子又怎么能学会宽容呢?父母有一颗宽容之心,宽容的品质才会再现在孩子身上。

在教育子女上,当孩子出现小错误或造成过失,如果能以宽容的态度去对待,孩子会对父母心生感激,对自己的行为也感到惭愧。宽容是维系亲子关系的润滑剂,父母宽容了孩子,孩子就能理解和宽容父母。同时,在父母宽容的示范作用下,孩子也学会了为人豁达、不计前嫌、以礼待人等。宽容是一种难能可贵的精神,也是一个人品德高尚的表现。

一位哲人曾经说过,"错误在所难免,宽恕就是神圣。"宽容和忍让能够换来最甜蜜的结果。一个人经历过一次忍让,他的心胸就会更宽阔一些。在家庭中如果亲子之间互相关怀,彼此体谅,以己度人,推己及人,就能创造和睦的家庭环境,也会给自己带来快乐。培养孩子宽容的品质,当你的孩子宽以待人的时候,就会得到更多的快乐,赢得更多的朋友。

对待孩子的过错切忌唠叨不休

父母在进行家庭教育时，常常会发生这样的问题：说了孩子许多次，可越说越不听；帮了孩子许多次，可孩子一点反应都没有；教育孩子多次之后才发现孩子的表现与自己的期望恰恰相反……或许你对此百思不得其解，那不妨反省一下自己，是你因对待孩子的过错太唠叨了，孩子不喜欢听。

在日常生活中，常见一些好心的父母，出于对孩子严格要求的初衷，当孩子有些事做得不大好的时候，或者学习成绩出现下降的时候，往往反复告诫，一再提醒。有一位初中三年级的学生，平时学习抓得不紧，作业敷衍潦草，父母非常着急。为了提醒孩子，一大早就叫孩子起床，并说："你不看是什么时候了，还不起来！"晚上孩子回到家中，就问："作业做了没有？"当她看到孩子在室内来回走动时，就说："你不看是什么时候了，怎么一点也不着急！"这位父母的心情虽说可以理解，但反复地唠叨提醒会让孩子厌烦。

【正面管教秘诀】

絮叨说教是教育子女的一种错误的方式，对于子女的教育不能依靠絮叨，要从培养孩子的良好行为习惯出发，应注意使用得体的语言，以及不同的语调和表情，选择适当的时机，有的放矢地进行训导，使之能够"动其情，明其理"，再加上给予具体的帮助和监督，这样就会使孩子逐渐改掉缺点和不良习气，养成良好的习惯。

对孩子的错误不要揪着不放

假若挨骂变得像家常便饭般的轻松平常，久而久之，孩子对任何的责骂都感到无动于衷，起不了作用，同时他也会因此而丧失了自信心，甚至连说话的意思都表达不清楚。而父母的责骂与劝告以后也会变得没有效果。没有耐心的父母，常常会嫌孩子做事慢吞吞，又做不好，由于看不顺眼，便不停地抓住孩子的弱点不放。不能宽容孩子，会使孩子不愿意接近父母，父母也会觉得这孩子不可爱。对于精神散漫、无法专注于书本的孩子，如果一味揪住错误不放反而会令情况恶化。

父母对孩子的批评不能超过限度,应对孩子"犯一次错,只批评一次"。如果非要再次批评,那也不要简单地重复,要换个角度,换种说法。这样,孩子才不会觉得同样的错误被"揪住不放",厌烦心理、逆反心理也会随之减少。

生活中,许多父母往往对自己的孩子期望很高,总希望孩子事事顺着自己的心愿。若有不顺心就不停地说教,翻来覆去,总是指责的多,批评的多,抱怨的多,有时甚至讽刺挖苦,孩子当然不爱听,甚至会感到厌烦、反感,无所适从,还会有损父母在孩子心中的形象。

【正面管教秘诀】

父母关心子女的功课虽然是正常而应该的,但如果经常在他身旁督促,或唠叨不休,给孩子最大的"帮助"反而会干扰孩子的读书情绪,令他觉得像是罪犯般被人监视着一举一动。

夸大其词地指责孩子的过错会损伤其自尊心和自信

有些父母在批评做错事的孩子时,习惯用"总是"、"从来不"之类的字眼,对孩子的过去及其他一切进行不负责任、夸大其词的全盘否定。还有些父母由于望子成龙心切,爱用对成人的标准来要求自己未成年的孩子。一些孩子做的事情,对他们那样的年龄已经堪称"壮举"了,但被他们的父母用成人的眼光衡量,就变得无足轻重、微乎其微、不值一提了。

这样做给孩子带来的精神刺激是可想而知的。其后果可能会挫伤孩子进取向上的积极性,使他们养成胆小怕事、自卑无能的性格。

【正面管教秘诀】

父母对孩子应该多鼓励,经常告诉他,他是你们父母的骄傲,他只要努力一定能行。孩子取得成绩时一定要及时表扬。试想,大人在单位得到领导的表扬时都会心里美滋滋的,工作起来特别开心,特别卖力,何况孩子呢?

第32招
陪着孩子一起向前飞而不是习惯回头看

父母是孩子心中的灯塔,要懂得孩子是自己的希望。只有看到希望的父母,才能在家教的过程中给予子女希望。幸福不是回忆过去,而是憧憬未来,在遇到困难的时候往好的方面想的人,才能真正走出困境,而父母的责任,就是让孩子拥有一颗充满希望的、乐观的心。

不管什么时候,父母都应该让孩子感觉到希望的存在。比如,他偶然在一次考试中失败,父母要理解孩子的感受,把他从失落的痛苦中拯救出来。我们也可以让孩子知道:"塞翁失马,焉知非福。"用我们温暖的言语让孩子懂得,一次的失败也许并不是什么坏事情,好好总结失败的教训,才能增加获胜的概率。

当孩子产生深深的挫败感时,他们的心情会极其糟糕。一个人在心理状况最糟糕的时候,不是走向崩溃就是走向希望和光明。如果父母给予孩子希望和乐观的力量,教他们学会善待自己、接纳自己,并不断用积极向上的精神克服自身的缺陷和困难,那么他们就能坦然乐观地面对生活,微笑着面对每一天,拥有更加完美的人生。

多物质奖励也要多精神鼓励

优越的家庭条件本来就容易滋长孩子虚荣自傲的心理,形成爱炫耀自己、嘲笑别人的毛病。如果父母在奖励孩子的时候只注重物质奖励,不注重精神奖励,就会更加让孩子偏离正确的价值观。

其实,一般情况下,孩子只要能得到口头表扬,心理上就会感到满足。过多的物质奖励,反而会使孩子产生沾沾自喜、高傲自大、忘乎所以,甚至不思进取的心态,要防止他们被夸奖声和赞许的目光所包围,或获得过多的

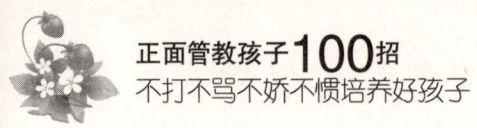

物质奖励而产生畸形的满足感，懒于进取和努力，从而削弱进取意识。

所以，父母要注意不能给孩子过多的物质奖励，让他们明白好条件是父母创造的，他其实和其他同学一样，没有什么特别的地方。父母要观察孩子的心态和行为表现，发现苗头及时教育，消除其骄傲自大的不良心态。

【正面管教秘诀】

孩子出现骄傲自大的坏习惯往往是因为过高地估计了自己，认为自己比谁都强，只看到自己的长处，看不到自己的短处，拿自己的长处比他人的短处。作为父母应耐心地教导孩子，让孩子学会正确地评价自己，既认识到自己的优点，又看到自己的不足。

不要总跟孩子翻旧账算新账

当孩子出现举止不规范的行为时，有的父母非常生气，就会开始没完没了地批评，甚至"新账老账一起算"。其实，这时候不能性急，要慢慢地予以纠正。如孩子同小朋友在玩耍时发生了争执，甚至打了对方，此时父母要就事论事地指出错误所在，说明他的行为为什么不受别人的欢迎和尊重。而不是"新账老账一起算"，把他以前犯过的类似问题都罗列出来，应将问题和孩子本身分开，绝不可伤害了孩子的自尊心。

此外，教育的时间不宜过长，对孩子来说，这种"纠正"很容易被遗忘，只有不断提醒和教育，方能收到预期的效果。可以先给孩子在行为举止方面确定一些简单的目标和准则，并在实践中，让孩子体会到哪些行为将受到劝阻，哪些行为会获得鼓励。

【正面管教秘诀】

当看到孩子有好的表现，比如主动收拾玩具时，应该及时地称赞或报以满意的微笑。当然，鼓励要以精神奖赏为主，如果动辄就给予物质奖赏，就难免会造成不良的后果了。

父母的赞美就是孩子积极腾飞的翅膀

有这样一个事例，年仅15岁的女中学生小华前后离家出走多达45次。她

第四章　不叽不讽，孩子的进步从赞美开始

的父亲采取说教、责骂、体罚、跪求女儿等方式均未能阻止小华离家出走的念头和行为，反而加剧了女儿对父亲的怨恨和反抗。父亲最后不得已将孩子反锁家中达1年之久，但最终还是被女儿设计骗过，逃离家门。

面对自己教育孩子彻底失败的事实，父亲伤心之余还是把最后的希望寄托在教育专家身上。教育专家在通过与父亲、女儿对话了解孩子的成长过程之后，得出了一个令父亲吃惊的结论：孩子始终缺乏父母的赞美是导致孩子畸形成长的一个关键因素。

赞美是同批评、反对、厌恶等相对立的一种积极的处世态度和行为。一个人不管是通过语言还是通过行为，只要表达出对别人长处和优点的肯定和喜爱，都可以说是赞美。俗话说："良言一句三冬暖，恶语伤人六月寒。"一句真诚的话语会给人温馨、使人感激，真诚的赞美更会给人信心、给人力量、催人奋进。

【正面管教秘诀】

及时的赞美会让孩子很快获得积极的情感体验，而这种体验能更好地促进孩子下一步的努力。孩子做完某件事或正在进行中时，就给以适当的赞美和鼓励，效果会很好。如果父母一时忘记了，应该设法补上。

第五章

不吼不叫，让孩子主动爱上学习

第33招
父母是孩子学习上隐形的翅膀

在教育孩子的学习问题上，不少父母过分地将学习的责任交给学校和老师，认为孩子学习好不好，主要是学校的教学质量以及老师教的水平问题，其实，这种认识是片面的。父母在孩子的学习能力方面同样具有举足轻重的作用。

我们常说："好父母胜过好老师。"父母和老师，在孩子的学习道路上犹如两个翅膀，缺一不可。而家庭教育中所涉及的一些问题很可能是学校教育所欠缺的，有的东西是学校学不到的，所以，孩子的学习离不开家庭环境的熏陶。

无论老师多么重要，都无法替代父母；无论学校多么高级，都无法替代家庭。所以，一些父母采取的让孩子上名校、去寄宿制学校进行封闭式管理、花重金让孩子入洋学校、找关系上重点、找名师进重点班，等等做法，虽然初衷是好的，但也要因人而异，理智地对待。

父母是孩子的第一任老师，家庭是孩子的第一个课堂。只有父母和老师共同配合，学校教育和家庭教育双管齐下，才有助于孩子打下良好的做人和做事的根基。

承认孩子间的智商差异

每个孩子的性格特点和智商水平都是不同的，许多父母喜欢把自己孩子的智力水平跟别的孩子进行比较，而且总拿自家孩子的短处跟别的孩子的长处相比，这样做实际上是忽视了孩子之间的智商差异。父母应当接受并承认孩子之间的差异，帮助孩子学会取长补短。

当父母看到自己的孩子和别的孩子有智商差异时先不要着急，这种差异未必就是差距。孩子跟别人智商上的差异性往往是其个性形成的开始。其实，这种差异更需要父母来加以保护。此时，父母的正确态度是，根据自己孩子的特点进行教育。例如，自己的孩子脑子迟钝一些，就要教育孩子笨鸟先飞，多努力。孩子有了进步就应该鼓励。只要孩子付出了努力，已经尽其所能，父母就不要对孩子提出过高的学习要求，这样的教育就是成功的。

【正面管教秘诀】

父母应该学会全面看问题。比较有两种：一种是横向比，一种是纵向比，看孩子的进步，不仅要横向地看孩子和别人的差距，更要纵向地看孩子比从前取得了哪些进步。父母不能用学习上的进步来强求孩子的成长，盲目攀比的结果是孩子的个性消失，甚至是个性的扭曲。

一味地让孩子考名校对不对

一位怀孕3个月的准妈妈在进行胎教时，她说："我要为孩子设计人生成长的蓝图。首先要搞好胎教，不仅使孩子生下来没毛病，而且要使孩子发育得好，有聪明的大脑，这是为孩子将来的竞争创造条件。其次是生下以后要优育，要进行早期教育，开发孩子的智力。能成为神童最好，不能成为神童，也要使自己孩子的智商高一些，然后送到好的小学或者私立学校。钱不是大问题，孩子能学好才是最重要的。孩子将来上高中要上四中或是人大附中，为孩子考上北大、清华创造条件。最后还要到美国留学，读硕士、读博士学位。"

多年从事家庭教育的专家在研究中深切地感到，大多数父母都希望自己的孩子能上名校。可以说，希望孩子上名校是目前父母的普遍心态。

【正面管教秘诀】

父母希望孩子上名校的心态虽然是完全可以理解的，但是对此应该将眼界放宽一点，所谓条条大道通罗马，不要一味地强求孩子上名校，根据实际情况引导孩子自己选择人生道路，相信自己的孩子一定能成功，这才是最重要的。

花多钱让孩子上"贵族学校"并非明智之选

有的父母为孩子择校时,专门去选择那些高收费、标榜自己特色教学、有外教等条件的"贵族"学校,而没有真正地考察这些学校的综合教学情况。

这些父母有一种片面的择校观,认为收费高、教学设备和硬件条件好就一定是好学校,有外教等特色教学就一定能使孩子的外语学习成绩得到很大提高等。然而实际情况是,收费高的学校未必就是好学校。一些学校甚至连基本的办学条件都不达标,为了迎合部分父母的心理,打出"聘请名师"、"双语教学"、"外教授课"等诱人的招牌,收取高额学费,以引诱择校生入学。这对于孩子的学习,包括孩子的全面发展都是潜在的危机。

这些父母不惜重金,甚至是用超出家庭经济能力的费用为孩子择校,其实是花钱为自己买个"心理安慰",觉得别人的孩子上了好学校,我的孩子也不能差。在择校过程中,也没有考虑孩子的感受。如果孩子的成绩远远低于学校的平均成绩,与同学的差距很大,孩子的自尊心、自信心就会受到很大的打击,会在同学、老师面前承受着巨大的心理压力。

【正面管教秘诀】

即使学校再好,孩子的学习效果还是要靠个人的努力,同时也离不开家庭教育的影响。想靠一所好学校来改变孩子的学习成绩是不可能的。父母为孩子花费了很多钱,希望孩子能够赶上甚至超过同伴,这会给孩子带来很大的压力,对于孩子的性格发展和心理健康都是有影响的。

第34招
理智地对待孩子的学习

孩子的学习可能是令大多数父母都感到非常头疼和苦恼的问题,孩子在学校的表现无时无刻不在牵动着父母的神经,尤其是每次孩子拿回来的成绩单,更是"惨不忍睹"。孩子学习不好,父母就会忍不住地大吼大叫,甚至

第五章 不吼不叫，让孩子主动爱上学习

打骂，但纵使父母暴跳如雷，孩子就是不上进。

与其责怪孩子头脑笨，不如理智地对待孩子的学习，和孩子一起分析学习不好的原因。

影响孩子的学习有多方面的原因，可能是孩子的学习方法不当，或者是孩子对某一学科不感兴趣导致偏科现象严重，或者是孩子不喜欢某学科的老师。只有对症下药，才能从根本上提高孩子的学习成绩和学习兴趣。

在所有对策中，最关键的是掌握有效的学习方法。这是理智地对待学习的重要方面。良好的学习方法可以使学习事半功倍。父母可以借鉴一些考试状元采用的有效学习方法，指导自己的孩子，才能让孩子在考试的时候对知识运用自如。在平时的作业和练习中，父母可以告诉孩子把注意力放在做错的题目上。

每天抽一点时间来检查孩子的作业

有的父母因工作繁忙，每天抽不出时间检查孩子的作业。孩子的作业是否都按时完成；孩子的作业是否工整；孩子是否及时改正了作业中的错误，这些都被父母忽略了，这样长此以往，肯定会影响孩子的学习。这就对父母提出了更高的要求，要按时检查孩子的作业，对成绩要及时表扬，对问题不仅要重视，更重要的是及时纠正。如发现孩子不改作业中的错误时，不仅要批评孩子这样做不对，而且应要求孩子立刻改正，及时修正，并提出今后的要求。

作业有两种：一种是口头作业，一种是书面作业。口头作业一般是朗读课文，孩子往往不重视。因此父母每天需要检查孩子读课文，从中发现孩子学习上的问题，提高孩子的朗读能力。

父母检查书面作业前，应先问孩子当天留什么作业了，或是检查记录作业的本，再对照孩子的作业，看看有没有丢落的现象。如发现有丢落的，不要直接告诉孩子少写了哪道题，而应让孩子自己对照检查，找出问题后再补上。对于出现的错别字，也不要直接给孩子指出来，而应让孩子自己对照教科书检查。如果孩子还是查不出来，父母可缩小范围，再让孩子去查找，从

而培养他们自我检查作业的能力。

【正面管教秘诀】

对于孩子作业中不懂的难点、难题,切忌直接告诉孩子正确答案,而要帮助孩子分析、解决问题,使孩子能一步一个脚印,扎扎实实地学好功课。

学校的成绩并非代表一切

现在的孩子问题越来越多,于是父母便把孩子的种种问题的根源追溯到学校,认为是学校没有管好,老师没有教好。不可否认,我们现在的教育体制是存在着许多问题,但是家庭教育的误区是最主要的问题。

有的父母可能不认同这个观点。我们可以打个比方,如果孩子是一棵树,那么树冠则是孩子的智能系统,是所有有形能力的集结,如数学、语文、历史、电脑知识等,这一部分毫无疑问是学校负责教给孩子的。而树干是上帝给他的,只要你按正常人的规律给他吃东西,他就会生长。树根则是他的生命之本,是他的素质系统,包括自信、自尊、进取、好习惯等等,而这一切是需要父母给的,孩子需要父母给予足够的爱、信任、鼓励、表扬、平等,才能成长。

所以,现在很多父母普遍认为"成绩至上",对孩子其他方面却关注不足是不当的。上海市某学校进行的调查显示,65%的父母最关心学习成绩,其次才是"思想品德",占37%,而对学生行为习惯、个性特长、心理素质、交往能力等关注少之又少。83%的父母认为"好孩子"的首选标准是"学习优秀"。

【正面管教秘诀】

如果一棵树发生了问题,是树冠、树干还是树根发生了问题呢?如果一个充满自信,有着坚定意志、极强的进取心和自尊心、良好的学习习惯的孩子,会学习不好吗?

学校的成绩并不代表一切。能力、活力、毅力、性格,才是影响孩子一生的重要因素。

第五章 不吼不叫，让孩子主动爱上学习

给孩子一个安静的学习环境

一个7岁孩子的母亲这样说："我的儿子为做作业经常忙到半夜，而他的同学早早就做完了，甚至还有时间看电视。我一直以为是孩子拖拉、磨蹭的缘故，后来发现自己的家庭环境对孩子的影响太大了。我的丈夫爱上网，我经常打电话、唠家常，孩子常常被我们所吸引，时常探头探脑，或者从房间出来转一圈。我们认识到问题的严重性，丈夫主动缩减上网时间，避开在孩子学习的时候上网；我也克制自己，尽量不打电话，即使非打不可，也要控制声音，防止干扰孩子；另外，我们在做家务时，也尽量避免发出很响的声音。家里的环境安静了，孩子学习的效率得到了提高，拖拉的现象少多了。虽然这样做我们自己的活动受到限制，但是能给孩子一个安静的学习环境，我们觉得很值得。"这位母亲的做法值得父母们借鉴。

【正面管教秘诀】

在安静的环境里，孩子容易静下心来，并形成对学习的兴趣，所以当孩子专注于学习时，父母不宜打扰，要尽量给孩子提供一个安静的学习环境。安静的环境不仅仅在学校要存在，在家庭里也同样要创造。

第35招
养成陪孩子一起学习的习惯

屋里孩子静静地在做作业，屋外响起麻将声；当孩子坐在沙发上认真地看着自己喜欢的童话书，父母却对着电视剧情节阵阵发笑；催促孩子回房间赶作业，自己却回到卧室睡大觉，这些都是中国式家庭教育中常见的情景。试想，父母把孩子一个人丢在一旁不管不问，只催促着学习，自己却忙着与孩子无关的事情，孩子又如何能静下心来投入学习呢？

教育学家建议，父母陪孩子一起学习，可以提高孩子的学习效率，孩子

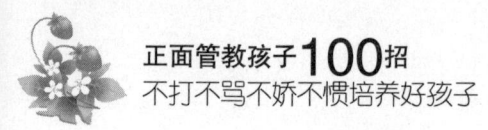

对学习的热情和积极性也更高。比如，父母可以坐在孩子身边，和孩子一起看书，辅导孩子的作业，帮助孩子分析试卷，就像孩子在学校里和同学一起学习一样，学习的尽头也就更大。

和孩子一起学习

作为父母，和孩子一起学习是快乐的。现在的孩子大部分是独生子女，希望有一个伙伴，如果父母和孩子做伙伴，孩子开心，父母也会找回童年的记忆。父母是孩子的第一任教师，孩子的言行和爱好是在父母的熏陶下形成自己的特点的。和孩子一起学习，在一个书香的环境里，在知识海洋中，你会感到无比愉快。

现在的一些父母，往往抱怨孩子不理解自己养家糊口的辛苦，指责孩子泡网吧不学习，抱怨学校没有调动孩子的学习积极性，一股脑儿地把责任推给社会，而父母自己沉醉在无聊的应酬和消遣里，忽视了自身的学习，也不重视孩子的学习。

其实，学习不光是学生时代的事，也不局限于你的专业领域。为人父母者，更应该善于和孩子一起学习。

说实话，这不是一个很高的要求，很多父母却不能够持之以恒。在教育问题上，许多父母走偏了路。一些人以为给孩子找个名校，或是一掷千金，让孩子从小离家远赴海外当小留学生，就是他们对教育的巨大投入，就可以一劳永逸了。殊不知，这种把教育的责任推出去的做法却铸成了很多的错误和悲剧。

【正面管教秘诀】

面对充满希望的下一代，父母们应该幡然警醒了，在浮躁和迷失中静下心来，关上电视、撤掉麻将，在温暖的灯下，和孩子们一起阅读和讨论，让你们的爱镶上知识的金边，融入孩子纯洁的心灵，呵护他们健康成长。

与孩子一起阅读

英国文学史上颇具传奇色彩的勃朗特三姐妹，之所以能写出蜚声世界的经典文学巨著,这与她们小时候的阅读习惯密不可分。她们的父母经常陪她们阅读,消遣漫长的冬夜。她们围坐在熊熊的炉火前,共同阅读优美、抒情的文字。春暖花开的时候,她们常常聚集在野外,朗诵自己或别人的诗作。文学的种子自此就深埋在她们的心底。这正是她们能写出《简·爱》和《呼啸山庄》的源泉。

然而,生活中有很多父母不能抽出一点时间陪孩子一起读书,总认为读书是孩子自己的事,甚至在孩子读书的时候,都没有做到为孩子创造一个良好的读书环境。

【正面管教秘诀】

事实上,书本中只是一些枯燥的文字,父母在给孩子读书时,应该能把书读得绘声绘色、娓娓动听,只有这样,才能够保证孩子聚精会神地听。

好成绩来自于"陪读"好习惯

有的孩子在数学方面的天赋是很高的。如果给他一个公式,他就能解出任何数学难题,可是作文水平却是平平。这样的孩子只完成2/3家庭作业。而有的孩子却是另外一种情况,他能把教师所指定的作业按时完成,而且每天晚上至少能轻松阅读半个小时的书。

可见,影响孩子的成绩问题关键在于他们的学习习惯,而不是天赋。

孩子从上学那天起,就应有坚持做家庭作业的习惯。每个父母都有自己的一套教育方案,认为什么时候学习对孩子最为合适。有的父母愿意让孩子放学到家后马上学习,因为这个时候孩子的大脑还处于学习的思维状态之中。完成家庭作业后,剩余的时间就是孩子娱乐的时间,这是对孩子的一种奖赏。有的父母则愿意让孩子休息一会儿后再来完成家庭作业,认为这样孩子可以把作业完成得更好更出色。

无论用哪种方式,只要是能够让孩子学习,这就是一个好方案。比如,有的孩子一边在家中做作业,一边听音乐,而且还学得很好;有的孩子就必须要在绝对安静的环境中才能坐下来读书;有的孩子非要等到吃完饭以后才能坐下来学习;有的孩子习惯边吃着东西边阅读。

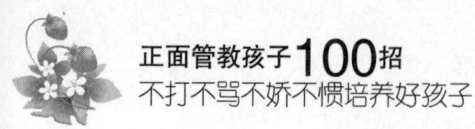

无论怎样，父母都要注意，把孩子的学习习惯和学习环境尽早建立起来。

孩子在小学时候养成的习惯，将决定他们将来是否能取得巨大成功。学习习惯好的孩子，将来可能成为用功的少年，学习成绩也会变得越来越优秀。

在家庭学习中，父母鼓励孩子掌握时间是很关键的。时间管理是一门重要的学习技能，其重要性丝毫不亚于数学几何定理的应用。学习需要意志力和自我控制，所以在孩子幼小时期，父母就要帮助他们养成良好的学习习惯。

【正面管教秘诀】

父母在鼓励孩子学习时，也不要忘了让孩子享受生活。那些在学习上废寝忘食的人，通常他们在人生中的所有领域中都很努力。父母们所要关注的是：孩子们玩乐的方式只不过是他们学习方式的反映，学习和玩乐中的成绩，都能给他们带来巨大的欢乐。

第36招
不要过分地看中考试分数

教育专家孙云晓说："童年恐慌就是儿童由于面临巨大的压力，不能理解、不能承受而产生的一种焦虑。"虽然现代教育时时都在强调给孩子减负，但是压在孩子身上的学习担子并不轻松。其中考试分数的高低，对孩子来说就是一个不小的压力。

有的父母认为，在学习期间，考试成绩就是检验孩子学习程度的唯一标准。每一份成绩单上那鲜红的√或×，还有醒目的分数，似乎都是对孩子命运的宣判。根据考试成绩，父母似乎看到了孩子的未来。孩子将来是否有出息，全凭一张成绩单说了算。

为了改变这种偏激的看法，很多学校都取消了排名制，也不按分数将学生分出等级。其实，孩子接受学校教育，最终目的是培养自己全面发展，提高综合素质,而并非仅仅是提高学习成绩。分数不能绝对说明问题,只是在一定程度上反映了孩子对知识的掌握情况。父母可以告诉孩子,学习不是单纯为了追求分数。

分数的多少不能决定智商的高低

"考考考,老师的法宝;分分分,学生的命根。"这句话流行了很多年。就算到了现在,中国家庭对子女的教育大都仍属于分数教育,而这种分数教育是应试教育所造成的。

应试教育把分数看成几乎是评价学生的唯一标准,以及评价老师教育效果的标准。这种分数教育观在家庭教育中必然让父母树立了一个盯着分数不放的观点。孩子考了高分,父母荣耀,考试分数不仅成了孩子的命根儿,而且也成了父母的命根儿。

孩子考试分数高,父母心里非常高兴,当别人问起自己孩子考试分数时,父母便眉飞色舞,情不自禁。如果孩子考试分数低,考得不好,那么,当别人问起自己孩子的考试成绩时,父母往往羞羞答答,遮遮掩掩,情绪低落,感觉自尊心受到很大的伤害。

【正面管教秘诀】

作为父母,引导与帮助孩子提高学习成绩,也是应尽的义务。但是,做父母的如果在教育孩子怎么做人,怎么发展自己的个性,怎么培养孩子的健康心理,怎么培养孩子的创新精神上能够投入更多的精力和时间,那么孩子的发展将是不可估量的,这一切才是教育的真正目的。

客观地看待分数

有些父母不完全了解有许多因素会影响孩子考试分数的高低,有的父母机械地比较同一门学科前后几次考试的得分多少,以此来判断孩子此门学科的成绩好坏。也有的父母机械地比较同一次考试中几门学科分数的高低,以此发现孩子学习上的弱点。有许多父母在学期初规定孩子期中和期末考试必须达到的分数,作为本学期学习的"硬指标",要求孩子完成。

以上不能正确分析分数的做法，反而会被表面现象所迷惑，最终将使父母、孩子都被误导而进入学习的误区。仅因某次分数的下降就否认孩子学习的进步，会使孩子失去学习兴趣。而仅依据某次分数的表面分析来指导孩子学习时间与精力的分配，无疑会使孩子忽视真正的困难，得不到真正的帮助，使问题长期得不到解决。久而久之，等到问题暴露时，很可能良机已失，悔之晚矣。

【正面管教秘诀】

注意听孩子分析解释，并以此作出全面考虑和评价。有的时候低分不低。比如全班数学平均成绩是40分，而孩子考了60分，可能就是班上的"尖子"了。此外，是单项差还是全差，要看孩子其他科目的考分，不要只看一门课程考试成绩差，就说孩子学习差。如果孩子因一门功课差而感到自卑、气馁，父母则要在鼓励的同时，用其他科目的好成绩来调整孩子的情绪。

孩子一考不好就对其置之不理的做法要不得

小彤大滴大滴的眼泪涌出眼眶，伤心地跟好朋友说："我这次期中考试没有考好，回家以后妈妈说别人都在进步，只有我是越来越退步，她对我能升高中、上大学已经不抱希望了。这几天每天回家我就做作业、看书，想让妈妈明白我一直在努力。可是，妈妈一连好几天都很少和我说话，像是理都不想理我的样子……我觉得她看着我时，眼里永远都是失望的眼光，我真怕回家。"

的确，有的父母只看重孩子的学习成绩，如果孩子的成绩没有达到父母的期望，就会被父母全盘否定。比如，对孩子说"我对你已经不抱希望了"之类的话，以期让孩子产生负罪感而能够发奋学习，用不理睬孩子、不与孩子交流的方式惩罚孩子。

其实，父母的全盘否定，彻头彻尾地打击了孩子的自尊心，使孩子完全丧失了自信。

虽然父母既没打他也没骂他，但孩子的心是很敏感的，他们会从父母的神态、动作等各种表现中看出父母的心情，揣摩出父母对自己的态度，因此而变得狭隘、猜忌、自卑。

【正面管教秘诀】

孩子每天回家就做作业、读书的行为，表明孩子已经在为某次考试的失败而难过，并用加倍的努力来告诉父母他在努力争取进步、争取好成绩。这时父母不应该采取不理睬的态度，要帮助孩子一起进步提高。

第37招
培养孩子良好的阅读习惯

教育家称，较早接受阅读熏陶的孩子进入幼儿园时，在阅读准备方面，要比其他没有受过阅读熏陶的孩子提前两年半。然而，孩子们可以从中获得的并不只是学习技巧。给孩子读书，还可以教孩子学会分享和参与，使家庭充满亲情，使孩子时刻感受到父母的关爱。

英国著名的戏剧家莎士比亚曾说过："书籍是全世界的营养品，生活里如果没有书籍，就好像大地上没有阳光；智慧里如果没有书籍，就好像鸟儿没有了翅膀。"可是，在日常生活中，有很多孩子喜欢看些对学习无益的书。比如各种充满打杀或者是妖魔鬼怪的纯娱乐书籍，并且没有节制地看书成瘾，甚至于荒废功课。这种无益的书籍不仅浪费时间和金钱，而且对孩子的做人、做事一点帮助都没有。这些不良的书籍严重地误导着孩子的价值观。

只有有益的书籍，才会真正对孩子有帮助。父母在帮助孩子挑选课外读物的时候，可以选择一些著名人物的传记，从中了解他们的事迹并学习他们如何做人。只有阅读有含金量的书，才会让孩子变得耳聪目明起来，更好地面对现在和迎接未来。

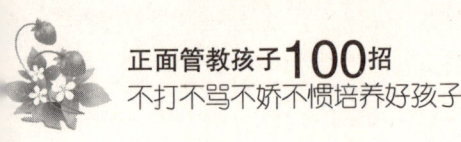

要让孩子多阅读，父母应先养成阅读习惯

有些父母知道良好的阅读习惯对孩子的学习有很大好处，要求孩子去做。但父母自己却从来没有这样的习惯，也从不与孩子一起阅读，而是每天坐在电视机前打发时光。

如果父母没有良好的阅读习惯，也会使孩子对书籍缺乏兴趣，没有阅读的欲望和习惯。而没有阅读习惯的问题一旦形成，又处于负面影响的环境中，孩子的习惯难以得到纠正。久而久之，缺乏阅读的孩子会渐渐表现出知识面窄、信息量小、思维方式简单、语言和文字贫乏，在写作和与人交流中遇到困难等问题。

父母自己做不到的事情却要强迫孩子做到，会使孩子觉得父母对自己很宽容、却对孩子很严格，从而不服父母的管教，产生不满和逆反心理。这就使纠正孩子的不良习惯变得更加困难。

【正面管教秘诀】

不要把读书当作任务布置给孩子，这会使孩子有负担。尽量使阅读成为一种消遣的、轻松的、愉快的事情。

怎样为孩子选购好图书

有些父母为孩子选购图书全凭自己的喜好，他认为孩子应该喜欢的，他认为对孩子有用的就给孩子买，根本不管不顾孩子的感受。

父母为孩子选购图书一定要和孩子一起商量着买，多激发孩子阅读的兴趣。同时，要注意：为孩子选购图书应以不增加孩子课外的学习负担为前提；要教会孩子科学的读书方法；提醒注意用眼卫生，形成良好的读书习惯。

教育家称，孩子们喜欢那些符合他们的口味，适合他们的年龄段，并且难度适宜的书籍。他们也需要读物多样化，因此，在给孩子购买图书的时候，可以选择各种类型的读物，如报纸、杂志、广告手册、诗集等。这样做，可以开拓孩子的视野，培养他们广泛的兴趣与爱好。

第五章　不吼不叫，让孩子主动爱上学习

【正面管教秘诀】

诚如作家赵丽宏在其散文《永远不要做野蛮人》中说的："光有读书的欲望，恐怕还不行，还有一个怎样读书的问题。作为一个读者，我们不应该是一个简单的接受者，也应该是一个思想者，是一个参与者。读书的过程，是欣赏和接受的过程，也是思考和感悟的过程。如果能经常用自己的语言记录读书的感想，那将是一件极有意义的事情。当然，读书的过程，也可能是排斥的过程，因为，并不是所有的书都是有趣的。"所以，父母给孩子选择图书要有选择性，使图书成为孩子的良师益友。

给孩子一个舒适的阅读环境

有些父母心中也明白阅读对于孩子的重要性，但是却忽视了要给孩子一个良好的阅读环境这一前提。

阅读是一种求知行为，也是一种享受。因此，父母除了需要对真正有害于孩子的书刊进行控制外，不应对孩子所读书刊的内容、类型和范围进行人为的约束和控制。

在孩子咿呀学语时，对他来说，父母同他一起读图画书是一种最快乐的事情。每当父母在他身旁为他读书时，他就会感到亲切、愉快。这时，他会感到，父母就是这个世界上最亲爱的人，父母的声音就是这个世界上最动听的声音。在共同读图画书时，父母对故事的理解和感情的变化必然通过声音表现出来，以此唤起孩子的共鸣，引发孩子对阅读图画书的兴趣。如果做父母的不读书、不看报，那么，孩子的阅读兴趣是很难培养起来的。

【正面管教秘诀】

一般说来，从上小学开始，大部分孩子在阅读内容的选择方面已逐渐形成自己的爱好和兴趣。对此，父母应注意观察、了解和引导，不宜过多地干涉。如果你想要孩子完全按照你的计划阅读，那注定不会长久。

第38招
在学习中快乐比第一更重要

有的父母,经常能听到有些孩子在抱怨,要么不喜欢英语,要么对数学不感兴趣,要么讨厌死了历史课。可想而知,如果孩子不喜欢他所学习的科目,同时又不得不去面对的时候,在做这些科目作业的时候,心里一定也是不情愿的、不愉快的。但是,为了完成该学科的作业,还得逼着自己去做。因为没有激情和动力,做起来不仅效率不高,而且还会觉得更痛苦。

实际上,在学习过程中,遇到不喜欢的科目是正常的,有些优等生也不例外。这个时候父母就要让孩子学会调节,转变对自己不感兴趣学科的态度,重新重视起来。

如果孩子不喜欢某一门学科,可能是因为他对这门学科的重要性认识不足。当充分认识到某一门学科对自己的重要性时,就会促使自己去努力地学习。

在这方面,哈佛优等生有一个小小的窍门值得父母借鉴,即让孩子从该学科简单的知识学起,逐渐培养起对该学科的兴趣。父母可以安排一个充裕的时间,和孩子一起好好地分析和思考该学科,总结出该学科的重要性,以及自己不喜欢的原因,接着寻找突破口,培养孩子的信心。当具体分析该门学科的时候,告诉孩子学习该学科的目的、用处以及好处是什么。如果是因为孩子觉得某科目知识很难,那么通过从简单知识学起的方法,可以慢慢建立起孩子学习的兴趣。当孩子产生了学习的兴趣,就会觉得学习其实是一件快乐的事。

不要让无数个"第一"整天追赶着孩子

"多少年来,在我的心中只有第一,必须第一,无数个第一整天在追赶着我，我真是太累了……"试想有这样想法的孩子一旦失利会怎样呢？

在这个紧张不安、充满竞争、快速发展的社会里，每一个人，包括孩子，都会遇到压力。现在，孩子们的课业负担重，学习时间长，父母管得过死，还有考试不及格，竞赛不入围，升学上不了重点学校，和同学、老师关系不好等，这些都会给孩子带来心理压力，影响孩子个性的发展。特别是那些性格内向的孩子，学习成绩差的孩子，单亲家庭的孩子，智商低或生理有缺陷的孩子，调皮的孩子或失足、有过错的孩子，他们面临的问题更多，再加上一些父母不能正确对待他们，使这些孩子在遇到不愉快的事情时，就会有话不敢说，忍气吞声，心理的郁积得不到疏散。久而久之，他们就会出现注意力不集中、行为迟钝、精神不振、人际关系紧张等情况。

许多父母和老师说，现在的孩子太娇气，心理承受能力太差。的确，一个人只要参与社会生活，就会遇到各种压力、困难和挫折。对此，有的人坚强、乐观，勇敢地去战胜它；有的人就显得懦弱、悲观，处处逃避它。做多大的事需要多大的心理承受能力，作为父母，应使孩子逐步形成遇忙不乱、遇惊不颤、宠辱不惊的心理品质，保持心理健康。父母要从关心孩子的角度出发，有爱心、有耐心地与孩子多谈心，做孩子的知心朋友。只有这样，才能使孩子的郁闷得到疏散，使孩子每天都有个好心情。

【正面管教秘诀】

如果不顾孩子自身实际，只知道让孩子这个拿第一，那个要优秀，就会给孩子造成巨大的压力。还有的父母只让孩子学习，这也不让干，那也不让干，这也会让孩子感到压抑。

注意，孩子的"开学焦虑症"来袭

"马上开学了，还老是往外跑，给我乖乖待在家里。"开学前，初三学生小陈趁着还未开学疯狂地和同学在外玩耍，为此与妈妈发生了多次争吵，每次提到开学，原本还高兴的他，一下子就好像没有了热情，对家人亲朋爱理不理的。

感到不被理解的小陈带着情绪拖着疲惫的身体进入了新学期的课堂。可

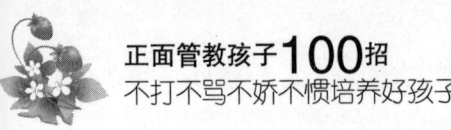

是开学已经十余天了,小陈依然情绪低落、不想上学,上课犯困、疲倦,甚至与父母发生争吵。

像小陈这类情况在中小学校开学之初普遍存在,是典型的"开学焦虑症",他们轻则迟到,上课犯困;重则厌学、逃课;更有严重者情绪低落,甚至异常焦虑。面对孩子的"开学焦虑症",有些父母不是去关注,而只是一味地埋怨,这样只能让结果越来越糟。

【正面管教秘诀】

面对孩子的"开学焦虑症",父母可以对孩子进行积极的心理暗示。开学一周前可以帮助孩子恢复规律的作息时间。可用参加社会实践活动、去图书馆等方式来充实孩子的生活。要让孩子适当地锻炼身体,让孩子生理、心理尽快回归到正常的轨道上来。

"黄油加大棒"学习法会适得其反

有些孩子只要一提学习,马上变成苦瓜脸,非常痛苦。而我们很多父母就是弄不懂学习这么重要,为什么孩子却会痛苦?不学习能有前途吗?不学习能有以后的发展吗?所以,厌学就是个性上的胸无大志、没出息,是品质上的懦弱、无能和愚蠢的表现,所以父母更多的是用榜样来鼓励、用物质来刺激,实在不行就指责和棒打,但是目前很多事实说明,这种"黄油加大棒"的做法收效甚微。

这种方法会让孩子一想到学习,就想起父母的严厉面目,就想到自己毫无价值、丢人现眼,所以就出现了痛苦的感觉……我们在很多地方为孩子"建立"了一条又一条痛苦的神经链,孩子越来越无法忍受,小的时候隐忍,大了之后就会逃避。

【正面管教秘诀】

人的一个主要的心理特点是,追求快乐、逃离痛苦,成年人和孩子都是如此。不是所有孩子都厌学,爱学习的孩子,肯定是从学习中感觉到快乐,厌学的孩子肯定是感到学习痛苦。如何让孩子快乐学习、享受学习,做阳光男孩、阳光女孩,这才是值得每位父母探索的问题。

第39招
其实你家的孩子并不笨

怎样判断一个孩子的智商水平？那些被人们称为"学霸"、"状元"、"考神"的天才超能学生，真的具有超常的智商吗？面对自己的孩子在各方面都表现得普通平常，父母常常独自叹息：为什么别人家的孩子都那么聪明呢？如果此时孩子正为一道题目而绞尽脑汁，或者在一项技能上表现得呆头呆脑，父母更是气不打一处来。

其实，每个人的智商水平并无太大的差别。对孩子来说，也没有绝对的聪明和愚笨。一些成绩优秀的孩子，很可能会在某次考试中发挥失利；而往常总是表现平平的学生，很有可能在最后成为令人惊讶和称赞的黑马。有的孩子在学习上出类拔萃，但在生活实践中却懦弱无能；有的孩子做起事来笨手笨脚，但和人打交道的本事却非同小可。所以，孩子的聪明与否，还要看他在哪一方面的具体表现，不能一概而论。

孩子为什么会有"考试焦虑症"

每次考试后，爸爸都会拿着试卷，指点着周周犯错误的地方，训斥他："这里根本不应该错，只要你认真检查，就可以改过来！"批评之后，爸爸就会以各种理由，要求增加他的学习量。周周把自己关到房间里，看着书桌上堆着的各种趣味数学啊，概念语文啊，有种要呕吐出来的感觉。

考试的问题虽然严重，但周周还算能忍受得住，毕竟考试不是每天都进行的，最重要的考试，一年只有两次。

周周最受不了的，是爸爸竟然会到学校，到班级的窗口下，看他是否认真听讲。故事中父母的做法会给孩子增加不必要的心理压力，容易引发焦虑等情绪。

有考试焦虑情绪的孩子大部分会感到不同程度的学习困难，记忆力下

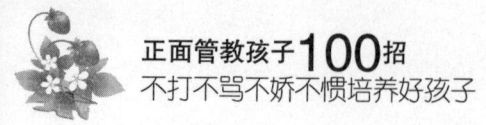

降,精神难以集中,注意力易于分散,思维似乎停滞等。记得很熟的单词怎么也想不起来,面对题目看了很多遍,也不知是什么意思。生理上则容易疲倦、失眠、多汗、厌食、心跳加速、头脑混乱,甚至引起神经衰弱。

【正面管教秘诀】

在学习上父母别给孩子太大压力。一是坚决杜绝用"完了,孩子糟糕透顶了……"这类消极语言暗示自己或者孩子。二是消除孩子大脑中的错误信息,如"没有考好,老师会另眼相看"、"爸爸、妈妈会受不了"等,告诉孩子:不应过于顾虑失败的后果,应该用"我努力了,就问心无愧"、"我能成功"等话语宽慰放松自己。

永远不要抱怨孩子脑子笨

我们常听见有的父母这样训斥孩子"你真笨,你看看,这么简单的题目你都做不出来!你啊,我看是稀泥糊不上墙,真是没指望了。"然而,父母们是否会想到,久而久之,你们传递给孩子的是一种什么样的信号呢?你们的孩子从你们那里得到了这样的定论:"我不行,我很笨,我就这样了。"于是,他们就破罐子破摔:你说我坏,我就坏到底;你说我笨,我就笨得不识东西南北。

一天,睿睿从老师手里接过数学试卷,糟了!只有59分,她垂头丧气地回到家中,胆怯地靠在门边,眼睛盯着脚尖:"妈妈,我数学只考了59分。""爸爸妈妈小时候都很聪明,你怎么这么笨呢?左邻右舍的孩子个个都聪明,怎么你就这么笨呢?"妈妈先是愣了一下,接着眼睛瞪得像铜铃,声色俱厉地说道,"你真是一个笨蛋,我辛苦供你上学,谁知你这么笨,才考了这么点分……"听着妈妈的话,睿睿的眼泪禁不住流了下来,妈妈不耐烦了:"哭,哭,有什么好哭的,这么笨还好意思哭?"

【正面管教秘诀】

学习成绩不能代表孩子的全部,孩子成绩差未必将来没出息。给孩子负面的评价只会给孩子带来消极的影响,对孩子的成长有百害而无一利。孩子往往会按照父母的期待而塑造自己。如果父母总是抱怨孩子笨,会极大地伤害孩子积极进取的自信心,伤害孩子的自尊心。

帮着孩子一起给学习减负而不是施加压力

每个孩子从小学到初中,到高中,直到大学,这个过程是漫长的,尤其是初、高中的孩子,他们情感丰富,心理变化很大,需要学的知识也越来越多,学习压力也就越来越大,考试应接不暇。在如今知识显得越发重要的时代,如何努力学习考上理想的大学是每个孩子和父母经常思考的问题。有时学校和父母一味地对孩子施加压力,结果并不一定是理想的,正确的做法是帮助孩子一起减负。

【正面管教秘诀】

例如当孩子在学习中遇到难题解不出来时,可教孩子把它放一放,先不去想,休息一会儿再想或放到第二天再想。又如,孩子准备上台演出,总是紧张得手足无措。这时,父母可引导孩子谈论或做些别的不相干的事,使孩子不再注意演出的事,紧张情绪自然就克服掉了。

第40招
寓教于乐,其乐无穷

游戏是帮助开发孩子大脑潜能最好的金钥匙。因此,游戏也被称为是孩子最好的老师。游戏对孩子的影响是深远的,在孩子的心目中占有重要地位,只要游戏有浓厚的趣味,孩子就会乐此不疲。将游戏贯穿到对孩子的教育和孩子的学习中,是如今家庭教育和学校教育普遍采用的方法。事实表明,这种寓教于乐的方式能够激发孩子的创造性。

在一些能够配合学习应用的游戏,尽量做得浅显易懂,以便于孩子更好地理解。如观察类游戏、思维类游戏、创新类游戏、实验类游戏等,不仅能够培养孩子对事物的感知能力,而且借助游戏具体、直观、形象的特点让孩

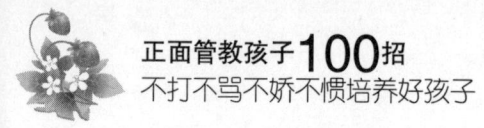

子去发现一些新的东西。

在做游戏中，父母可以陪伴孩子根据有限的知识和生活经历，选择孩子喜欢的主题和内容，可以充分发挥无拘无束的想象力和创造性。比如在搭房子类的游戏中，孩子逐渐对前后、左右、上下、中间、旁边等空间有了认识，逐渐形成了高矮、长短、厚薄、轻重、大小等概念。学会了有计划、有步骤地进行设计，既让孩子有了成就感，也增添了无穷的乐趣。

通过学习和游戏相结合的方式，可以锻炼孩子手脑并用、手眼配合等能力，充分发挥他们的潜力，最终将孩子训练成心灵手巧的天才儿童。

给孩子一个玩的权利和理由

父母们为了杜绝孩子看电视玩电脑，想了各种各样的办法和对策，不是藏键盘，就是拔电源板，总之办法想尽了，似乎也不能把问题解决好。

说到底，问题不在于让不让"玩"上，而是在如何调整孩子"玩"的取向和方式，解决玩和学习的矛盾。首先我们应该了解和明白的是，到底什么是玩？

在玩游戏的过程中，我们父母似乎远远低估了孩子的智慧，所以总是成了最后的输家。有句话其实很形象："不是敌军太厉害，而是我军太无能！"只有"知彼知己，方能百战不殆"。

每个孩子都喜欢玩，玩本是孩子的天性，不过，很多孩子玩得过分，玩得沉迷，这就有害而无益了。

孩子贪玩是绝大多数父母最头疼的事情。贪玩不仅影响孩子的功课，同时还会使孩子染上撒谎、旷课等坏毛病，甚至走上犯罪道路。

但是，父母也需要正确认识贪玩这种不听话的行为，有时候，贪玩并不是不听话，而恰恰是孩子与众不同的个性或者创造力的表现。

玩和学习是对立又统一的，光会学习是不能成长的，玩使孩子眼界开阔，使孩子学会交流、协作，使孩子的思维能力得到训练发展。

【正面管教秘诀】

玩既然会与学习发生矛盾，那我们就应该协调学习与玩的关系，就好比困了要睡，睡觉时间不是玩的时间一样，尽早树立这种观念是非常必要的。

第五章 不吼不叫，让孩子主动爱上学习

告诉孩子，学习上要劳逸结合

一位父母说他的孩子注意力不集中。我问："表现在哪里？"她说："我星期天帮他复习语文，一个多小时后，他就心不在焉，听不进去，经常写错字。"我问她："孩子多大？"她说："小学五年级。"我说："你怎么不让他休息休息？"她说："很快进入六年级了，我希望他能考上一个好的中学，不抓紧时间怎么行？一气之下，我就骂了他一通，他哭了，向他奶奶告了我一状，奶奶也哭了。"这位母亲的用心是好的。可是，她不了解孩子的学习规律，学习要劳逸结合，才能事半功倍。

【正面管教秘诀】

根据儿童注意力发展情况，一般小学五六年级的孩子能集中45分钟注意力就不错了。让他过1小时后还继续专心致志去学习，一般比较困难，父母不了解孩子的学习规律，并且违背了这个规律，强行按照自己的意愿去让孩子长时间学习，那是不可能的。

在游戏中重视培养孩子的注意力

有些孩子的情况很糟，几乎片刻不停地忙忙碌碌，一丁点儿的事物也可以轻易把他们吸引过去。虽然他们也有兴趣爱好，但对感兴趣的事情也无法主动集中注意力。像这类孩子注意力容易分散，应该及早给予帮助，否则到学龄时期就会出现多动症症状，影响纪律，影响学习。

作为父母需要了解到，注意力是人的心理现象。绝大部分孩子的注意力发展是正常的，父母大可不必过于担心。但父母一定要遵循孩子心理发展规律，关心并培养孩子的注意力，为今后健康的成长和有效的学习打好基础。培养孩子的注意力可从以下方面进行：

注意孩子的脑营养。活动要消耗大量的营养物质。在紧张的学习期间，父母应该让孩子多吃容易消化的食品和高蛋白的食物。每次吃饭以八分饱为宜。此外还要保证孩子的饮水量，最好每天维持在1.5升以上，多喝矿泉水或温开水，少喝甚至不喝刺激或兴奋性的饮料。

增强孩子的信心。孩子在父母的正面引导和鼓励下会渐渐地对自己增强信心，认为自己是能够安静地坐下来集中注意力学习的。所以父母要经常用亲切的口吻、平和的态度对孩子说："我相信你再坚持一下，会比前些天做得更好"，"你注意力比以前集中了"。这样的心理暗示对加强孩子的信心很有好处。

保证充足的睡眠。睡眠对保护神经细胞免于衰竭很重要，所以父母要关心孩子睡眠的质量。学龄孩子每天晚上睡觉不宜晚于10点。一般而言，孩子的睡眠时间不应少于9个小时。

孩子不能过于疲劳。如果连续几个小时埋头做功课，学习效率就会下降。要使孩子能够有效地集中注意力，就要帮助孩子防止、克服和消除疲劳。注意孩子学习内容不要单一化，隔一段时间换一项活动，适当地给孩子中间休息的机会。

排除干扰因素。一个好的学习环境能养成孩子一坐到书桌前就投入学习的习惯，集中注意力，变得容易主动。学习环境的周围不要有噪声，避免阳光直晒刺激孩子的眼睛，书桌不宜太靠近窗口，以免窗外的景物分散孩子的注意力。孩子刚放学回家，父母不妨让他先洗洗脸，吃些点心，和他聊聊学校里的趣事。这样让孩子兴奋的神经先安静下来，把会让孩子分心的事先排除掉。

【正面管教秘诀】

注意力是人的心理现象，它分为无意注意和有意注意两种。一个人从无意注意到有意注意的形成需要有一个发展过程：人在出生后的最初一段时期内，只有无意注意；在教育培养下，随着语言的发展和生活经验的增长，有意注意才逐渐形成和发展起来。学龄前和学龄初期的孩子无意注意占优势，注意力容易随外界事物的变化而转移。有些父母不了解孩子无意注意占优势的心理特点，要求孩子老老实实坐着，布置提前练字或做枯燥的计算题等，孩子总是很难做到。

第五章 不吼不叫，让孩子主动爱上学习

第41招
合理地给孩子制定学习目标

望子成龙、望女成凤是天下父母的愿望，这也是可以理解的。作为父母，都希望自己的孩子成绩优秀，渴望孩子成为自己的骄傲。

但是，父母要把握对孩子的期望标准，一旦父母的期望标准背离了社会需要和孩子身心发展的自然规律，就会严重影响孩子的性格发展。过高的期望值会让孩子觉得目标可望而不可即。

相信天下的父母都是爱孩子的，都希望自己的孩子健康快乐地成长。所以，父母要有平和的心态，适当降低对孩子的期望目标，给孩子减少精神压力，根据实际情况和孩子一起制定合理的奋斗目标和学习目标。通过完成适当的目标和计划，孩子才能体会到进步，才能获得成就感。

怎样给孩子定学习目标

有些父母在教育孩子时，总是要求孩子只能成功，不能失败。曾经有一对父母对读高中的儿子说："你每次考试每门课都得在80分以上，你们学校规定85分以上是优秀，我不指望你能门门优秀，但我要求你每门能达到80分，这样你才能确保年级排列百名之内，你才能考上大学或许还能考上重点大学。"可是有一次这个孩子期中考试考了73分，他的父母就大发脾气，因为对他们来说考73分就是失败，没达到门门80分的要求。

【正面管教秘诀】

没有常胜的将军，也没有常胜的考生，再好的学生也很难保证每次考试都是第一，更难保证每门课都达到多少分以上。这种求全责备，不顾孩子的实际情况，只要对孩子的考分不满意，就严加训斥的做法，只能挫伤孩子的积极性，降低孩子学习的信心。

不要把自己的理想寄托在孩子身上

一位在工作上颇有成绩的女士说:"我从小就喜欢读书,家庭经济条件不算好,但父母是支持我读书的,我很想读大学,但是,我的大学梦因史无前例的'文化大革命'化成了泡影。所以我的文化程度实际上只是初中毕业。以后,上山下乡插队,回城后参加工作,没上大学,感觉是自己一生的遗憾。我没上过大学,但我极其努力让孩子上大学,可我的儿子没考上大学,我非常痛苦。人家的孩子怎么考上了大学,我的孩子为什么没考上大学,是我的家教存在问题吗?孩子没考上大学,这对我的打击很大,我的心理压力也很大。唉,我觉得我的希望落空了。"其实,孩子没有实现当年父母的愿望,并非是教育的失败。父母应尊重孩子的意愿和选择,而不是将自己的理想强加给孩子。

【正面管教秘诀】

孩子有他自己的理想与抱负,没必要背负上一代的理想与希望,他们有自己的主观能动性。现在社会有很多机会和挑战,对他们来说,上大学已不是他们唯一的出路,他们有自己的人生选择。作为父母,不管你曾经的梦想有多么辉煌与崇高,都不要强加在孩子身上。

尊重孩子的理想和追求

每一个人都渴望得到尊重,孩子也是如此。一个孩子的普通想法和意愿,应该得到父母的尊重,而孩子的理想和追求,更应得到父母的尊重。

现实生活中,父母往往喜欢为孩子设计理想。从上小学开始,就将孩子的理想一步步规划好了,甚至想到了孩子以后要上哪所大学,读什么专业。为此,父母不顾孩子的爱好和理想,强迫孩子按自己设计的轨道发展,如果孩子有一点没有符合自己的意愿,就对孩子的所有努力和成绩全盘否定,甚至打骂孩子。

作为父母,其望子成龙、望女成凤的心理无可厚非,但是为了孩子能有一个好的前途,而给孩子过大的压力,结果让孩子不堪重负而走向极端,这就太让人遗憾了。

第五章　不吼不叫，让孩子主动爱上学习

【正面管教秘诀】

尊重孩子，就应该尊重孩子的理想和追求。父母在培养孩子时，必须征求孩子的意见，尊重孩子的理想和追求，进而理解孩子的理想、知道孩子的真正需要。即使孩子的理想与父母的设计有偏差，也要平静地与孩子沟通，在尊重孩子理想和追求的基础上，通过商量探讨，让孩子充分理解父母的想法，然后把选择权交给孩子。

第42招
即便望子成龙心切也不要拔苗助长

惠施和庄子都是魏王的好朋友。一天，魏王分别送给他俩一些大葫芦的种子，对他俩说："你们把这些种子拿去种在地里，会结出很大的葫芦。比比看，你俩究竟谁种的葫芦大，到时候我还有奖赏。"惠施和庄子都高兴地领受了，并去种在地里。

为了能种出比庄子更大的葫芦，惠施非常用心，而且每天都施肥、除草。庄子的葫芦就种在不远的地方，但他从不施肥、除草，只是到时候来看看，见没有什么异常，就做别的事去了。没过多久，惠施的葫芦苗一棵一棵地相继死去，最后，一棵也没成活。而庄子的葫芦苗却长得格外好，慢慢地，都开花结了果，而且，正如魏王所说的那样，长出的葫芦都很大。

惠施觉得很奇怪，就跑来请教庄子："先生，为什么我那么用心地栽培，所有的苗都死光了，而您从来都不曾好好地管理，反而长得那么好呢？"

庄子笑着答道："你错了，其实我也是在用心管理的，只不过与你的方法不同罢了。""那你用的是什么方法呢？""自然之法呀！你没见我到时候也要去地里转转嘛！我是去看看葫芦苗在地里是不是快乐，如果它们都很快乐，我当然就不用去管它们啦。而你却不管它们的感受，拼命地施肥，哪

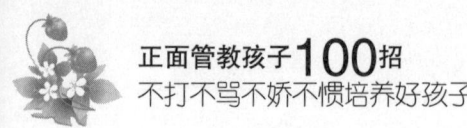

有不死之理啊？"

"这么说来，还是我害了它们？"

"就是啊！你的用心是好的，可是你不用自然之法，怎么可能得到自然万物的拥戴呢？"惠施恍然大悟。

其实，在教育孩子的问题上道理跟故事中的是一样的。如果不遵循孩子的自然成长规律，一味地向孩子灌输知识，拔苗助长，结果就会适得其反。

对孩子进行拔苗助长式的早教究竟需不需要

一些热衷于所谓"智力开发"的父母，积极地对幼小的孩子进行读写算训练。那些知识不符合幼儿的认知特点，孩子虽然也能靠鹦鹉学舌的方式死记硬背下来，但并不理解，所以往往并未能促进他们的智力发展，反而给孩子带来很大的学习压力，降低了对学习的兴趣，挫伤了自信。

【正面管教秘诀】

"兴趣是最好的老师"，这句话已成老生常谈，却仍被很多父母熟视无睹。如果你希望孩子越来越聪明、越学越爱学，那就把激发、呵护、提高孩子对学习活动的兴趣放到每日日程上吧。

当孩子学习时不要给予负面的暗示

有一个充满寓意的童话故事：有一位美丽的公主，从小就被一位巫婆关在一座高塔上面，每天只能见到巫婆。巫婆每天都对她说："你的样子丑极了，见到你的人都会感到害怕。"公主相信了巫婆的话，怕被别人嘲笑，不敢逃走。直到有一天，一位王子经过塔下，看到了公主那如天仙般的美貌，惊为天人，救出了她，这位公主才对着镜子意识到自己原来如此的美丽。

事实上，很多父母都可能在无意间充当了"巫婆"的角色。

说孩子"真笨"是一些父母的口头禅，说起时甚至带着爱意。可是，孩子接受到的就是"笨"的信息；有时，望子成龙的父母有意无意地拿孩子与别人相比，父母在朋友、外人面前表现谦虚，"我儿子不行，很笨的。""这孩子很没脑子的。"

第五章 不吼不叫，让孩子主动爱上学习

孩子因为上述种种原因，深信自己的脑子很笨、学习能力很差的时候，他就会产生严重的自卑感和自我怀疑，结果就真的成了"学什么都学不会"的笨孩子。

【正面管教秘诀】

学习、活动总有胜败、输赢，当孩子为"失败"而难过时，父母不应以怜悯的态度对待孩子，或者在孩子面前唉声叹气，甚至劈头盖脸地责骂孩子。正确的方法是让孩子明白，失败、错误没什么大不了的，人人都可能碰到，勇敢、聪明的人会从失败中吸取教训，继续努力。

给孩子一个自由活动的空间

不少父母望子成龙心切，武断地将孩子的自由空间"据为己有"，安排各种补习班、强化班、特长班，孩子们不得不刚从"单调"的校园走出，又走进一个父母精心打造的"鸟笼"。专家指出，要充分尊重孩子的意愿，并给孩子留出一定的自由活动时间和空间。与前者相反，也有一些父母走向了另一个极端：或因工作繁忙根本无暇顾及孩子的休闲生活，或认为课余时间孩子就应该尽情玩乐，导致孩子处于一种完全放任的"无监护"状态。

【正面管教秘诀】

父母必须高度重视孩子课余活动的安排，防微杜渐，积极引导孩子合理安排娱乐活动，充分利用有利因素，或变不利因素为有利因素，促进孩子健康成长。

第43招
不剥夺孩子的假期自由

大人在工作中讲求劳逸结合，同样，孩子在学习中也要劳逸结合，将时间合理分配。有一些父母不但在孩子在校期间严格看管，而且连孩子的业余

时间也不放过。孩子刚迎来假期，父母就迫不及待地拿来各种培训资料给孩子看，让孩子学奥数，让孩子练钢琴，让孩子练武术，让孩子学体育。即便不参加任何业余班，孩子的一大堆学习任务和功课也让他们忙不过来。孩子的假期时间甚至比在校读书时间还要紧张。

其实，给孩子安排过于紧张的生活，并不能促进自身的提高，有时反而会事与愿违。正确的方法是，陪孩子一起制订一个合理的时间计划表，如学习时间表、作息时间表、游戏时间表、特长训练时间表等，让孩子既能有严格的学习时间，也有轻松的娱乐时间，这样才能保证孩子有秩序、有计划、有规律地生活和学习。

孩子的学习主动性要靠父母的说教督促吗

暑假期间，妈妈每天都要督促美美写作业看书。第二天美美就要开学了，晚上10点多，妈妈还是不放心，忍不住去敲美美的门："美美，明天就开学了，你赶紧把作业做完，是不是我整天说你都没往耳朵里去。从明天开始，你每天都要把老师留了什么作业、哪天交告诉妈妈，妈妈负责督促、提醒你。"其实，这时美美在自己的房间里正痴迷地玩着游戏机，像没听见妈妈的话一样。

正如上面的例子，有些父母为使孩子能够变得主动一些，父母就承担起提醒、监督孩子，帮孩子记录和安排时间的任务，这又使孩子的依赖性更强。有时，孩子并没有意识到问题，还会对父母的提醒、监督感到厌烦，故意与父母作对。

虽然父母希望用不断的提醒、批评、监督来达到让孩子主动学习的目的，但其实是在代替孩子变得主动。虽然可能暂时有效，但并不能从根本上解决问题，从长远看，还会让原本就没有主动性的孩子更加依赖父母，形成恶性循环。

【正面管教秘诀】

孩子学习没有主动性、计划性，往往是因为对学习没有兴趣，或是从小没有养成良好的学习习惯。父母没有找出根本的原因，光靠说教、提醒是没有用的。

假期不能对孩子放任自流

寒假期间，涛涛每天就是看电视、玩游戏，与院子里的小伙伴踢球、玩滑板，简直把寒假作业的事情忘记了。妈妈每次提醒，涛涛都说："知道、知道。"爸爸也说："好不容易放假了，就让孩子放开了玩吧。"直到离开学还有三四天了，涛涛才开始起早贪黑地赶作业，对付着开学时交。结果，因为作业太乱被老师点名批评不说，第一次测验也只得了个及格。

如果假期里孩子只用几天的时间突击完成假期作业，或是完全把学习丢掉，就失去了安排假期作业的意义，会使孩子知识积累的过程中断，头脑中学习的概念被淡化，也会使原有的一些好的学习习惯渐渐改变。当孩子重新回到学校时，会因一时难以适应紧张的学习，而出现学习困难的情况。

【正面管教秘诀】

父母根据假期的长短、孩子的年龄、假期作业的多少，和孩子一起制订一个假期时间表：每天什么时候做作业、什么时候看电视、什么时候是运动游戏时间等，既要保证一定的学习时间，也要使孩子可以适当运动、游戏或做一些自己喜欢的事情。这样，随着孩子年龄的增长，他就学会了合理地计划和安排时间。

不要用大量的学习任务来填补孩子的假期时间

终于放暑假了，源源高兴极了。谁知，爸爸拿出一大摞习题册、作业本，给源源布置了一堆的假期作业。源源不满意地说："学校有作业，干吗还给我加这么多额外的，要减负！"爸爸敲着源源的脑袋："你还想减负？上个假期'减负'减得把学过的知识都还给老师了。你要是想去奶奶家，就要保证完成这些作业。否则，我们就把你送到暑期班去。"

假期是为了使孩子们紧张的学习有一个缓冲、休整。如果安排过多的家庭作业，或用各种各样的课外班占满孩子的时间，使孩子甚至比上学的时候还要紧张，就影响了孩子的休息、娱乐，还会使孩子感到厌倦、疲惫，甚至产生厌学情绪。

【正面管教秘诀】

只要是在可行、合情合理的范围内,尽量让孩子自己决定他的假期活动,尤其是大孩子。这样,孩子学习的主动性、自觉性都会大增,对他的自我管理能力和自信心提升也是大有好处的。

第44招
"课内老师教,课外家教补"并非人人皆宜

每位父母对孩子的学习都格外重视,生怕输在起跑线上。于是,就会看到这样的情景:父母早早地送孩子上学,下午放学后陪孩子匆匆地参加课外辅导班,晚上又和孩子一起急忙往家赶。等到吃完晚饭、做完作业之后,发现已经到了深夜。孩子白天大部分时间都在学校,其余时间又被各种兴趣班所占据,这种学习上的压力并不比成人轻多少。

一位四年级的小学生说,他经常在课堂上睡着了,学习也不能集中注意力,追问原因,原来是他每天奔忙于学校、辅导班和家之间,出现了成年人才有的疲劳综合征。

其实,如何管理孩子课堂内外的学习,需要因人而异。有的孩子喜欢学习,天生聪颖,就没有必要参加所有的辅导班。如果是孩子某一学科跟不上,可以选择相应的辅导班补习一下,以提高学习成绩。诸如其他文艺类的兴趣班,则要根据孩子的兴趣和喜好来选择,否则对孩子就是一种精神上的负担。

拘于课内,也要放眼于课外

有些父母在教孩子学习的时候非常死板,仅仅是拘于课本,很少能放眼于课外知识。这样的结果只能是把孩子培养成一个知识面狭窄的书呆子。

当前,语文教学就是要引导孩子内外结合,拓宽视野。孩子学习能力的

提高,要立足于学校、课堂、书本,但不能拘于书本,还要放眼于课外、书外,善于观察分析周围发生的事情。从许多优秀学生的成长过程看,他们都广泛涉猎了古今中外、各种门类的书籍。他们都把读报刊、看电视、假期旅游、社会实践当作语文学习的大课堂。

引导孩子多动手、多动口也是培养孩子学习能力的重要途径。把读书得到的精彩描写、名言警句、心得体会及时写下来,有的孩子在这方面就做得很好,一直未间断写读书笔记和日记。

【正面管教秘诀】

放眼于课外,父母应经常与孩子在一起交流读书的方法和心得,鼓励孩子把书中的故事情节或具体内容复述出来,把他自己的看法和观点讲出来,然后与父母一起分析、讨论。如果经常这样做,孩子的学习兴趣就可能变得更加浓厚,同时孩子的成绩也将逐步提高。

孩子偏科,宜疏不宜堵

随着年龄的增长,中学生的自主性和自我意识就会逐渐凸显出来,他们渴望能按照自己的想法去学习,了解这个世界。所以,对于喜欢的课程,会表现出较强的求知欲;而不喜欢的课程,则会表现出较大的反感。对部分课程从没兴趣到不喜欢,再到反感……最终成为知识上的"跛脚者"。

偏科固然有能力结构问题,更主要的是被心理因素强化。一开始,孩子出于本能对熟悉的知识是感兴趣的,而疏远那些不怎么熟悉的知识,但是到了考试时这种疏远便给你颜色看,成绩显然会比较差。于是父母就会来检查、指责甚至辱骂,而孩子就讨厌、生气或者自责。这样的事情发生多了,孩子就对不喜欢、没有感觉的课程产生心理阻抗。

这种阻抗既有能力上的,自己确实不喜欢、不投入、回避它,但是更多的是心理上的。自己会觉得这是麻烦,父母和老师因此而批评自己,自己也找不到学习的感觉,心理上也因为焦虑而产生负面暗示:自己是学不好这门课了……或者,自己对父母和某任课老师不满,以此作为对抗的手段。或者因为自己很寂寞,希望以此作为引起师长关注的事件,认为偏科显

示孩子有"特质"。

【正面管教秘诀】

父母要正视、肯定孩子在弱势科目上的点滴进步(如课堂发言、读书笔记等),引导孩子主动去接触弱势学科,加强对弱势学科的学习。要让孩子知道,自己的偏科是暂时性的,偏科不可怕,怕的是失去了学习的兴趣和信心。

给孩子请家庭教师是否有必要

在宁夏银川市,曾有父母在当地媒体上刊登了一则招聘启事,以30万元的巨额酬金寻找家教,希望能找到使孩子学习成绩突然提高的"高人"。

这则招聘启事,内容为:"现有一名高三学生成绩较差,急需有真才实学的老师辅导,辅导期5个月,辅导费每天500元。高考上线,额外奖励人民币5万元;上重点线,奖励10万元;如考上名校,奖励30万元。才学平庸者勿扰……"

如今,给孩子请家教已不是什么新鲜事。然而,有没有必要给孩子请家教,请家教应该注意哪些问题,很多父母把握不准。不少父母对于请家教有一种盲目的从众心理。许多父母说:"人家都请,自己不请怕耽误了孩子,不能让自己的孩子落在别人后面。"

如果孩子不爱学习,父母要找出孩子学习不好的原因,这样在请家庭教师时就能心中有数。鉴于每个教师的情况不同,应该把孩子的情况研究清楚,不能盲目地请家教。

【正面管教秘诀】

为发展孩子特长而请家庭教师的父母,千万不能忽视孩子的态度。孩子的态度决定学习的兴趣、认真程度。如果仅仅是父母一头热,只是将自己的期望强加给孩子,没有调动孩子的积极性,必然会费力不讨好。因此,父母应该了解孩子的态度,做好沟通与说服工作,不能"牛不喝水强按头"。

第五章 不吼不叫,让孩子主动爱上学习

第45招
父母要给予孩子学习上的有效帮助

"宝贝,先别学了,休息会儿,来,吃个水果!""快做好了!"

"妈妈,我们新换了一个语文老师,教得不好!""是吗,那我们跟学校说说换一个班级。"

"爸爸,我们班上有个同学最爱打人,同学们都不喜欢他。""那你也要少和这个同学来往。"

"妈妈,我不想上学了。""也是,现在遍地都是大学生。既然不喜欢读书,不如去学个别的。"

在学习过程中,有很多父母不知道该怎样给孩子提供好的帮助和有效的方法,当孩子学习的积极性不高时,父母却采取顺应孩子的态度,而不是给孩子提高自信,帮助孩子正确地看待问题。当孩子不喜欢学习、不喜欢老师或同学、不喜欢学校时,如果父母不正面引导,会使孩子越发认定学习是痛苦的。或许有的父母认为,自己的知识水平有限,在学习上不一定能帮得上忙,只好把孩子交给老师,自己在生活中多加照顾,就可以满足孩子的需求,其实这种认识是片面的。孩子在学习中需要得到父母的鼓励和支持,有时他们更喜欢和父母一起攻克难题,有时想对父母说一说自己对学校的评价、对老师和同学的感情等,如果父母没有理解孩子的这种心理,就会对孩子形成一种误导。这会让孩子因没有得到帮助而觉得孤单无助。

陪读,一道独特的风景

眼下,父母陪读已经成了一道"独特的风景",其陪读内容几乎涵盖了中小学的主要科目和"特长",陪读的对象主要是中小学生。

对孩子的教育已成了不少家庭投资的重中之重。高分就意味着能读好学校,能上重点大学就意味着将来能轻松地找到好工作。再加上每年媒体对高考状元的专题报道和过度渲染,使很多父母从中产生了陪读的冲动。

有的父母在学校周边租房吃住,对孩子实行全方位的照顾;有的父母甚至背井离乡,在外地边打工边做起了孩子的全职保姆;更有甚者借款陪读。而衡量这种陪读成功与否的唯一标志就是孩子的成绩,而且完全不顾及它对孩子成长产生的负面影响。

从长远看,陪读对孩子弊大于利。父母不要被"陪则成,不陪则败"的社会传言蒙蔽。陪读除了加重家庭尤其是困难家庭的经济负担外,还会对孩子的身心健康造成损害,在无形中加大了他们厌学恐学的精神负担。所以,对那些望子成龙、望女成凤的父母们来说,还不如给孩子创造良好的学习氛围,让孩子快乐地学习,健康地成长。

【正面管教秘诀】

年龄大些的孩子,自己懂得为什么要学习了,学习也很努力、很自觉,如果父母常以牺牲自己的业余时间为代价坚持陪读,还忘不了唠叨几句,等于给他背上加砖,无形中给孩子增加了心理压力。

父母在孩子学习中的作用

孩子天生有好奇心,天生都有学习的愿望。把事情弄明白是人类不可遏制的认知冲动,这是学习内驱力的不竭源泉,就像孩子以扔砖头为乐一样,没有功利目的的事情本身就是乐趣。

孩子心中本来有个"发动机",但父母们不承认,认定孩子的学习主动性必须由父母来推来拉,软硬兼施,否则他们就不会前进一步。各种各样的评比、排队、奖罚措施,把孩子的注意力全都吸引到外部去了,心中的"发动机"渐渐关闭,就等你来推来拉,推一推动一动,甚至推也不动。

父母对孩子期望过高是导致孩子产生厌学问题的一个主要原因。有的父母要求孩子必须考上重点中学、名牌大学,毕业后要出人头地。为此,父母要孩子晚睡早起,除了上学就是在家里看书做作业,不许看电视,不许看课外书,不许和同学交往,不许玩耍。平时有做不完的作业,周末有上不完的辅导班。可想而知，在这种情况下，孩子的课业负担和思想压力有多大，厌学情绪的产生自然不可避免。

【正面管教秘诀】

根据皮格马利翁效应，对孩子有高的期望应该是一种积极的心理暗示。心理暗示的作用是巨大的，但高期望必须辅以正确的教育理念和高明的教育方法，否则往往走向反面。

如何帮助孩子克服厌学情绪

父母对孩子学习上的最好帮助，就是引发并帮助他们培养一个良好的学习兴趣、一个持久的学习动机。实际上，孩子的厌学情绪有时也是在失败中积累起来的。

培养孩子学习的兴趣，在很大程度上能够帮助孩子克服学习上的困难，避免厌学情绪的发生。如学外语，用一些有趣味性的游戏来帮助记忆，就不会觉得枯燥乏味。例如，有的家庭把五颜六色的纸写满了单词，放在孩子看得到的地方。

所以，父母若想帮助孩子保持良好的学习兴趣，就要让他看到成功的希望，体验到成功，不要让孩子总是处于失败境地，被失败情绪打击得抬不起头，影响孩子的学习和生活。

【正面管教秘诀】

孩子如果真的产生了厌学情绪，做父母的不能一味指责，而是要想方设法帮助孩子分析原因，找到解决问题的方法，让孩子找回学习的兴趣，让注意力回到学习上来。

第46招
合理地利用优质的学习条件

如今的孩子不但拥有着丰厚的物质生活条件，也享受着优越的学习条件。一些学校的开放式教育，为更多渴求知识的孩子敞开了大门。学校的图书馆、阅览室、多媒体教室等，为孩子们提供了丰富的知识来源，增长了孩子们的眼界，拓宽了学习领域。同时，为了让孩子更好地发展和提高，社会和家庭也各自做足了准备。一些课外活动、知识沙龙、学习讲座、名师交流会、出国培训、外语学习班等，层出不穷，可以说在学习上的各种武器装备应有尽有。

作为父母，应该让孩子合理地利用这些优质的学习条件，比如周末时间带孩子去书店一起阅读，陪同孩子一起参加名师访谈活动等，都对孩子的成长有所助益。

如果课堂内教给孩子们的是书本知识，那么课堂外传授给孩子的除了一定的科学知识，还有更多的本领。孩子在其中一定可以接受许多新鲜的事物和技能。

此外，有条件的父母给孩子购买各种学习用品，如学习机、电子词典、平板电脑等，可以借助电子设备帮助孩子学习，而不是供孩子玩电子游戏。

不要盲目地实施填充教育和抢先教育

现在许多孩子还没生出来，就又是听胎教音乐，又是做胎教按摩，恨不得孩子生出来的"第一声啼哭就是一首绝妙的好诗"。出生后又是零岁方案，又是脑黄金，恨不得孩子从幼儿园出来就是博士后。父母对孩子的期望已经大大超出了孩子们的承受力："你要为我争气啊，孩子！""你考不上大学叫我的脸往哪搁啊？"成功的父母，会因不出色的子女感到莫大的羞辱；

不成功的父母,更缺乏宽容,他们把子女的成功当作自己成功的最后赌注。

单凭父母自己的主观愿望来塑造孩子的未来,而不顾孩子的身心发展规律,进行强迫式的"填充教育"和"抢先教育",很多时候可能会得不偿失,严重地影响孩子的性格发展,影响孩子的身心健康,甚至会产生严重的后果。

研究表明,若父母对子女期望太高、对孩子施加的压力太大,孩子即使短时间内可能会超越其他孩子,但当其他孩子也开始学习时,领先优势就会消失,孩子的自我激励感也会减弱,创造性和想象力会受到抑制,好奇心会受到阻碍,自信心也会受到打击。由于学习压力太重,孩子失去了童真,没有了快乐,也影响社交能力和其他能力的发展,影响心理的健康发育。

【正面管教秘诀】

父母让孩子成为高级人才的愿望是好的,但不能仅从自己的主观愿望出发,对孩子期望值过高,更不能超前地为孩子"定向"包办,替孩子选择发展方向。

与孩子一起与时俱进

有的父母认为自己已经是这样的年纪和阅历了,或是满足于自己已经有的事业和成就,或是觉得自己已经没有大的发展前途了,就没有了更高、更远的追求和求知的渴望,只是"原地踏步"。

比如,有的父母要求孩子学习,把孩子的成就看作自己的成就,而自己从不主动地学习新的知识和技能,渐渐地与时代脱节、与孩子的距离拉大。

做父母的不要总是以工作繁忙或其他原因为借口,拒绝学习和接受新的知识,而应该和孩子一起学习。甚至在孩子比自己的水平更高时,父母也不妨放下架子,做一次孩子的学生。这样,既适时地赶上了时代的脚步,也用亲子共学拉近了与孩子的距离,还给孩子树立了一个勤学、好问,永远在追求进步的榜样,从而重新树立父母的权威。

【正面管教秘诀】

父母希望孩子学习好、知识丰富、出人头地,自己却停留在原地,只是

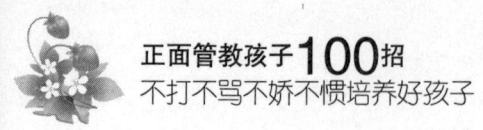

用简单、枯燥的大道理来教育孩子，很难真正地说服孩子、影响孩子，或是让孩子以父母为骄傲和榜样。要想获得孩子的欢迎，在学习上给孩子提供切实的帮助，父母就得与时俱进，在知识水平和接受新事物的能力上都要提高。

慎重地看待孩子出国留学

现如今，流行把孩子送到国外学习，有的父母认为自己的孩子学习不好，与其在国内考大学不如直接送到国外大学读书，听上去好听，面子上也好看。甚至有的父母根本不了解孩子的思想状况和学习水平，盲目跟风，不管是哪个国家，学的是什么专业，自己的财力如何，只要能够送出去，就是节衣缩食，也在所不辞。

有的国家教育水平远远不如我国，但是父母才不管那些，只要学费低，就是要送出去，孩子不愿意也送，这样对别人说起来好听，似乎很荣耀。

其实，自己的孩子如果有水平，他如果是"那块料"，在什么地方都会出成绩，真金总会闪光。愿意出国可以考公费出国，不用父母掏腰包。如果你的孩子不是那块料，你就不要硬是打肿脸充胖子，导致"赔了夫人又折兵"，得不偿失。

【正面管教秘诀】

望子成龙，望女成凤，这是每一个父母的美好愿望，但是，每个孩子都有自己的特点，父母切莫爱慕虚荣，不顾实际，硬赶鸭子上架。你要了解自己的孩子，知己知彼，知道孩子喜欢什么，兴趣是什么，社会需要什么，将来要干什么。然后，再有准备地、有目标地培养和进行理性投资，一定要走出跟风误区，正确找准位置和切入点，这样才不至于让孩子一事无成。

第六章

不逼不迫,正确引导和开发孩子的天赋和潜能

第47招
找准孩子的兴趣点

孩子与父母的PK：

第一天：

"妈妈，我想去美术班。"

"不行，画画有什么好的！"

"我喜欢画画。"

"宝宝乖，咱们还是学数学，以后当个科学家。"

第二天：

"妈妈，我不想去数学班了。"

"为什么不去啊，你看你的成绩都差成什么样了还不去。"

"可是我不喜欢数学。"

"不行，一定要去！"

面对上述孩子和父母在学习问题上的矛盾，父母该怎么办？仍然要把自己的喜好强加在孩子的身上吗？其实，每个孩子身上蕴藏着巨大的潜能，当孩子按照自己的意愿尝试着干一件事时，会尽力去做好，做成功。孩子在自主奋斗的过程中，才华和潜能也得到了淋漓尽致的发挥。例如，孩子如果对医学感兴趣，就不要逼迫他学文学；孩子如果以后想成为实践性强的技术人才，就不要非让他埋头苦读学习书本知识，用他来完成你的大学梦。每一个孩子都能获得成功，关键在于帮助孩子找到自己的最佳兴趣点，这样才能最大限度地挖掘孩子的才能。即使在平凡的服务行业中，也照样可以塑造出非凡的天才。如饮食行业中的名厨、美容美发中的名师、服装行业中高级服装设计师等。这些成功人士并不一定都出自名牌大学，而是按照自己的兴趣走出了一条属于自己的路。

第六章 不逼不迫，正确引导和开发孩子的天赋和潜能

所以，父母不要用自己的喜好来扼杀孩子的思想，阻挠孩子朝着自己喜爱的方向去发展，而是尊重孩子的兴趣，找准孩子的兴趣点，才能有利于孩子的发展。

孩子的兴趣让父母有多用心良苦

一位父母看见自己的同事给她女儿买了一架钢琴，这位同事还向她介绍孩子学钢琴，如何能陶冶情操，发展智力。还说文艺上有一技之长，可以参加学校里的艺术班、特长班，将来可以免试进重点高中，进重点大学。这位父母听了同事的一席话，心也动了，于是，把自己积攒2年的钱拿去买了架钢琴。

钱花了，钢琴到家了，可是让儿子学琴，他却不愿干。儿子活泼好动，在钢琴旁边坐不住，学的时候10个指头不听使唤。妈妈为他报名参加钢琴训练班，可他不去，怎么说他也不去，没办法，只好妈妈自己去，就这样钢琴在家里放了半年，钢琴面上以及妈妈的心里都落了一层灰。

这位父母说她这样用心良苦却得不到孩子的响应，真是失望透顶，可见要摸透孩子的兴趣的确需要父母们花费一番心思。

【正面管教秘诀】

作为父母，首先必须了解孩子的兴趣，孩子的爱好。然后，尽力满足他的兴趣、他的爱好，正确地引导他，这样你的用心才不会白费，他才会有出息。

一心要进特长班的是父母还是孩子

进特长班学习，对于许多孩子来说都不是心甘情愿的，有相当一部分是由父母一手包办，不少孩子对究竟该学什么好、自己是否适合进行特长教育等问题都心中并无考虑，报名参加特长班的学习完全是父母的一厢情愿。

若孩子对所学的内容缺乏学习兴趣，这不但收不到应有的教育效果，反倒会阻碍孩子情商和智商的正常发展。

所以，父母给孩子报特长班时应该尊重孩子的意见，同时给孩子多安排

有意义的活动，让孩子玩好休息好，轻松快乐地度过暑假。

【正面管教秘诀】

孩子的兴趣和意愿是关键。都知道兴趣是最好的老师，可是很多父母在报班的时候并没有考虑孩子的兴趣，结果往往会适得其反。孩子觉得自己刚离开一个学校就又进入另一个学校，学习起来也会变得浮躁，有的甚至产生逆反和厌倦心理。

父母的贪多求全只能让孩子逆反

随着寒暑假的来临，各种培训班再度火爆起来。少年宫以及各个培训点前来为孩子报名参加培训的父母络绎不绝，报名点电话铃声此起彼伏，假期培训热潮席卷而来。

一些父母盲目认为多学总比少学好，今天让孩子学钢琴，明天让孩子学美术，过两天又让孩子改学书法。很多父母都希望利用假期提高孩子的综合素质，没有人愿意让孩子输在起跑线上。

在培训班报名的队伍中，有的还同时参加了多个培训班。更有多位父母给孩子报了几种不同的班，弹琴、语文、数学班等，每天都有不同的安排。"给孩子报了下学年有关的计算机语言班，还有他一直就感兴趣的画画班，准备再给他报几个文化课辅导班。"父母期望是好的，但盲目报班的做法并不会为孩子所喜欢。

不堪重负的孩子，平时忙双休日也忙，除了要完成学校布置的家庭作业外，还要忙写字、弹琴或绘画，难怪有些孩子会发出这样的感慨：放学后，我宁愿被老师留下来也不愿立即回家！

【正面管教秘诀】

面对让人眼花缭乱的各类培训班，父母应该把主动权交给孩子，父母不要刻意安排，要让孩子自主学习。给孩子选择兴趣班，应坚持适量原则，贪多求全、盲目跟风的做法不可取。

第六章 不逼不迫，正确引导和开发孩子的天赋和潜能

第48招
将孩子的兴趣和学习巧妙链接

俗话说得好："兴趣是最好的老师。"真正高效的学习是有趣的学习。

一个优秀孩子快乐、轻松学习的秘诀就是：从兴趣开始。

不难想象，一个考试成绩第一名的优秀生一定是对学习有浓厚兴趣的，因为兴趣是他获得好成绩的动力和源泉，是他成为第一名的基本条件。兴趣能点燃热情，是做好一切事情的原动力。

如果父母注重培养孩子的兴趣，让他们把每件事当成兴趣来做，不就是一件愉快的事吗？不就可以尽到更大的责任了吗？将兴趣培养成为孩子的特长甚至是技能，是让他们变得优秀、有力量的最好的一种方式。让兴趣带动孩子把学习成绩提上去，成为优等生也就指日可待。

不能忽视孩子的兴趣点

兴趣对一个人的人生成功是极为重要的，许多伟大的人才都是在童年就表现出了非凡的气质与天赋，也许这些表现并不都容于当时的正规教育，但只要做父母的能够认真思考，仔细观察，说不定就能将孩子引上一条光明的大道。

有些父母一心只想让自己的孩子考大学，过多地关注孩子的学习成绩，往往对另外一些孩子天性所表露出来的东西有意无意地加以忽视，认为这会使孩子不务正业。其实不是这样，爱玩、调皮是一切孩子的天性，有时，往往在玩的花样之中就孕育了孩子许多的潜质。

【正面管教秘诀】

孩子的聪明与成就并不一定都表现在优异的学习成绩上，更多是在儿童天性之中自然而然流露出来的。并且，学校的教育更多的是一种填鸭式的教育方式，而非儿童自发地、有创造性地获得知识。所以，有许多孩子厌学情

绪严重，学习成绩不理想，对此，就要求父母在教育子女时，必须体察孩子的需要，找到孩子的兴趣点，加以引导，使其充满活力地成长。

对孩子"没有用"的兴趣不要横加指责

许多父母虽然对孩子有强烈的教育和培养的愿望，但常常会指责孩子的一些"没有用"的兴趣。父母们会按照社会或学校既定的模式去设计孩子的未来，并企图把孩子的兴趣与这些模式联系起来，把一些"有用"的兴趣保留，一些"没用"的删除掉。而实际上，对于孩子的心智发展来说，很难用"有用"或"没用"去区别他们的兴趣。应该说，每一种兴趣对孩子求知来说，都是有价值的，明智的父母总能利用这些兴趣把孩子引向各类知识的殿堂，并培养出孩子良好的求知习惯。

每一个孩子都会对不同的事物产生不同的兴趣，每一种兴趣都会对孩子的某种潜能开发有益；没有笨的孩子，只有方法不恰当的父母或老师。但是大多数父母和老师面临的一个共同问题是，他们毕竟不是教育方面的专家，如何让孩子的兴趣对位，如何利用孩子的兴趣有系统地诱导、深入，对许多父母来说是有一定难度的。关于利用孩子的兴趣，通过诱导的方式来开启和培养孩子的智力，希望父母接受这些建议：

当孩子对某件事物表现出兴趣时，不要简单地因为自己认为"没用"而指责、否定他。

利用这种兴趣可能给他带来的快乐专注，从而获得与这一兴趣相关的知识。

诱导孩子通过自己查阅和请教别人的方式来获得知识。

记录是使知识存留下来，并训练使用文字、图画、书籍的好办法。

对于还不具备文字记录能力的孩子，父母也要给他准备一个笔记本，把题目写下来，让他口述。

尽量不使用"任务"、"作业"这类词，而代之以有趣的开头。

【正面管教秘诀】

"兴趣是学习和求知最大的动力"，这句古老的谚语今天和以后都不会

第六章 不逼不迫，正确引导和开发孩子的天赋和潜能

过时。这不仅仅是一种方法，它所包含的是人类知识获取的一个古老而充满智慧的法则。同样，"诱导是教育和培养孩子的最好的方法"，这句话今天和以后也不会过时。

学习不好就该封杀孩子的兴趣和爱好吗

当孩子的成绩没有达到父母的希望时，父母就会把问题归结在孩子的兴趣、爱好上，认为因为在兴趣、爱好上花费了过多的时间，才会影响到孩子的学习。

有些父母为了能够使孩子按照自己的意愿，把更多的时间用在学习上，会用各种办法限制孩子参加他所喜欢的活动，或是要求孩子只有达到一定的成绩后，才能参加这些活动。

如果父母没有找到孩子学习成绩不好的真正原因，就主观地把它归结到孩子的兴趣、爱好上，简单地制止孩子参加，不仅达不到让孩子把兴趣转移到学习上的目的，反而会使孩子对父母产生敌意，更加逆反、厌学。

其实，父母的制止根本无法使孩子远离他喜爱的活动，反而使孩子更加渴望脱离父母的管制，参与到其中。有些孩子为了达到这样的目的，就用谎报学习成绩、编造理由、借口等方式来与父母"斗智斗勇"，这样会使孩子学会弄虚作假、撒谎骗人。

【正面管教秘诀】

父母要尊重孩子的兴趣和爱好，并真正了解、甚至参与到孩子的兴趣和爱好中，对孩子在这些方面的成绩给予肯定和鼓励。在父母的支持、鼓励下，孩子的创造力、积极性会更好地得以发挥，自信心会更强。

第49招
因材施教，培养孩子多方面的才艺

艺术可以拓宽孩子的视野，增加孩子的见识，培养良好的情趣。有才华的孩子总是会令人印象深刻，并且能给人带来愉快的心情，古今中外都是如此。当这样的孩子走入社会后，一手清新的好字，可以给上司留下深刻的印象；一手漂亮的钢琴，让孩子多了一份灵气；甚至当孩子以后结婚成家后，一盘可口的家常菜，也比漂亮的妆容更令人惊喜和佩服。才艺不仅可以丰富孩子的生活，更有益于养成平和恬静的心境，让他们的内心世界和生活本身一样多姿多彩。

一个思想上站得更高的人，见地往往不同凡响，能赢得听众发自心底的赞叹。那么什么可以让人的灵魂站在更高的境界？答案就是艺术。

很多人认为艺术代表古典音乐、美术、雕塑、舞蹈等具体的学科，因而很多父母以为将孩子送到艺术学校，学一门才艺就算是跨进艺术的门槛了，这其实是对"艺术"一词的片面理解。我们没有必要去用学术的观点讨论艺术的定义，通俗地说，艺术是抒发、传递、调动思想情感的手段。培养孩子多方面的才艺，对于开发孩子的智力、陶冶情操、活跃生活都大有裨益，或许还能造就出一个非凡的超能"小天才"。

培养孩子的音乐兴趣有利于性格的良性发展

如果一个家庭有音乐环境，并不意味着这个家庭的孩子一定会成为音乐家，但如果这个家庭没有音乐环境，那几乎可以肯定地说，孩子不会成为音乐家。

父母要根据孩子的年龄特点和接受能力，来安排他的音乐活动，创设良好的音乐环境。父母应该根据孩子特别喜欢听童话故事的心理，有意放一些

第六章 不逼不迫，正确引导和开发孩子的天赋和潜能

配乐故事，在听配乐故事的同时，有意识地把他的注意力导向音乐，然后再有目的地找些与配乐故事里相似的音乐让孩子听。这些似曾相识的音乐能够引发孩子对故事的联想，易于让孩子接受。给孩子放一些童话音乐，如《龟兔赛跑》、《动物狂欢节》等作品，在听的过程中，同孩子一起编故事，这对提高孩子的音乐素质会产生一定效果。

还有，父母可以有选择地购买一些儿童歌曲CD，有时放给孩子听，有时和孩子一起唱。在教孩子唱歌时，父母要选内容好、有教育作用的，而且好听易唱的。孩子最好经常和父母一起唱歌，如在幼儿园经常唱一些小手、小脚、小猫、小兔、小山羊等内容的歌曲；到了小学一年级，要经常唱一些游戏性较强、有情节或培养孩子关心别人的歌曲，如《小鸭和小鸡》《大公鸡》《我的好妈妈》，还唱一些教育孩子要诚实、爱护树木、文明礼貌等品德的歌曲，如《让座》《好孩子要诚实》《小树苗》《对不起，没关系》等。这些歌曲不仅内容有积极教育意义，而且曲调好听，音域不宽，节奏不难，适合孩子唱。

【正面管教秘诀】

在唱的同时教孩子一些优美的表演动作，不仅有利于帮助孩子理解歌曲内容，而且能发展孩子的创造力和表现力。音乐对孩子的魅力是无穷的，不仅陶冶了孩子的情操，也丰富了孩子的课余文化生活。

培养孩子的画画兴趣有利于心灵的陶冶

父母对孩子的作品，应以赞美和欣赏为主，不要因为孩子画面比例失调，颜色搭配不当，或者线条不流畅就责备孩子，动不动就说孩子天生不是画画的料，不应该以学业为重来刺伤孩子的自尊，降低孩子的积极性。为人父母要懂得发现孩子身上的闪光点，增强孩子绘画时的自信心和自尊心，帮助孩子挖掘潜能，更好地成长、成才。

在引导孩子学习美术的时候，父母有非常重要的一项工作，就是对孩子完成的每一件作品进行评价和欣赏，激发孩子对绘画的兴趣和自信心。

孩子画完一幅画，或者做完一件手工制作之后，父母一定要和孩子一起

欣赏作品并提问,引导孩子对作品进行讲解,这样可以补充画面不完善、不连贯的内容,使作品充分反映主题思想;可以引申画面内容,锻炼和提高孩子的口语表达能力,使父母了解孩子对事物的认识程度和理解水平,了解孩子的兴趣爱好和愿望,为制订下一步的学习计划做好准备。

【正面管教秘诀】

绘画是否对所有孩子的心智培养都具有普遍作用?绘画仅仅是一门技艺,还是儿童早期教育的一部分?经过多年的争论和教育实验,这个问题已基本得到了答案,绘画的确是智力教育的一部分,特别是在孩子的早期教育中。而且,由于绘画几乎完全是由孩子自己完成的,因此也是一个快乐的自我教育的过程。

孩子喜欢但自己认为不好的课外书该不该没收

最近这些日子,航捷发现儿子常拿着书看得津津有味,连电视节目都放弃了。

航捷趁儿子睡觉时,把书偷偷拿过来看了看,发现内容荒诞、恐怖、怪异。

第二天,航捷明确告诉儿子,以后再也不许看这类书,更不许买这类书。儿子迟疑了一下,答应了,其实只是由"地上转为地下"了。有一次,还是不小心被航捷抓住了,于是航捷搜查儿子的房间,没收全部闲书,给儿子买来一摞课外书,这可愁坏了儿子。

青少年具有他们这个年龄特有的心理特点,喜欢新奇、刺激,渴望认识未知世界。一些畅销书之所以吸引孩子,正是因为它们抓住孩子们的这个特点。如果父母只是用简单、粗暴的方法制止,则会打击孩子渴望知识、热爱学习的积极性。

【正面管教秘诀】

其实,父母可以帮助孩子选择阅读有益学习的课外书,如科普读物、文化常识、名人传记等,这些书籍对丰富知识、陶冶情操都大有裨益。

第六章 不逼不迫，正确引导和开发孩子的天赋和潜能

第50招
别给孩子的特长进行功利性包装

一位父亲在女儿两岁时就让她学艺，每天都规定女儿必须做什么，不准做什么。如果女儿不听话，就狠狠地揍她。在这种环境里，女儿的确取得了不小的进步，不到10岁，就弹得一手好琴，擅长书法绘画。一次，女儿在绘画比赛中获得了一等奖。他非常高兴，得意地说：“我太幸福了，十年磨一剑，工夫终于没有白费。"

但是，当他看到女儿获奖的那一幅画时，惊呆了：在画上，有一只乖巧的小羊正在弹琴，在旁边站着一只龇牙咧嘴的大灰狼，在狼旁边标了这样一行字：“你得一直弹我爱听的曲子！不然，我就吃掉你！"他恍然大悟——乖巧的小羊，还有龇牙咧嘴的大灰狼——这是女儿在控诉我啊！

正确地引导和发展孩子的兴趣、爱好，是对的。但若不顾孩子的想法，不由分说地强制孩子学艺，剥夺他们爱玩爱自由的天性，往往会导致相反的后果。孩子学习才艺固然是好事，但父母切忌太功利，否则会扼杀孩子学习才艺的积极性。

父母要有这样的心态：不一定要求孩子在钢琴比赛上拿到大奖，但至少能够使孩子拥有欣赏音乐的趣味，能对音乐有自己独特的感受；不一定要孩子画出多么伟大的作品，但需在偶尔起兴的时候，可以画一张自己喜欢的素描，贴在墙上，赏心悦目；甚至不一定要孩子学精任何一样才艺项目，只需通过生活中的各种修炼和感悟，成为一个纯粹、高雅、有魅力的人，拥有面对世间一切人、一切事、一切境遇的智慧，能够活出自己的色彩和趣味就已足够。

不拿孩子的特长当自己炫耀的资本

晚饭后，菲菲妈朝屋里叫："菲菲，来给张阿姨和肖阿姨弹几首曲子

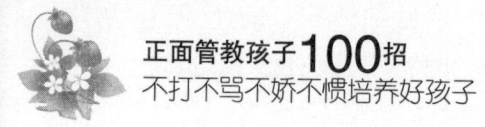

吧。"菲菲从房间里出来,和两位阿姨打了个招呼,然后走到妈妈身边小声说:"干吗一来人就要让我弹琴?拿我臭显摆呀!再说,我的作业还没做完,我能不能先不弹?"菲菲妈瞪了菲菲一眼,低声却坚决地说:"什么叫显摆?让你弹几首就弹几首,能耽误你多长时间?我们为你学琴花了多少工夫,怎么听你弹几首曲子就这么难,每次都这么不愿意。"

像故事中的一样,有些父母把孩子的特长拿来在同事、亲朋面前炫耀,并要求孩子无条件地配合,而从不顾及孩子是否愿意这样做。孩子会认为,父母让自己学这学那的目的,并非像他们说的那样单纯,而只是为了给自己争面子,把自己当作一种炫耀、显摆他们成绩、"战果"的资本,觉得自己的尊严被父母出卖了、利用了。为此,孩子会越发地抵触学习某种特长,并可能由此扩展到所有的学习科目上去,失去学习的兴趣和动力。

【正面管教秘诀】

淡化望子成龙、望女成凤的愿望,真正把学习的愿望、成就感还给孩子,而不是父母将孩子的荣耀作为显示自己成绩的资本。鼓励他表现自己,是为了让孩子有机会体会成功的喜悦,但不要强迫他。

不要将孩子的特长与升学挂钩

暑假里,明朗不满地说:"人家考完试都能去玩,就我不能。"爸爸说:"别老想着休息,你学长号是优势,得做到万无一失,才能比过别人上重点。知道吗?"明朗嘟囔着:"就知道升学、升学!我学长号是因为喜欢,又不是为了升学加分。早知道这样,我还不如不学。"爸爸训斥道:"喜欢不喜欢我不管,反正你得练,准备特长考试、准备考级,不能前功尽弃。"

孩子的特长学习应该是一种乐趣、爱好,给孩子带来美妙、喜悦的感觉。但父母在现实和功利心理的驱使下,用能否对升学有利、能否考过几级来衡量孩子的学习效果,使孩子对学习失去了乐趣,而成为一种实现父母意愿的工具。孩子会因此而逆反,甚至不再愿意学习。

【正面管教秘诀】

父母不要过于注重孩子特长学习的结果和可以带来的利益,只要孩子有兴趣，能从中得到快乐、享受艺术的熏陶就足够了。这样，父母和孩子都轻松，孩子的学习效果反而更好。

不要用孩子的兴趣特长追逐名利

唐飞自幼学习书法、绘画。他天资聪慧，加上老师的悉心指导，使唐飞取得了很好的成绩。从上小学起，就先后在区、市、全国，以及一些国际少儿书画大赛上获奖。随着获得的奖项越来越多，唐飞在当地的名气也越来越大。一些媒体记者要采访他，报纸、杂志希望发表他的作品，还有很多人通过各种关系想得到唐飞的作品。

爸爸妈妈觉得，很多找来的人都是经过朋友、熟人介绍的，碍于面子，也不好意思回绝人家。于是，总是代唐飞答应人家的请求，然后再回到家里做他的工作。

起初，唐飞沉浸在成功的喜悦和荣誉带来的赞美中，还兴趣盎然。但渐渐地，唐飞也开始厌烦了，不愿意再做这些事情了。

如果父母把名利、面子等因素看得很重，并因此让孩子像完成任务一样来做这些事情，就会使孩子觉得原来快乐的事变成了负担、愉悦变成了压力，而对它产生逆反，失去兴趣。

【正面管教秘诀】

孩子的世界比成人简单、纯净。无论是他习字、画画，还是比赛、获奖，就是一种爱好、兴趣，是出于对书画艺术的热爱、对习字、画画过程的享受，能够体会沉浸在其中的快乐、愉悦，而没有成人世界中对成绩、对荣誉甚至功利的重视，更没有人情世故和面子问题。

第51招
正确引导和开发孩子的天赋和潜能

"爸爸,我想去学击剑!""乖儿子,学钢琴吧,像郎朗一样多棒啊。"当孩子的自身特长展现在父母面前的时候,往往得不到父母的重视和培养,因为父母在培养孩子的过程中,最容易犯的一个错误就是把自己的思想强加在孩子们身上,或者是把自己没有实现的愿望寄予孩子来实现。这样不但容易扼杀孩子的自身优势,还会激发起孩子的逆反情绪。其实,父母应该做的是尊重孩子的特长,再给予正确的引导和培养。因势利导,才能取得最佳的效果。

英国的大教育家斯宾塞认为,错误并不在于孩子的兴趣,而在于父母能否进行正确的引导,引导他从中去获得新的知识、方法和对孩子有益的习惯。兴趣是学习的促进剂,可令人遗憾的是,现在虽然很多父母知道培养兴趣的重要性,却常常会指责孩子的一些在他们看来"没有用"的兴趣。他们企图按照既定的模式去设计孩子的未来,保留一些"有用"的兴趣,同时剔除一些"没用"的兴趣,这样的做法让孩子实在苦不堪言。

那些一心想让孩子实现自己愿望的现代父母们即使培养出了所谓精英,只怕因为孩子自己的兴趣被埋没也不会过得快乐了。

不拿以往的爱好和荣誉敲打孩子

见婷婷对又要参加奥数班的集训,又要考钢琴7级没有信心,妈妈有些生气地说:"你又不是就这个假期又要考级又要准备比赛,怎么以前能做到,现在就做不到?学校让你集训和比赛,是因为觉得你有这个能力,你要参加,还要像以前一样得奖。钢琴老师教的几个孩子,都是最优秀的,这次你不考,就落下了。"

第六章 不逼不迫，正确引导和开发孩子的天赋和潜能

有的父母就是这样，因为孩子获得了荣誉、成功，便对孩子提出更高的希望和要求。当孩子有一段时间成绩不够理想，或是感到疲劳而没有以前的那种干劲了，父母就把孩子以前的荣誉、成绩拿出来说事儿，以期孩子能够在此鞭策下一如既往地努力。

但荣誉和成绩只是过去的事情，如果父母总是把这些挂在嘴边，在孩子面前数来数去，有些孩子会沉浸在以往的成绩中，沾沾自喜、洋洋得意，反而影响了他的进步和继续努力；而对于有些孩子来讲，却会成为一种负担，因为怕没法超过现在的成绩而紧张、忧伤。

【正面管教秘诀】

有些父母一旦看到孩子在哪个方面取得成就，就认定孩子在这方面大有前途，就为孩子设定成长的方向。其实，孩子的获奖有时具有很多的偶然因素，过早地为孩子定型是不合适的。

对孩子盲目追星的行为怎样给予疏导

一位28岁的兰州女子16岁开始痴迷刘德华，常年不上学也不工作，朝思暮想就是要见刘德华。家人卖房举债，倾家荡产，两次让她去香港寻找刘德华。这个女孩的"执著"固然让人震惊，但是女孩父母的教育更让人深思。

大多数孩子的"追星"仅限于收藏几张他喜欢的"星"照贴在床头，听该"星"演唱的歌曲、收集CD，或偶尔花钱买票听该"星"的演唱会，搜集该"星"的一些生活资料……如果仅限于这些，做父母的不应横加干涉。孩子紧张学习之余，听听流行歌曲，让生活丰富多彩些，有利于健康成长。

但是，追星是一种非常情绪化的行为，容易理想化、浪漫化、绝对化，令人出现极端、冲动甚至疯狂的情绪和行为，危害身心健康，拖累家人。所以在肯定崇拜偶像有一定积极作用的同时，应该防止崇拜偶像走火入魔。

【正面管教秘诀】

父母要培养孩子多种兴趣爱好，比如运动、书画、音乐等。当从许多活

动中都能得到乐趣时,就不容易执著于某一种乐趣。而且当某种活动受到挫折的时候,还能从别的途径获得乐趣,从而保证心理状态不失去平衡。

如何正确引导和开发孩子的天赋和潜能

有的孩子,生来就很有天分,兴趣广泛,对很多领域中的知识都有着无穷无尽、无止无终的追求欲望。能拥有这样的孩子,做父母的自然是欣喜万分,但是,即使是天才,也需要引导,不能任其发展,否则长大后他们也就很难将注意力集中在某一个领域。

孩子兴趣广泛是天才的一个宝贵特征。它能够帮助天才孩子理解与应对多种多样的知识。出于某些实际的考虑,父母要谨慎对待这种现象。它很容易导致天才孩子们对许多感兴趣的活动蜻蜓点水、浅尝辄止。因此父母在对天才孩子的广泛兴趣持鼓励态度的同时,也要帮助他们专注于某一个或某两个能够成为他们终生事业的特定领域。

达到这一目的的最佳方式,就是鼓励孩子们能够长期保持感兴趣的早期活动和爱好,以便使它们能够成为孩子将来职业选择的基础。作为父母,如果发现孩子在某一特定学科很早表现出爱好的倾向,这种早期选择具有同样重要的价值。

【正面管教秘诀】

许多著名人士的职业,就是以儿童时期的兴趣为基础的。4岁的贝多芬,就已经完成了4部奏鸣曲;毕加索儿童时期就表现出绘画的天才,他的父亲放弃自己的事业促进儿子绘画的进一步发展;爱迪生7岁那年,他那难以满足的好奇心让教师大发雷霆。他的父母把他带离了学校,自己在家里辅导。他的好奇心得到极大的发展空间,最终成为世界最著名的发明家。

第六章 不逼不迫，正确引导和开发孩子的天赋和潜能

第52招
善待孩子的好奇心和想象力

要知道，飞机发明之前，人们一直认为人不可能飞上天空。孩子伟大的梦想和各种想象力总是由一个个小小的梦想和无数多的好奇愿望所组成的，而父母无情的打击，只会让他们的想象退步，变得不敢憧憬未来。

有梦想的孩子是很难得的，无论他是想成为一个政治家，还是想成为航天员，无论他的梦想多么幼稚可笑，做父母的一定不要扼杀孩子的梦想。我们要呵护孩子的梦想，善待孩子的好奇心和想象力，为他们的梦想护航，为他们的想法加油。

梦想和想象是藏在孩子心中最深切的渴望，是一种强烈的需求，它能激发孩子潜意识中所有的潜能。美国著名作家杜鲁门·卡波特说："梦是心灵的思想，是我们的秘密真情。"梦想和目标对孩子来说总有一种巨大的魔力，能够不断召唤着他们前进。因此，无论孩子的梦想怎样模糊，看似多么的不可思议，父母都不要嘲笑他们，将他们的想法打压下去。或许孩子的某个想法听上去很荒唐和莫名其妙，但是如果坚持不懈地走下去，梦想变成现实也是有可能的。

俗话说，心有多大，舞台就有多大。梦想决定着人生的成就，而在每个孩子的内心深处，都有一个属于自己的梦想。父母在教育孩子的时候，所要做的就是要鼓励孩子向着目标前进，而不是轻易打碎孩子的梦想。

给孩子一双想象的翅膀

1968年的一天，美国一位3岁女孩指着一个礼品盒上的"OPEN"对她妈妈说，她认识第一个字母"O"。这位妈妈非常吃惊，问她是怎么认识的。女孩说是幼儿园的老师教的。这位妈妈在表扬了女儿之后，一纸诉状把幼儿园

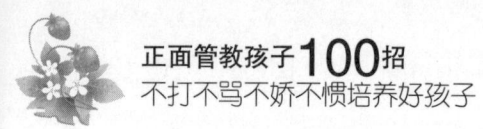

告上了法庭，理由是该幼儿园剥夺了孩子的想象力。因为她女儿在认识"O"之前，能把"O"说成是苹果、太阳、足球、鸟蛋等圆形的东西。但是，自从幼儿园教她认识了字母之后，孩子就失去了这种想象的能力。她要求幼儿园对此负责，并进行精神赔偿。结果幼儿园败诉。

父母是孩子的第一任老师。然而中国许多的父母望子成龙心切，过早地用成人的观点教育孩子，常常否认甚至耻笑孩子的想象力。

【正面管教秘诀】

父母应对孩子的想象力加以呵护和遵从，顺应以成全，牧养以引领。让孩子的心灵永远在宽阔的天空中自由翱翔，这是孩子的天性，也是梦想。为了民族的希望，为了孩子的明天，别剪掉孩子想象的翅膀。

不要忽视孩子的探索动机

3岁的童童对什么事情都十分好奇。一天她拿了一个玻璃杯子去问爸爸："杯子掉在地上会不会摔碎？"爸爸说："会的。"还没容爸爸解释，童童的手一松，"啪！"杯子掉在地上摔得粉碎。震惊之下童童的爸爸当时大声呵斥："都告诉你了，你怎么还成心把杯子摔碎？这孩子太不听话了，应该好好管教。"孩子也被爸爸的责怪吓坏了，但童童又若有所思地说："哦，它真的摔碎了。"原来她是想亲自试一试杯子能不能摔碎。

玲玲按照幼儿园老师的要求在家中的花盆里种了几颗黄豆。她天天浇水等待小苗出土。两三天后，她终于忍耐不住，用小棍扒开土取出豆子看看，再重新埋进土里。此后，她每天都要这样看看那几颗黄豆。妈妈轻声劝说："不要再扒拉豆子了，要把它扒拉死了。"玲玲天真地回答："我在观察呢。老师让天天观察的。豆子埋在土里，不扒拉出来，怎么能看见呢？"

孩子的探索欲是极其宝贵的，父母不要强行阻止，不要忽视他们的探索动机。

【正面管教秘诀】

孩子的思维方式确实与成年人有很大差异，出于好奇心他们不轻易相信别人说的，总要自己亲自试一试，总要自己做。如果父母不让孩子做，极

第六章 不逼不迫，正确引导和开发孩子的天赋和潜能

有可能泯灭孩子的好奇心，把探索的兴趣扼杀掉。所以父母应该学会换位思考，用孩子的思维方式考虑问题，了解他们为什么会这样做，给他们留下足够的探索空间。

不要扼杀孩子的好奇心

孩子的好奇心是他智力发展的动力。他会因为好奇，不断地接触新的事物而变得聪明，会因为敢于向新事物挑战而走向成熟。有的父母为了培养一个听话的孩子，而不惜扼杀他们的好奇心，束缚他们的手脚，结果是事倍功半，得不偿失。

请想一想，孩子如果对什么都不好奇，都无所谓，他还会需求什么呢？

佳佳今年5岁，他聪明伶俐，对任何事物都有强烈的好奇心。有一天，佳佳独自在客厅里玩耍，他的妈妈在厨房做饭。百无聊赖的他对一个精致的玩具汽车产生了兴趣，想拆开来看个究竟。可是，拆开以后，就再也装不上去了。

当妈妈看到被"肢解"的新玩具时，便十分生气地对佳佳说："你怎么这么顽皮。这可是爸爸送给你的生日礼物，刚买没几天，你就把它拆了，看爸爸怎么收拾你。"

【正面管教秘诀】

好奇是孩子的天性，是驱使孩子去认识世界、改造世界的动力，也是孩子成长的第一步，是值得父母珍惜的。孩子天生好动，难免会有一点危险，但如果父母仅仅为了孩子的安全，处处干涉、限制孩子的活动，这样做不仅禁锢了孩子智力的发展，而且也束缚了孩子个性的发展。父母应该注意保护孩子的好奇心，不可扼杀孩子的好奇心。

第53招
让孩子学会自己拿主意

不少父母都不自觉地认为孩子完完全全是属于自己的，没有意识到其实孩子也是一个独立的人。作家纪伯伦告诫父母："孩子来自你的身体，但是不属于你。你可以给他们爱，但不能塑造他们的思想……"父母对孩子过度的保护、过高的期望及管教，会扼杀孩子本来的天性。不经意间，我们的做法正是以爱的名义代替了孩子精神的独立。

父母不要一味地把自己的意志强加给孩子："这个味道不错，吃这个吧！""这个更可爱。""这件很适合你，买这件吧！"这样孩子会逐渐失去自己的主见。而应该将选择权交给孩子，比如"选哪个呢？""那个好吗？挑你自己喜欢的吧！"这样在餐厅点菜、买衣服、买鞋帽时，让孩子从小就有发言和选择的机会。

孩子年龄小，是非判断标准还很模糊，他们主要是按自己喜爱和厌恶的情绪来判断人物和事物的是与非。父母在生活中要耐心地正面诱导、纠正，使孩子通过成人对其行为、言语的评价，逐步认识到自己行为的是非，从而提高分辨是非的能力。

一个人不能没有自己的主见。没有主见和定力，就不是一个独立自主的人。从家教的角度上讲也是如此，如果孩子整天活在别人的阴影里，太在乎他人的看法，难免会陷入随波逐流的境地。失去"主心骨"的孩子很难培养独立的人格，将来又如何能在人群中独树一帜，如何在激烈的竞争中胜出呢？

特别要讲的一点是，要真正培养孩子的自主性，父母自身必须是一个很有"主心骨"的人。

第六章 不逼不迫，正确引导和开发孩子的天赋和潜能

给孩子自己作决定的机会

我国传统家教中十分注意培养孩子"听话"、"顺从"，却不注意倾听孩子的意见。小到生活上的事，大到孩子的发展方向，一概由父母决定，孩子缺少自己作决定的机会，这就不能培养他们的抉择能力。然而，自我抉择能力也是独立性很重要的一个方面。

我国著名的教育家陈鹤琴先生说过："凡是孩子自己能够想的，应当让他自己想。"遵循这样的原则教育孩子，就能培养其独立思考的能力。

我们有的父母很注意丰富孩子的知识，也常常耐心地回答他们提出的问题，但往往忽略培养他们独立思考问题的能力。例如，有的父母给孩子讲故事，一页页地讲，一本本地讲，孩子只是静静地听。其实，给孩子讲故事，父母也应适当提出问题让孩子自己参与，培养孩子独立思考问题的能力。

【正面管教秘诀】

心理断乳不是突变的过程，而是孩子对父母的关系从依赖到独立的较长的变化过程。21世纪社会变化更加剧烈，科技发展更加迅猛，因此，为了适应现代社会需要，就要培养孩子的独立性。

不要将自己的过往经验灌输给孩子

父母是孩子最早的教师，父母的言传身教对孩子的影响非常大。但很多父母在教育孩子时，往往只是直接灌输自己的过往经验，代替孩子回答问题，而不是启发孩子，让孩子在亲身实践中得出自己的答案。

孩子在日常的学习和生活当中会有许许多多的疑问。做父母的要意识到疑问是孩子求知的动力。犹太父母在孩子有了疑问的时候，先不忙着给孩子正确的答案，他们会因势利导，让孩子在疑问中探求事情的真相，借此启发孩子的探求欲望，这样，孩子的分析问题能力和解决问题能力将会得到加强。

每位父母都应该鼓励孩子勇于尝试，让孩子不断提升自我。

【正面管教秘诀】

孩子的成长过程也是认知的过程，大人的经验固然对孩子的成长有很大

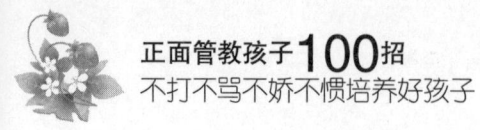

的帮助，但孩子的亲自尝试要比大人的教诲深刻得多。即使孩子在亲身体会的过程中犯错误，我们也要多包容。

控制太多会影响孩子主动思考

孩子的年龄小，在这个充满迷惑的世界里容易由于无知而受到伤害，因此在他们成长过程中需要与一些敏感的、有责任感的、了解他们的身心发展的成人在一起，才能机智地避开生活中遇到的灾难。

如果父母对孩子的控制太多，孩子将很难有机会发展独立性，他们会更多地依靠父母来告诉他们该做什么、如何做以及什么时候做、怎么做。我们在生活中常常会看到一些孩子不管做什么事，总是不能离开父母的眼神或指导，这样怎么能真正地敢于尝试、掌握做事的技能呢？

我们经常会遇见有些父母，一会儿让孩子干这个，一会儿指使孩子干那个。对孩子来说，玩什么、怎么玩似乎都被大人限制住了，孩子自身的主动性思考常常无从体现。因而父母在培养孩子做事能力之前最重要的是训练孩子学会自己独立的思考。父母怎样在做事中培养孩子的自主思考呢？下面的做法值得借鉴。

分享孩子做事的快乐。良好的情绪情感是促进孩子智能发展的重要因素。与孩子分享做事的快乐，能够使孩子经常处于正常的情绪中，并且增加他做事的热情和积极性。比如，孩子做成一件很小的事时，爸爸妈妈真诚地邀请孩子展示一下，或者和孩子一起重新体验一遍他做事的过程。这种情绪将极大丰富孩子做事的激情。

父母要学会平衡自己的权威和孩子自主之间的关系。比如，妈妈在洗衣服的时候，孩子也想凑凑热闹，在旁边转来转去，试图"浑水摸鱼"，这时妈妈不要怕麻烦或担心孩子弄湿衣服，可以拿一块小手巾给孩子，问孩子"手巾该怎么洗啊？"有意识地让孩子用行动或语言来展示一下，这样孩子就会细心观察、模仿学习、产生思考的兴趣。

多鼓励孩子的探究行为。孩子的探究行为是一种主动的适应性行为。由于孩子在很小的时候就表现出内在兴趣，随着孩子年龄的增长，用于探索的

第六章 不逼不迫，正确引导和开发孩子的天赋和潜能

时间逐渐延长，在这种情形下，父母千万不要急于让孩子做自己认为有用的活动。其实孩子此时正是处于发挥想象力、思维能力和创造力的时候。

【正面管教秘诀】

孩子在做事的过程中总是在无意识地深化自己对世界的认识，逐渐形成自己的一套经验和知识系统，并从中抽象出一定的规律和模式，进而增强自己的做事能力。所以，父母为了培养孩子学会做事，从锻炼孩子学会思考开始。

第54招
重视孩子的善问

在孩子的生活里到处都充满着好奇，孩子在这些千奇百怪的想象里成长着。他们总是爱问父母一些"为什么"，作为父母，应该重视孩子的善问。

下面两个问题，请父母仔细思考后再回答：平时带孩子出去时，有没有利用孩子的好奇心启发孩子去观察、发现新事物？当孩子的问题多了以后，有没有耐心地对待孩子的疑问？

如果父母的回答是肯定的，那么你可能是一个合格的父母，能够呵护孩子的好奇心。如果回答是否定的，那么父母最好对自己做一番反思。试想，你由起初的耐心回答，到渐渐地不耐烦、敷衍了事，甚至不理不睬，或者粗暴地制止……这样的态度对孩子将产生怎样的影响？孩子正在认识世界，渴望了解世界，而父母这样的态度无疑是对孩子积极性的打击，久而久之，提问总是得不到解决，他们就会慢慢丧失提问的欲望，也丧失了一个成长的最好时机。

只提要求而不给予指导是错误的

徐智的儿子上初一不久，徐智就发现了问题。儿子每天放学回来，做完作业、复习完功课，一会儿坐到电视机前看几眼，一会儿打开电脑玩几下游戏。徐智决定找儿子谈话："你现在的学习很轻松吗？你就不能学习完了，

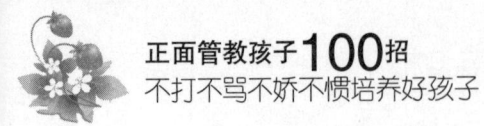

给自己再找点事儿做做？非得把工夫都用来闲逛？"可儿子说："您说我还能干什么？该做的功课我都做完了。"这回徐智再也忍不住了，对儿子严肃地说："你这样是在浪费时间！整天晃来晃去、无所事事，小小年纪老是觉得无聊、没劲，一点生活的目标都没有，以后怎么办？我不管你干什么，总之，不许再这样下去了。"但是他说完这些话之后，儿子依然如故。

如果孩子的功课已经做完，父母没有必要辅导了，这时候需要父母帮助孩子寻找新的目标和努力方向。否则，孩子会因为无所事事而感到有压力、困惑和不知所措，孩子每天也想很努力地提高自己，但却不知道该做什么、该怎样做。久而久之，会对学习兴趣、学习习惯的培养带来很不利的影响。

【正面管教秘诀】

父母不要只是抱怨孩子因为没有努力的目标而无所事事。其实，孩子的本性都是喜欢学习、喜欢有新的目标让自己去努力的，他们自己也常会为此感到困惑。所以，父母要做的是教会他们如何安排自己的生活，如何为自己制订努力的目标，使生活更加充实。

不能敷衍孩子的问题

当孩子总是提出各种各样的问题，或是让父母感到非常的幼稚、不屑，或是父母正在忙别的事情，或是因为父母也不知道确切的答案而难以招架时，父母常会感到不耐烦、没面子，而粗暴地制止孩子的提问。

孩子提出问题，是因为他对这些事物有着浓厚的兴趣。孩子的问题越多、提问的范围越广，越说明孩子善于观察、爱动脑筋，这应该是让父母高兴的事情。如果父母因为种种原因，制止或敷衍孩子提问题，会挫伤孩子的好奇心、探索精神和学习知识的兴趣。

父母因为回答不出孩子的问题而恼羞成怒，会让孩子觉得父母不讲道理，只顾面子而不肯承认自己的不足，是一种不诚实的表现，甚至从此不再信任父母。

【正面管教秘诀】

正确对待孩子的问题。即使孩子的问题很幼稚，或是根本不着边际，也

第六章 不逼不迫，正确引导和开发孩子的天赋和潜能

不要表现出不屑和嘲笑，要正面、认真地回答他的问题，不要敷衍了事，或是耐心地告诉他，他提的问题有哪些不合理的地方。

在孩子面前也应该不耻下问

有些父母为了维护自己的权威，即使有自己不懂的问题，也不会向孩子问。因为他觉得自己没有孩子懂得多，是一件很丢脸的事情。如果这样想，那你就错了。

现在的孩子，有时在某方面懂的东西比大人多，父母应有向孩子学习的意识。有些知识，父母可以直接以孩子为老师，既学到东西，又促进孩子。现在，有不少父母跟孩子学英语，这些孩子英语学得更好，比听写、默写还管用。有一位山村农民，没上过小学，跟上小学的儿子学数学，父亲不断进步，儿子也成了数学尖子。

有时，孩子讲出一条新消息，父母不妨认真地说："再多讲一点，让我也多知道一些。"

总而言之，父母爱动脑筋，多和孩子一起进行智商的交互活动，比天天训孩子"长进"要来得有效得多。

【正面管教秘诀】

家庭中遇到的问题，只要不是必须回避孩子的难题，可让孩子一起参与解决，让孩子知道有关情况，听听孩子的意见。在孩子参与处理这些事情的过程中，不但发展了智力，还提高了他的责任意识。

第55招
认真回答孩子的发问

相信每个父母都有这样的烦恼，那就是，孩子总是问个没完没了，有时给他们作出了解释，还要刨根问底，真是不厌其烦。为什么？怎么办？好不

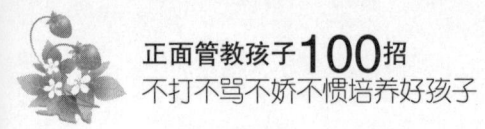

好？是什么？这些问题都会让父母们头大。如果被追问得烦了，就会对孩子不耐烦地说："自己看书去！""不知道！""问你妈妈（爸爸）去！"却不知，父母的态度会让原本爱问问题的孩子变得沉默。

孩子都是喜欢发问的，这意味着他们正在慢慢地认识世界，了解事物，孩子对所有的东西都有强烈的探索欲和求知欲，如果哪里不懂，他们首先习惯向大人们求取答案。而面对在大人们眼里觉得十分幼稚的问题，父母们当然会采取或者敷衍或者无视的态度。他们不知道，成人明白的问题，孩子可能还一无所知。

所以，父母需要认真回答孩子的每一个问题。这样不仅是在保护孩子的求知欲，也有助于对孩子的学习程度进行了解。父母还应该对孩子喜欢问问题表示惊喜和欣赏，因为善于发问锻炼了孩子的大脑思维，培养他们的创新能力。同时，通过认真地回答孩子的问题，孩子也会感到有所收获，从而增加他们学习和求知的热情。

不要忽视孩子的发问

孩子在成长的过程中，难免会对身边的事物产生各种各样的好奇。然而不是每个父母都有足够的耐心，来面对孩子们一个个天真无邪甚至带些许"无理取闹"的发问。

面对孩子的疑问，有些父母总以自己工作忙碌或身体疲倦为由，将其漠视。有些父母甚至还会直接拒绝孩子说："妈妈不是早就教过你，告诉过你了吗？你到底要问多少次才能明白？"殊不知这样的话语，已轻易地将孩子的智慧之苗折断，还会令自己在孩子心中的形象大打折扣，实在是得不偿失。

【正面管教秘诀】

面对孩子的发问，请不要以为那只是一种无理的纠缠。孩子的成长需要父母多方面的关注，不要让孩子失去任何一次获得知识的机会，调整自己的心态，与孩子共同成长。其实在孩子的一个个"为什么"中，都包含着他们对这个世界的认识的渴望。孩子的发问，可以说就是孩子智力不断成长、发展的表现之一。

第六章　不逼不迫，正确引导和开发孩子的天赋和潜能

鼓励好问的孩子

一个三四岁的孩子既让人喜爱，又让人讨厌。当他表现出那种不经过修饰的天真和童趣的时候，的确十分可爱，谁都会喜欢的。可是，当他缠着父母，不断地提问，天上、地下、太阳、月亮、星星、大树、狐狸……无所不问，甚至硬要父母回答他是从哪里来的。这时，父母便觉得他十分讨厌，于是就不耐烦地说："哪来那么多问题！"

诸如此类的提问，比如"天为什么是蓝的？""花儿为什么是红的？""我是从哪里来的？"等等，孩子们可能随时会向父母或老师提问。

面对孩子的十万个为什么，父母要给予鼓励，而不是阻止。

【正面管教秘诀】

父母不管有多忙，不管心情好不好，也不管能不能回答孩子的问题，都必须有一种正确的态度：不拒绝回答孩子的任何问题。只要孩子发问，就必须回答，如果回答不了，就如实地告诉孩子，并希望孩子通过学习自己来找答案。这样，就等于给孩子指定了一个目标，可以激发孩子的学习兴趣。

即便孩子的问题很幼稚也不要嘲笑

孩子爱提问题是求知欲的一种表现，但很多时候，孩子的问题在大人看来根本不是什么问题，因此他们会嘲笑孩子："傻孩子，这算是什么问题？"但为人父母者要认识到这一点：孩子的"问"表明了他在思考，如果能给予他巧妙的"答"，就会进一步激发他的求知欲望，点燃他智慧的火花。任何一项创新活动都是伴随着积极的思维活动，而思维总是从问题开始的。因此，父母不仅要鼓励孩子提问题，而且对孩子所提出的问题，要热情地、耐心地倾听。同时，对孩子提出的问题，不要急着给出答案，而要给双方留出思考的时间和空间，让孩子自己也认真地想一想。不到最后，不给出简明、易于理解的答案。如果父母能在回答孩子问题后顺着孩子的问题再提出一些新的有关的问题，就会更有利于孩子思维能力的发展。

孩子积极思考，主动提出问题，这对孩子思维的发展极其重要。或许有些父母会问，怎样才能让孩子想问、会问？你可以仿效以下做法：

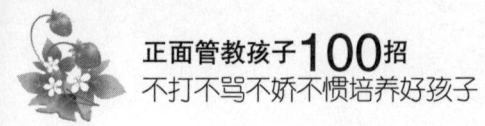

安排一个情境，以激发孩子想问的兴趣。

首先，让孩子感到好奇。如玩猜谜游戏，给一些暗示；故事说一半，让孩子好奇地想问结果等，然后引导孩子问得清楚，而且有礼貌地问。

其次，鼓励孩子积极思考，主动提出问题。在孩子的天性中，有一种求知的欲望，他们心中原本装着无数个"为什么"，想了解这个奇妙世界的本来面目。是成人不以为然的态度和习以为常的姿态，逐渐扼杀了孩子的这种求知冲动。因此，父母如果能够有意识地引导、保护好孩子的好奇心，鼓励孩子积极思考，对孩子的提问表现出自己的兴趣，与孩子一起思考，去寻找未知的答案，孩子提问题的欲望就会不断增强。

每个父母都要牢记：发问才能使人进步，要鼓励孩子多问问题，开发他们的思维能力，而不是嘲笑孩子的年幼无知。

【正面管教秘诀】

怀疑是学习的钥匙，它可以打开知识的大门，因此发问可以使人进步。

每个孩子天生都是一个发问家。对儿童而言，整个世界就是由一个个问号构成的。为人父母者要做的就是启发孩子敢于怀疑，敢于发问。

第56招
正面引导"破坏王型"的淘气包

父母们经常会遇到这样一些令人头疼的问题：孩子似乎特别具有破坏欲望，什么东西到了孩子手里，没一会儿就能把它大卸八块，弄得你哭笑不得。一些父母为了保护玩具，不许孩子任意摆弄玩具，更不许拆卸。殊不知，父母们这种做法是本末倒置的，只保护了玩具，却破坏了孩子的好奇心和探索精神。

创造精神一个明显特征就是孩子们总拥有极强的求知欲。对世界有了一个最初认知的孩子，对一切都充满了求知的欲望。一个孩子的母亲，因孩

第六章 不逼不迫，正确引导和开发孩子的天赋和潜能

子把她刚买回家的一块金表当新奇玩具给拆坏了，就狠狠地揍了他一顿，并把这件事告诉了老师。不料，这位老师幽默地说："恐怕一个中国的'爱迪生'被你枪毙了。"这个母亲不解其意，老师就分析说："孩子的这种行为是创造力的一种表现，你不该打他，要让他从小就有动手的机会。"这个老师就是著名的教育家叶圣陶。

孩子的生活里到处都充满着好奇，他们在这些千奇百怪的想象里成长着、破坏着。作为父母，应该注意保护好孩子的好奇心，不可扼杀孩子的"破坏欲"。

利用向孩子提问开发孩子的智力

父母是孩子的第一任老师，每一次教育活动都必须小心谨慎。父母在和孩子的相处中，很多时候需要进行交流，提问是交流的一个重要方式。有些父母很重视对于孩子的提问，但是在提问的时候却不知道该注意些什么。总体来说，以下两点是必须要注意的：

提问要有层次性。提问要由浅入深，使孩子系统掌握科学知识。如，在野外游玩的时候，父母要让孩子认识"奇妙的根"时，可以这样提问："这些植物的根在哪里呀？""它们是什么样子的呀？""每种植物的根是否是相同的呀？为什么？""根有什么作用？"通过提问的环环相扣，孩子就能对根的知识有较系统、全面的了解，同时也培养了孩子在日常生活中良好的观察与思考的习惯。

提问要有开放性。开放性提问，能使孩子没有拘束，较积极、大胆地探索，毫无保留地表达自己的看法。如"认识空气"，父母可以这样提问："哪里有空气？""空气有什么用处？"如"认识沙"，父母可以这样提问："沙是什么样子的？""用手捏沙有什么感觉？"等等。这些问题没有限定的答案，孩子有充分展开想象的空间，培养了孩子多元化的思维。

【正面管教秘诀】

七八岁孩子的注意力易转移、易激发，父母在提问的时候，要注意问题的趣味性，以激发孩子想知道更多知识的欲望。例如"鱼在睡觉的时候闭

眼睛吗？""人用鼻子呼吸，小鱼用什么呼吸？""小鸡有耳朵吗？""为什么骆驼能在沙漠里行走和生活呢？""企鹅为什么能在冰天雪地的南极生活？"一个个关于动物的问题深深地吸引着孩子，既满足了孩子的好奇心，又激起了孩子探索动物的求知欲。

教孩子在实践活动中学会变通思维

有些父母会一直按照自己认定的模式教育孩子，不会做任何改变，也不会教孩子进行变通，这样的结果只能是不理想的。

做父母的要让孩子懂得：既要努力让生活按自己的意愿发展，也要乐于接受已经发生的一切。因为变通就是这两者之间的一种平衡。父母如何对两者加以区分呢？可以认真想一想孩子的学习、同学关系和其他重要问题，冷静客观地考虑一下可以调整什么，最好接受什么以及必须改变什么。如果是和同学难以交流沟通，那就有针对性地给孩子讲一些人际沟通的技巧；如果是对自己的学习感到厌烦，那么仔细寻求原因，和孩子一起分析原因并找准解决办法可能就是明智之举。一旦决定改变，就要鼓励孩子按照决定采取行动，坚持下去。

【正面管教秘诀】

家庭的气氛、家庭成员之间的关系，在很大程度上会影响孩子的性格。研究表明，孩子在咿呀学语之前就能感觉到周围的情绪和氛围，尽管当时他还不能用语言来表达。可以想见，孩子整天生活在一个模式化的家庭里，又怎能灵活多变呢？

正视孩子的"破坏行为"

爱迪生小时候是个十分淘气的孩子。有一天，他对青草不会燃烧，而枯草却可以燃烧的问题感到怀疑，于是自己跑到仓库里，用火点燃了干草堆，试验一下，不料却酿成了火灾，把父亲囤积的草料付之一炬。

生活中孩子们的破坏行为也很多，拆、毁物品，屡见不鲜。

有的孩子把玩具汽车拆开，他想知道汽车里面是什么样的，是什么会使

第六章　不逼不迫，正确引导和开发孩子的天赋和潜能

汽车转动，如果把车轮拆下来，汽车会怎样？孩子的头脑中充满了新奇的念头，于是他会毫不犹豫地付诸行动，而成人就轻率地将孩子的这些违规行为定性为"破坏"。

【正面管教秘诀】

父母应设法了解孩子这些行为背后的真正原因，其实在大多数情况下，孩子的这种行为正是他好奇心的表现，是他真实的需求和动机。在肯定和鼓励孩子探索行为的基础上讲清道理，给他提供问题的答案，满足他的好奇心。如果条件允许，也可以多提供一些廉价、安全的玩具，让孩子尽情地探究和摆弄。

第57招
在亲子游戏中学习和成长

游戏是每个孩子都不可缺少的基本活动，作为父母，可以通过游戏来促进孩子各方面的成长，让孩子在游戏中学会交往与合作，并形成一定的角色意识，在一定程度上有助于提高他们的人际交往能力。

父母和孩子一起参加游戏，不仅可以引导孩子健康成长，同时在游戏互动中提高孩子的智商、情商以及团队意识，越玩越聪明。在做游戏中学习有益的知识和本领，是一种良好的家教方式。

几乎所有的男孩都喜欢玩打仗游戏，因为他们盼望自己是一个真正的男子汉。对于男孩的游戏，父母千万不要感到头疼，更不可以给孩子的游戏拆台，而是要在他们的游戏中赋予道德的内容，比如提示他们在地震中玩救人的游戏，或者扮演医生救助伤病员。这样男孩可以在游戏中感受到道德的力量，同时也树立了保护弱者的意识。而在女孩喜欢的游戏中，比如过家家、开店、装饰类游戏，父母可以灌输给她们温和、细心、耐心的美好品质。

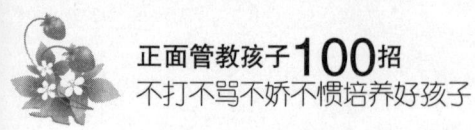

和孩子一起满足收集欲

在小明三四岁的时候，父母每天傍晚都会带他到附近的街心花园玩耍，花园里的落叶、草棍子、小石子、掉落的果实都是他的最爱，每一次他都会装满衣兜"满载而归"。为什么在大人眼里平淡无奇，甚至是"破烂"的东西，却是孩子心中的宝贝呢？其实孩子收集"破烂"的行为，表现出他对大自然中的事物充满了好奇。在孩子的眼里，普通的一颗小石子就是一粒闪光的宝石，一片干枯的树叶也是美丽无比的神奇树叶。但是现实中，很多父母却不能满足孩子的收集欲，反对孩子捡这些破烂的东西，轻率地将这些看来毫无价值的东西扔掉。

【正面管教秘诀】

如果父母不能满足孩子的收集欲，就有可能扼杀孩子的好奇心。因此何不因势利导，发挥这些"宝贝"的价值呢？和孩子一起制作收集册，将捡来的树叶、花朵等固定在册子上，还可以引导他去了解树叶、花朵的名称，比较其异同点。日积月累，孩子在无形中丰富和扩展了自然知识。他的好奇心和求知欲会越加旺盛，并促进其智力的发展。

不要认为与孩子做游戏是在浪费时间

专家们一致认为，孩子的主要活动是游戏而不是正规的学习，幼儿园、学前班就是如此，可是有些父母总是希望孩子早学知识、多学知识，认为做游戏是在浪费时间。

让天真烂漫的幼儿像成人那样学习是不行的，对孩子来说，幼时学习收效并不大，等于"强迫"孩子提前厌学。

父母应该明白，游戏本身就是学习，孩子在游戏中能够学到非常重要的东西。把游戏与学习对立起来，人为地把知识学习和游戏割裂开来，各自形成一个封闭的系统，让两者互相隔绝，一个极端是"傻学"，另一个极端是"傻玩"，结果自然是学得死板，玩得无味。

如果父母希望自己的孩子学得更好，学到更多的知识，增强各方面的能力，开发出更多的潜能，就应该制造好的氛围，让孩子在亲子游戏中学得更

第六章 不逼不迫，正确引导和开发孩子的天赋和潜能

好，学得更加生动活泼。

【正面管教秘诀】

孩子认识事物，一般都是以自己的体验作出判断的，在孩子的心目中，任何事物都跟自己的体验有很直接的联系。而父母要知道孩子的体验，就必须走进孩子的心，用孩子的眼睛去看世界。

玩游戏时不要刻意让孩子取胜

在玩耍的时候，为了不使孩子丧失积极性，通常大人们都会故意输给孩子，这是没有必要的，父母们应该遵守的一个重要规则就是不要苛求孩子。

4岁半到5岁左右的儿童，已经能足够熟练地去玩一些含有某些技巧策略性的游戏了。这时，父母应该意识到孩子也希望赢，但是在故意输掉游戏时要掌握技巧，不要让孩子察觉到，因为如果他们发现父母有意让他们取胜，那他将会比光明正大地输掉还要感到屈辱。

在玩游戏时，还要注意，不应该让孩子过早地接触高难度的游戏。拼图游戏有着同样的问题，由于游戏太难，孩子有时就会变得很恼火，并会愤怒地对自己说："这个我一定要会！"

【正面管教秘诀】

最好应该一段时间进行战略性游戏，一段时间进行休闲娱乐性游戏。在游戏中孩子就会有成就感，这时父母不应该在旁边不断地纠正孩子，而是要让孩子充分发挥自己的想象力。需要补充的是，在记忆类游戏中，如果父母一开始就竭尽全力，那孩子是没有任何机会获胜的。

第58招
在探索和实验中开发孩子的潜能

如今，父母和孩子一起进行DIY的实验活动成为亲子活动中比较流行的项

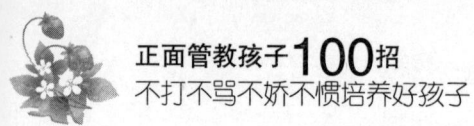

目。比如和孩子一起做十字绣、拼立体模具、制作手工陶艺等,不仅孩子在其中玩得开心,大人也仿佛回到了童年时代。每个孩子都是心灵手巧的,一双小手的小肌肉群灵活协调的发展,可以影响孩子许多方面能力的提升,能够充分开发孩子的潜能,利用实践活动培养孩子的大脑思维能力和动手创造能力,是非常有益的。

因为孩子的年纪小,或许做得还不尽如人意,因此有些父母就担心孩子被针扎伤了手,或者因为他们在墙上、地上作画而大发雷霆。然而,父母们只看到了事情消极的一面,却没有注意到其中孩子所展示出的才华,孩子的才华就像矿石一样,如果不被发现,就失去了闪亮的机会。为此,父母要给予孩子一定的创作空间,不妨多创造一些机会,让孩子尽情地施展自己的创造力和想象力。

注重培养孩子独立思考的能力

有些孩子为什么会在对别人的依赖中迷失自己呢?这是因为,依赖的产生同父母过分照顾或过分管教有关。

现在的孩子多为独生子女,父母常常过度保护,一切为子女代劳,他们给予子女的都是现成的东西,孩子头脑中没有问题、没有矛盾、没有解决问题的方法,自然时时处处依靠父母。对子女过度管教的父母一味否定孩子的思想,时间一长,孩子容易形成"父母对,自己错"的思维模式,走上社会也觉得"别人对,自己错"。

这两种教育方式都剥夺了孩子独立思考、独立行动、增长能力、增长经验的机会,妨碍了其独立性的发展。

依赖性格如果得不到及时纠正,发展下去有可能形成依赖型人格障碍。依赖性过强的孩子需要独立时,可能对正常的生活、学习都感到很吃力,内心缺乏安全感,时常感到恐惧、焦虑、担心,很容易产生焦虑和抑郁等情绪反应,影响身心健康。

【正面管教秘诀】

依赖心理主要表现为缺乏信心,放弃了对自己大脑的支配权;没有主

第六章 不逼不迫，正确引导和开发孩子的天赋和潜能

见，缺乏自信，总觉得自己能力不足，甘愿置身于从属地位。父母应引导孩子学会独立地思考问题，因为独立的人格要求有独立的思维能力。

珍视孩子的创新、探索和实验习惯

没有什么会比冒失地对孩子说一些像"为什么要做那件事"或"把那些脏兮兮的废品扔掉"那样的话更快地扼杀孩子的创造精神了。

父母应该把孩子所创作的艺术品放置于家中显著的地方，并夸奖他们的作品。培养出真正的创造力往往要伴随着许多次的失败。父母要不断地鼓励孩子在所扮演的角色中展示自我，允许孩子自由地表达他们的情感，允许孩子在做事情时有股冲劲。这一切都能为培养孩子的创造力创造出一个良好的外部环境。

如果把孩子管得过死，一点自由支配的时间和空间都没有，那孩子怎么能进行创造呢？所以，父母应该给孩子更多的时间和空间，让他们去"淘气"，去不"听话"，自由地去发挥想象力，去行动、去创造。

【正面管教秘诀】

在日常生活中，孩子们常碰到一些小困难、小问题，这时候，父母不要急于帮孩子解决，要尝试让孩子自己想想办法。比如皮球掉进水里，父母可以启发孩子想想用什么办法可以把球取上来，办法想得越多越好。

抓住孩子开发潜能的有利时机

有的父母对孩子的教育不是很用心，总认为孩子还小，教育是以后的事。

要知道婴幼儿具备着非同寻常的学习能力，这种能力比常人认为的要高得多，也要复杂得多。所以，婴幼儿时期的学习是非常重要的。

教育家们认为，婴儿有辨别父母面孔与声音的能力，而现代无论怎样高明的机器人却都不能达到这一点。机器人尽管会潜水，会下国际象棋，却无法认识一个人的脸。婴儿的这种模式记忆能力，既是原始的又是极为高级的智能，而不正确的早期教育却偏偏无视婴儿的这些卓越的能力，致使孩子极

为珍贵的能力白白浪费。

教育家们认识到每个儿童都是有潜能的，但在不同的教育条件下，儿童的潜能发挥程度是不一样的。资深的犹太教育学家约瑟伯约说：一棵树，如果按照它理想的状态生长到30米高，那么，我们可以说这棵树具有长到30米高的可能性。同样的道理，一个儿童，如果按照理想状态成长，能够长成一个100度能力的人，那么，我们就可以说这个儿童具备100度的潜在能力。

这种潜在的能力就是天才。因此，天才并不是我们常人所认为的那种只有少数人才具有的禀赋，而是潜藏于每个人的内心。

如果教育得法，就算生下来禀赋只有50度的一般孩子，他也会优于生下来禀赋为80度而得不到有效教育的孩子。

在现实生活中令人遗憾的是，很多孩子由于教育不得法，或者说教育的方法不得当，他们的这种潜力并没有得到充分发挥，这就是人们要问的"为何天才如此之少"的原因。

教育的目标就是要使儿童的潜在能力达到最高，并得以充分发挥。只要充分发挥出这种潜在的能力，他们就能做出不平凡的事情来，他们的一生也就将是最为充分的、辉煌的一生。

【正面管教秘诀】

儿童虽然具备潜在能力，但这种潜能是有着递减法则的。初生下来的婴儿具备的潜能是100度，如果作为父母不对孩子进行早期的教育、利用和开发，孩子长到5岁时才接受教育，即使是最为出色的教育，那也只能使孩子成为具备80度能力的人。而如果从10岁开始教育的话，即使教育再好，也只能达到60度的能力了。以此类推，孩子接受的教育越晚对孩子的开发价值就越低。

第七章

不骄不宠，让孩子内心变强大才无往而不胜

第59招
给孩子一个坚强的性格品质

如果想让孩子坚强,就千万不要把他看作是弱者。只有他自己能立定脚跟的时候,他的意志才会坚定。居里夫人就很注意培养孩子的坚强品质。在第一次世界大战期间,她把大女儿送到了战争的前线去救护伤员,并且告诉孩子,当外面炮声隆隆的时候千万不要躲到地窖中发抖。这种把孩子当成强者的态度会使他们成为真正的强者。

在成长过程中,孩子需要体验挫折的经历,父母应该鼓励孩子了解并发挥自己的特长,让他大胆尝试,享受成功。父母还可以找到更多的理由表扬孩子,让他认识到自己的优点和长处。这样,当孩子遇到挫折的时候,他就不会一蹶不振、轻易放弃。

当孩子遇到挫折的时候,父母要和孩子一起分析遇到的问题,教会他从不同的角度看待事物,帮助孩子塑造良好的心理素质。父母在教会孩子正确对待挫折的同时,还要让孩子做好心理准备。人生因为充满了挑战才精彩,能战胜自己的孩子就会得到更好的成长。

正确面对孩子的失败

妈妈这个周末没什么其他的事,于是就对鲁军说:"妈妈明天带你去公园玩,好吗?""真的吗?那我太高兴了,妈妈你可不要又骗我啊。"鲁军兴奋地说道。但是等到第二天,天竟然下起了大雨,鲁军很焦急,趴在窗户上看了一会儿,问妈妈:"妈妈,这雨会停吗?"

妈妈知道如果鲁军去不成公园,一定会非常地失望,于是就说:"再等等看吧,也许会停的。"哪知这雨一下起来就收不住,快到中午了,鲁军知道今天去不成了,开始闷闷不乐起来,妈妈也很为他难过,走过来,抱着他

第七章 不娇不宠，让孩子内心变强大才无往而不胜

说："乖乖，别生气，妈妈下次再带你去公园玩，好吗？""不嘛，我就要今天去，等到下次你又有事了。"鲁军终于哭了出来，妈妈只好说："妈妈晚上给你弄你最喜欢吃的菜，别哭了，啊？"

【正面管教秘诀】

案例中鲁军妈妈并没有正确地处理问题，只是一味地同情孩子。孩子对失败和挫折的承受力是不高的，需要妈妈正确的引导。鲁军的妈妈应该让孩子明白下雨是一个不能改变的客观事实，孩子接受这个事实也就能够经受住这种小小的挫折，告诉他只要有时间，是可以随时去公园玩的。

培养孩子的抗压抗挫能力

在这个充满竞争、快速发展的社会里，我们每一个人包括我们的孩子，都会遇到压力。从根本上讲，压力就是身体的损耗与能量的发作。如果处理得好，它能让人的头脑保持清醒敏捷，保持体内循环系统正常运转。但是，当压力变为苦恼之时，人的身体健康及行为表现就开始出现问题了。孩子们压力较大时，其行为症状时常表现为退缩、沉默寡言，或者异常的挑衅行为；身体方面的反应则可能会包括腹泻、发痒、皮肤病，饮食习惯出现变化，或者时常做噩梦等。此外，有的研究还表明，在孩子成长过程中长期承受的紧张压力，与他成年以后患上的高血压、心脏病，以及癌症等疾病息息相关。

【正面管教秘诀】

孩子承受的压力可能来自于许多方面，如在竞赛中来自于竞赛对手的压力；父母对孩子过度的期望而对孩子产生的压力，如果我们了解到这些，就可以直接应对存在的问题。要是我们不能确定压力产生的原因，那就应该设法化解孩子的压力，消除其紧张感。

培养孩子的环境适应力

幼儿园新生入园不适应的孩子，其父母多是忧心忡忡的。有的是孩子在墙里哭，父母在墙外哭，父母的分离焦虑甚至比孩子还要重，这无异于火上

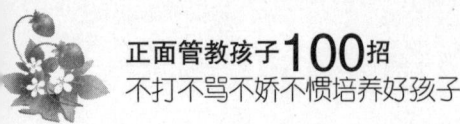

浇油。因为亲人之间会有比较强的心灵感应，父母的情绪情感会直接感染孩子，父母的痛苦必然弱化孩子对新环境的适应力，而父母的洒脱与平和，则会安抚孩子的心灵，缓解孩子的焦虑。事实说明，父母的积极态度，有利于帮助孩子克服困难，适应环境。

无数事实说明，孩子的适应能力与家庭教育方式有密切关系。适应能力强的，多是接受积极的教育，例如注重培养独立性，注重培养开朗活泼的性格，放开手让孩子去"经风雨、见世面"等。而适应能力差的，多是接受消极的教育，例如过度保护，过度照顾，过于娇惯，封闭式养育等。孩子从小接受积极的教育，身心必然向强的方向发展，适应的潜能就自然而然地发展了起来。而从小接受消极的教育，犹如温室里培养的花朵，适应的潜能没接受过激发，自然就萎缩了。可见，培养适应能力的关键是实施积极的家庭教育，而改变消极的家庭教育。

【正面管教秘诀】

培养孩子的适应能力很有必要，不仅仅是为了顺利入园，这无论是对于孩子当前的发展，还是日后的发展，都是很有意义的。孩子必须由"自然人"成长为"社会人"，因此，孩子不可能永远窝在家里，总是要走出家门，走向社会，总是要接触新的环境和新的人。那么，所具有的适应能力就是关键了。

第60招
让孩子在竞争中学会乐观和忍耐

忧患和安逸是两种生活方式，一个可以培育信念，另一个只能播种平庸。身为教育孩子长大成人的父母，必须让孩子知道，在成长的道路上，不可能是一帆风顺的，成功往往是与艰难困苦、坎坷挫折相伴而来的。

如今的孩子生活过于安逸，普遍缺乏经受磨炼的机会，因此，他们很难

第七章 不娇不宠，让孩子内心变强大才无往而不胜

学会忍受挫折和失败带来的负面情感，这对他们的成长是极其不利的。父母要让孩子知道，他们面临的是一个处处充满竞争的社会，"物竞天择，适者生存"，"优胜劣汰"，将是普遍现象，未经锻炼的翅膀难以搏击人生的风雨，难以在未来的竞争中取胜。父母要认识到，要想让孩子在竞争中立于不败之地，必须对孩子进行挫折教育，让他们从小接受艰难困苦的磨炼，教会他们敢于面对挫折，不怕失败，以培养他们坚忍不拔的意志和毅力。通过在逆境中千锤百炼成长起来的孩子才能更具生存竞争力，这也是父母应为孩子尽到的义务和责任。

如何鼓励孩子正当的竞争

让孩子学会竞争，培养孩子的竞争意识和竞争能力成为当前家庭教育的重要内容。很多父母也知道让孩子早日明白竞争的意义，了解竞争的重要性是非常必要的。于是他们通过各种措施鼓励孩子参与竞争，鼓励是好事，但是，如果盲目地鼓励孩子竞争，却没有让孩子了解到竞争的意义，恐怕这种鼓励非但不会起到推进作用，还会导致孩子为了得到鼓励而恶性竞争。

浩浩的父母深知现在社会上的竞争日益激烈，于是为了不让自己的儿子在竞争中被淘汰，从小就运用各种方法鼓励浩浩竞争。而浩浩也很争气，没有辜负父母的期望。从小学到初中，每次考试成绩均在班上名列榜首。正当浩浩的父母自以为实施的鼓励措施发挥功效时，没想到在儿子中考前夕却传来了不幸的消息。浩浩的班主任宣读期中考试成绩，意想不到的是，浩浩这次考了个第二名，一向位居榜首的他怎么也不能接受这个现实，一气之下，他拔出随身携带的小水果刀，刺伤了超过他的那个同学的胳膊，扬长而去。

故事中的孩子其不良竞争的行为是令人心痛的。

【正面管教秘诀】

父母要教育孩子认识到，竞争应该有利于社会，有利于集体和他人，而不是不择手段地战胜对方，同学之间的竞争应该有利于促进相互督促，相互学习，以竞争促进大家追求更高的目标和共同进步。父母要鼓励孩子在优良的作风及精神道德方面与同学竞争，要运用正当的竞争手段，不能做出伤害

同学的事情。

培养孩子乐观的精神

中国孩子的思维方法往往是遇事先想困难，少想益处。在家教中，应鼓励孩子先考虑问题的有利方面。但最主要的是，要让孩子知道快乐的源泉在哪里。诗人亚历山大·蒲柏把快乐称作是"我们生存的终极和目标"。这一点，必须在家教中得到最完整、最彻底的贯彻，把快乐既作为家教的手段，又作为家教的目的，应当教给孩子的是：真正的快乐是人生的意义之所在。

如果要使孩子获得快乐，首先做父母的必须培养孩子乐观的性格。这就是：孩子主观上能处于一种安乐的状态，即心理平衡而满足的内在感受。具有乐观性格的孩子会喜爱自己、热爱生活，能够从每一天当中得到乐趣。脑科学的研究表明，快乐的能力似乎受到生物和遗传的影响。大脑额前皮层产生的电波活动越强，人就可能越快乐。

【正面管教秘诀】

即便是天性乐观的人也不可能事事称心如意，也不可能"永远快乐"。父母最好在孩子很小时就着意培养他们应付困境、逆境的能力。要是孩子一时还无法摆脱困境，还可以教育孩子学会忍耐，或在逆境降临之时寻求另外的解决办法，如参加运动、游戏、谈天等。

当孩子跌倒，让他学会自己爬起来

孩子跌倒以后，中国的父母多半会赶快跑过去扶起孩子，给孩子拍着身上的灰，安慰孩子不要哭；有的把小孩扶起来后不再让他自己走，而是背着或抱着走；有的朝着绊倒孩子的地出气，说"这地真坏，看妈妈怎么打它"，以此来安抚孩子……

如此的教育方法使得中国的孩子脆弱、独立性差、过分依赖父母。

西方"挫折教育"的重要内容就是培养孩子对受挫的恢复力。乐观的孩子不是没有痛苦，而是能很快从痛苦中解脱，重新振奋。父母应以此为鉴，应认真培养孩子在"黑暗中看到光明"的自信心和技巧，并告诉孩子，当跌倒时，要学会自己爬起来。

此外，西方专家一致认为，父母对生活的态度很大程度上影响孩子的认识。患得患失、斤斤计较、悲悲戚戚的父母常常会培养出有同样缺点的孩子。

【正面管教秘诀】

父母应首先排除对挫折的害怕心理，不要老是担心孩子会不会出事，不要限制孩子在学校的活动量。要敢于让孩子面对形形色色的挫折，并鼓励孩子有意识地在挫折中磨炼自己，珍惜自己每一个微小的进步，拥有自信心，提高其心理耐挫力。

第61招
陪孩子一起在风雨中历练

教育专家认为，现在的男孩在教育上出现了一些问题，很重要的一点就是男孩从幼儿园到小学、中学，遇到的老师大部分都是女老师。女老师喜欢听话的男孩，不太喜欢那种调皮捣蛋的男孩。而男孩的教育恰恰需要的就是宽松，不可以用很僵化的要求去管理。"男孩子要有抱负、有信念、更需要粗狂和豪迈。"

有一位老师深切地体会到，现在的男孩和过去相比，男子气概弱了很多，没有表现出男子应该有的个性。"现在的男孩很柔弱，缺乏责任心和担当，遇到了不顺心的事情就生气。"有些男孩说话的时候扭扭捏捏，生气就跺脚。

而女孩身上也有同样的问题，她们常常被比喻为温室里的花朵，性格柔弱，表现为娇气爱哭、经不起挫折、胆小怕事等。因为，无论是男孩还是女孩，父母都可以有必要锻炼他们的意志和培养坚强的品质。父母陪孩子一起经受风雨的历练，才能让幼苗长成为参天大树。

对孩子进行"苦难教育"是必要的

有一位大富翁在教育孩子方面,很注意从小事上来培养孩子自立自强的能力。孩子大学毕业后,他拒绝为孩子提供就业机会,而要他们凭自己的本事去"闯天下",这看似冷酷无情,却使自己的孩子增加了人生阅历,并在社会实践中得到了锻炼。进而为之后的人生之路和处理纷繁复杂的商务活动积累了许多书本上难以学到的宝贵经验,最终使他们成为了出类拔萃的人才。

然而,在生活中,大多数的父母却不是这样,都是恨不得把孩子的一生的路都给他铺好,而且要铺得一帆风顺。但世事总是变化无常,你能保证你的孩子就一定按着你设计好的轨迹前行吗?所以,做父母的,最重要的不是给孩子铺路,而是告诉孩子怎么走路,以及怎么战胜前进中的苦难。

【正面管教秘诀】

目前学校里,有像"吃苦夏令营"等训练活动,目的是让孩子去体验生存的艰难。这些活动紧密结合孩子的日常生活,比如孩子迷路、生病、丢失东西,甚至品尝一些生活中的忧愁或者父母事业上的坎坷,让孩子懂得人生的路是坎坷的,学习和生活上出现挫折是正常的,帮助孩子认真对待和克服这些困难,从中受到锻炼。

不要总是替孩子解决问题

现在的父母的确对孩子有着无微不至的照顾,而且有时候这样的照顾似乎太过度了,对有关孩子生活上各方面的问题,父母凡事都要参与处理。于是父母从早忙到晚,不得休息片刻,更不用谈拥有属于自己的空间和时间。

一个记忆不好的孩子背后通常有着一位记忆太好的爸爸或妈妈,而一个不太爱干净的孩子背后常有一位爱清洁的父亲或母亲。每当孩子房间乱了,就有父母收拾残局;孩子功课不好,会有父母来操心;孩子有了困难,常是父母出面想办法解决。父母如此无微不至的"服务",让孩子不必为他自己的行为负责任,长久下来,自然在无形中让孩子养成了一些不良习惯和行为。

不要怕孩子做不好,要教孩子运用个人的创造力,即使在相同的情境之下也尽量寻求不同的鼓励方法。当孩子带着令人沮丧、气馁的问题来找父母

第七章 不娇不宠，让孩子内心变强大才无往而不胜

帮忙时，想一想，并问自己用什么方法才能对孩子产生鼓励作用。

【正面管教秘诀】

父母应牢记，孩子获得任何行为改变或达成任何目标都并非一蹴而就的事，而是需要花费时间才能达成的。因此，父母肯定孩子所投注的努力与进步的价值，将能帮助他们增加自信。

不要过分担心孩子不能承受失败的打击

在生活中，由于孩子缺乏认识能力、抵御能力和自我调节能力，他们遭受失败后，往往心里痛苦不安、后悔、自卑等。父母常忍不住为孩子的错误和失败担心、着急，害怕孩子下次再犯错、再失败。

父母在给孩子施加"不许失败"的压力时，孩子的心理负担会更重，情绪也会一直处于紧张状态，不但不能够从失败的状态中走出来，甚至可能更糟。其实孩子失败了，却获得了"痛苦的体验"，将来就知道如何去避免，同时也有了挑战困难的契机。孩子从失败走向成功的过程，就是一个锻炼自身、慢慢成熟的过程，良好的心理素质和解决问题的能力会在这个过程中培养出来。

【正面管教秘诀】

孩子将来面临的是市场经济社会，是一个处处充满竞争的社会。

"物竞天择"、"适者生存"、"优胜劣汰"将是普遍现象，竞争会使孩子们面临极为严峻的考验。社会竞争不是一般能力的较量，自己的孩子没有吃苦的精神和能力，是不会在激烈的竞争中获胜的。

第62招
让男孩女孩勇敢起来

一位父亲分享了他的成功经验：一直以来我的工作都很忙，晚上回到家之后，孩子都已经睡了，所以我和孩子基本上没有接触的时间。一次偶然的

机会,我发现儿子胆小,并且对刀枪之类的玩具一点也不感兴趣。

我意识到了问题的严重性,也很自责没有抽出时间来陪他。从那之后,我就有意识地每天抽出一点时间来陪他。只要是下班早的时候,我就会从学校把孩子接回来一起回家,在路上,我会告诉他男孩有着意想不到的力量,将来可以开汽车、开飞机,还可以坐火箭……周末的时候,我还会带上他去爬山、去运动场,孩子终于慢慢地了解了自己的力量,变得勇敢起来。

而对于女孩胆量的培养,父亲的角色同样起着至关重要的作用。女孩小的时候都是妈妈的"小跟屁虫",总是格外地依恋妈妈,好像对爸爸并不感兴趣。但是当女孩到了上学的年龄之后,就不再像之前那样依恋妈妈了,而是渴望与父亲在一起。因为随着年龄的增长,女孩的眼界也在逐渐开阔,她们的注意力开始从自身的世界里转移出来,开始更加关注父亲,到父亲的世界里去探索未知的新鲜事物。所以,要想培养女孩勇敢的胆识,可以由爸爸来亲自示范,通过一些游戏活动,如户外旅行,慢慢地让女孩变得勇敢。

对孩子的挫折教育要管放适度,收放自如

一个美国儿童心理专家说:"有十分幸福童年的人,常有不幸的成年。"很少遭受挫折的孩子,长大后往往会很不适应激烈竞争和复杂多变的社会。

近年来,一些父母教育子女的态度和方式超过了一定的"度"。孩子确实需要管教,但是过分严格的管教会使得孩子的心理扭曲,特别是粗暴的教育会造成两种不良后果:一种是使孩子形成懦弱、胆怯、退缩的人格特征;另一种是使孩子变得粗暴和残忍。这两种结果都是大家不愿意看到的。因此,孩子的成长最好还是顺其自然,让他们的生活少一些压力,多一些轻松和快乐。

作为父母,我们对孩子的教育应当管放适度,做到严格和自由并存,同时要让孩子能够理解,把约束当成一种爱护,不断提高孩子的挫折容忍力,而不是增加其负担。

父母要重视对孩子进行挫折教育。教育孩子以一种积极的心态去面对困

第七章 不娇不宠，让孩子内心变强大才无往而不胜

难、面对挫折。

正确的人生观和积极心态不是天生的，也不是一蹴而就的，而是需要父母在点点滴滴的日常小事中锻炼、培养孩子的过程中形成的。

为孩子营造一个健康的成长环境，父母应该经常对自身的行为加以反思，加强对孩子的心理辅导，鼓励孩子要正确认识问题，勇敢面对挫折和困难，来为孩子营造一个健康、愉悦的环境。

【正面管教秘诀】

现如今，孩子受到过多关心、过多教育、过多激励和过分溺爱……这种过度教育的倾向，压制了孩子的好奇心与探索的欲望，限制了孩子自由活动的余地，也阻碍了培养孩子战胜困难、艰苦奋斗的能力，甚至会影响孩子的性格发展。而只有管放适度，收放自如，才有助于孩子良好性格的养成。

可以培养孩子适度的冒险习惯

现在的孩子多是独生子女，是长辈"疼"着长大的，平常过惯了"衣来伸手，饭来张口"的生活，自立精神普遍不足，心理素质也不如父辈，有些小孩十几岁了还不敢独自睡，怕黑、怕打雷、怕闪电，遇到困难习惯于求援，不肯下工夫去设法解决；而家庭也普遍注重的是培养孩子的智力因素，只要有益于提高孩子的文化素质和艺术素质，非常舍得投资，说到什么营养品有益于改善智力，价钱再高也舍得买，总以为就这么一个孩子，为他们成长，下再大本钱也值得。父母们偏偏忽视了孩子冒险习惯的培养，总是怕孩子不安全，有时候学校组织"踏青"，父母也要陪伴着前行；学校要组织学生爬山，有的父母借口孩子身体不舒服，干脆请假。

缺乏冒险意识的孩子，长大了很可能性格消极、依赖性强、意志薄弱、责任感差，"温室长大的花朵经不起风雨"，孩子很可能因为意志薄弱输在起跑线上。

【正面管教秘诀】

冒险行为就像性格特点一样，常常会持续到青少年时期，但是，随着孩子一次一次地承受他们危险行动的后果，他们最终会从错误中学会谨慎。

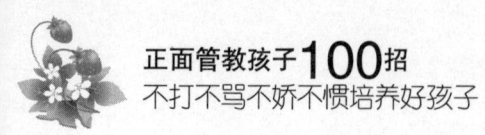

不要动不动就说孩子是"胆小鬼"

做父母的都希望自己的孩子具备勇敢的品质,但有些孩子胆子却很小。比如有些孩子,父母不在身边时就会感到害怕,有的孩子怕黑,有的孩子怕"鬼怪",等等。长期下来,这些都会影响到孩子的个性发展,使他们缺乏独立性,甚至会导致某些心理疾病的发生。有些父母往往会在这种情况下训斥孩子,说孩子是"胆小鬼",甚至给以处罚,这些做法都是极不明智的,会对孩子的自尊心造成极大伤害。既改变不了孩子的胆小状况,还可能使孩子的惧怕心理更加严重。

培养勇敢的孩子,就不要整天把"胆小鬼"三个字挂在嘴上,而是应该做好下面的事情:

注重父母的榜样力量。孩子特别爱模仿父母的言行,因而,父母的榜样作用对孩子影响极大,父母应该以自己无所畏惧的形象来影响孩子。此外,父母还应该坦率地承认自己也曾害怕过某些东西,但现在已经不再害怕它们了。这样,孩子就会明白,他并不是世界上唯一害怕这些事物的人。让孩子从父母的身上知道,这些事物并不那么可怕,是可以被征服的,恐惧的心理便会得到克服。

按照孩子的方式消除他们的惧怕心理。孩子们从小就从童话故事和小人书里知道了鬼怪的故事,因而他们惧怕鬼怪。但是这时给他们讲唯物论是没用的。最有效的办法是对孩子说他是勇敢的孩子,当他在屋里时鬼怪是不敢跑进来的,或者说鬼怪怕好孩子等。这样,孩子便很容易接受你的话,并消除惧怕心理。

了解孩子真正害怕的事。有些时候,孩子们往往言行不一地掩盖他们真正所害怕的事情。比如一些孩子每当父母要外出时总是哭闹不止,不让父母出去,实际上他们是怕一个人待在屋子里。因此,要细心观察孩子的日常言行,了解他真正害怕的事情,然后对症下药加以解决。

要培养出勇敢的孩子,父母们就要从自身做起,并经常与孩子进行沟通,了解他们的真实想法,有意识地锻炼他们的独立性。坚持下去,父母就

第七章 不娇不宠，让孩子内心变强大才无往而不胜

会发现自己的孩子正渐渐成为一名勇士！

【正面管教秘诀】

一位儿童心理学家说过："儿童产生惧怕心理的原因与成年人一样，关键的问题是成年人懂得如何去应付恐惧，而孩子们却还不知道如何应付。"因此，父母应细心观察，找出孩子产生恐惧的原因，并帮助他们消除恐惧，从而培养孩子的自信心和勇敢的品质。

第八章

不纵不惯,帮助孩子打造良好和谐的人际关系

第63招
教孩子一点人际交往的本领

著名的教育家马卡连柯认为："独生子女没有兄弟姐妹，因而也就没有相互体贴照顾的经历，没有互爱互助、相互模仿、共同努力和共同分享的经验，这不利于发展儿童的集体主义意识，而会导致个人主义的蔓延。"

现在的孩子大多数都是独生子女，在家庭当中都是"三千宠爱在一身"，往往缺乏与其他小朋友交往的经验，这非常不利于他们成为具有良好社会属性的人。尤其是女孩，她们原本就很注重与人交往的这种成功体验，如果在交往方面出现挫折，那会使女孩感到格外沮丧甚至是失落。

对此，父母可以把孩子身边的这些小伙伴看作是一种资源，帮助孩子学会交往。有一位幼儿园的老师组织小朋友玩"猜猜我是谁"的游戏，通过游戏，孩子们不仅记住了同伴的姓名，记住了同伴都有哪些显著的特征，还和同伴建立了亲密的关系，逐渐消除了对家人的依赖。

如何教育孩子与同龄人交往

现在的孩子交朋友的范围很窄，只限于学校、幼儿园中，回到家只能一个人玩或与父母玩。这样孩子不仅太孤单了，而且眼界、思维都太窄了。独生子女家庭中的孩子较少与同龄的孩子交流，总在大人身后跟进跟出，无法自处，时时要大人做伴，也往往使得大人疲劳，孩子也不开心，更因为大人的处处迁就，使得孩子眼里只有自己。

【正面管教秘诀】

父母要鼓励孩子要多与同龄孩子往来，虽然刚开始同伴之间无法顺利交流，总为了争宠、抢玩具而吵闹大哭，但千万别因此放弃了给孩子上人际关系课的机会。因为只要坚持一段时间，孩子之间便会理出相处之道，同时也

第八章 不纵不惯，帮助孩子打造良好和谐的人际关系

培养了相互之间忍耐、谦让、懂得欣赏别人的道德情操，孩子才会健康快乐地成长。

培养孩子正确的择友观念

两个十一二岁的中学生，个个背着书包，面带焦急之色，其中一个嘴里不可思议地含着一支烟，边走边对旁边的同学说："快点，晚了就没地方了。""怎么还要吸烟？"另一个学生疑惑地问。"那家网吧，你不叼着烟人家老板不让进。"原来这两个学生是想去网吧，而网吧要求未成年人不能入内，所以那个学生就学着大人的模样，抽起烟来，而另外一个学生由于交友不慎，也沾染了这种不良行为。

当下，不少父母忙着做生意、忙着工作，疏忽了孩子在交际方面的管教，造成了孩子管理的严重缺失，使孩子容易交往一些对成长无益的坏朋友。

【正面管教秘诀】

父母应学习"孟母三迁"的教育方式和手段，对孩子严格管理，尤其是要管理好孩子的择友观念。"近朱者赤，近墨者黑。"孩子现在基本上是父母的唯一，教育好孩子是我们做父母应该做到的，稍有不慎，可能悔之晚矣！特别是在教育孩子选择朋友方面要慎之又慎。

了解孩子的交往心理需求

一位中学生在日记中这样写道：

我是一个生在河边的小女孩，有一个幸福美满的家庭，爸爸妈妈都很疼爱我，随着年龄的增长，我越来越渴望有一些互相理解、能倾心相谈的朋友。爸爸妈妈虽然爱我，但毕竟不能代替知心的朋友。

我原来有个好朋友，我们无话不谈，但是不久前她转学走了。我常常感到孤独、寂寞，有一种说不出的惆怅。我多渴望有个知己来倾听我的心声啊！虽然同学都和我合得来，但他们仅仅把我当作一般的朋友，没有深交的意思。我深感天下觅一知己难，心里真不是滋味。我太渴望得到友谊了。

【正面管教秘诀】

孩子的健康成长，离不开健全的家庭氛围，孤独是人类不健康的情绪情感体验，战胜孤独是孩子顺利成长的前提。所以，父母务必要帮助性格孤僻的孩子改变性格，创造良好的家庭氛围，鼓励孩子与人交往，尤其是同龄人，鼓励孩子投身到社会群体生活中去。

第64招
帮助孩子提高交际能力

我们遇到过那种人见人爱的孩子，也见过惹人生气的孩子。有的孩子在你还没有开口之前，就已经领会了你的用意，这样的孩子被认为是冰雪聪明的；有的孩子比较被动，有问才有答，虽然有点羞怯，也不乏令人怜爱的气质；但是，有的孩子就完全不能或者不愿意配合他人，封闭在自己的世界中，处处提防着别人，充满攻击性。很多人将这样的区别归结为天性，但事实上，这反映的是孩子的一种能力，即人际交往能力。

父母在儿童早期成长的过程中所进行的精心培养，将促进孩子在人际交往方面有良好的发展，为孩子将来走向社会、进行工作和学习打下坚实的基础。父母在培养孩子与人相处的能力方面，发挥的影响尤为重大。

孩子从一出生，父母就与他有亲密的接触，孩子最初的触摸记忆和声音记忆都来自父母，父母是与孩子的身体和心灵靠得最近的人。等孩子长大以后，其他的孩子是否接纳他，关键在于他怎样去接纳别人、适应社会，而这种接纳他人的能力就是从模仿父母开始的。

孩子在与人相处的时候是否心态自如，也与他和父母相处的心态有很大关系。能够与父母随时进行有效的沟通、交流感情的孩子，会在表达和感情上比较明确、稳定，这是决定他能否与他人自如交流的关键。

第八章 不纵不惯,帮助孩子打造良好和谐的人际关系

不要过度限制孩子的自由交往

大多数独生子女身边围绕的是一群大人,他们交往的圈子里只有为他们服务的父母及其他亲人。有些父母虽然开始让孩子进入团体生活,如上幼儿园,却往往有意无意地为自己的孩子选择朋友,过度地限制孩子的自由交往。当然,这些父母用心大多良苦,比如,他们担心自己的孩子被别的孩子欺负等。

广东惠阳市惠阳区的一位女孩说:"我的父母很怪,他们对我的朋友总是特别敏感。如果我想和女同学交朋友,需要经过他们的'资格审查'。学习不好的不能交,讲话太多的不能交,打扮太漂亮的不能交,眼神太灵活的不能交。如果我想和男生交朋友,干脆免谈。你瞧,在这种高压政策下,我还能有朋友吗?一次历史考试结束后,在回家的路上,我和班上的两位男生同路,谁知吃晚饭的时候妈妈却问我:'和你同路的那两个戴眼镜的人是谁?你在左边,他们两个在右边?'我真受不了妈妈这种询问的态度,但我没有别的办法,因为在他们眼里,我已经是个心里有秘密的半大不小的人了。"

由此可见,父母过多地干涉交友的自由,是大多数孩子所难以接受的。

【正面管教秘诀】

父母是应该帮助孩子的,当孩子在交友期间,受到冷遇排斥时,父母应该及时发现,给予关心,并且从实际出发,解除孩子心理上的怀疑等,让孩子勇敢地结识小伙伴,孩子也只有在通过自己独立结交朋友的过程中,才能增长才智!

如何培养孩子的交际能力

小红是个很乖的小女孩,由于她的父母都在国外工作,小红从小就跟外婆住在一块。外婆孤身一人,对小红自然是倍加爱护。当小红有时跟其他的小朋友在一块玩的时候,外婆总是把她叫回去,怕小红被别人欺负,怕她跟别的小孩在一起学坏,平时也很少带小红出去,怕到外面去遇到什么危险。小红也很听话,外婆不让她出去她也就很安静地待在家里,外婆总是说小红好乖。但最近,外婆却开始烦恼了,她发现小红虽然是在家里,可她总是一

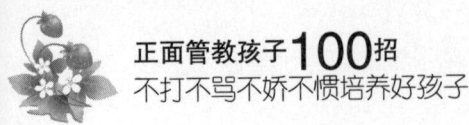

个人坐在某个角落,也不说话,就这么安静地坐着。小红该上幼儿园了,可小红却哭着不愿去,外婆好不容易把她送到幼儿园里去了,她也是一个人坐在一边,不跟别的小孩玩,老师叫她,她也不大答理。为此,外婆说了小红好多次,可她还是老样子,外婆也不知是怎么回事。

【正面管教秘诀】

故事中的小红就是出现了"儿童孤独症"的一些症状。作为父母,千万不要把你的孩子关在家里这么一个小小的笼子里,孩子需要伙伴,需要别人和他们一块玩,让他们和小朋友在一起自由地玩耍吧,不要怕这怕那,即使有什么误会,也会成为孩子长大后美好的回忆。

给孩子提供与伙伴交往的机会

孩子需要有机会与个性不同的朋友交往,以弥补自己的不足。例如,孤僻的孩子需要较开朗的朋友;过分受到保护的孩子需要自主性较强的玩伴;胆怯的孩子需要和较勇敢或富于冒险精神的孩子在一起;幼稚的孩子能从与比较成熟的玩伴们的交往中得到益处;爱幻想的孩子需要更平凡实际一些的孩子的影响;霸道的孩子可以由性格温和的玩伴来矫正。但是有的父母"保护"过度,不给孩子提供与任何伙伴交往的机会。

要知道,现在,许多家庭都是独生子女家庭,孩子们没有兄弟姐妹,他们需要与伙伴们的交往,需要有自己的朋友。

因此,父母要根据自己孩子的具体情况建议孩子和不同个性的朋友在一起相处,并鼓励他们之间建立相互友好和帮助的关系。

【正面管教秘诀】

友谊需要建立在共同兴趣的基础上。如果你的孩子朋友不多,那么就努力培养他们的广泛兴趣。这样,孩子在参加共同活动中可以逐步建立友谊。

第八章 不纵不惯,帮助孩子打造良好和谐的人际关系

第65招
让孩子在交友中学会和睦相处

著名作家周德东曾叙述过关于女儿避开"小霸王"的一个故事:

昨天,周美兮放学时告诉妈妈说,学校里有一个"小霸王"男孩,9岁,也许是脑子有些问题,总会无缘无故地打人,出手很重,大家都惧怕他。每个被他揪住的女孩子,都会吓得大叫。美兮一直在刻意躲避他。可是,昨天在操场,美兮还是被他一把揪住了辫子!

美兮说,妈妈你知道吗,我没哭也没叫,我笑着跟他说:"我们是朋友。"我慢慢地说,重复了三遍。然后他就放开手了,我还跟他笑着聊了几句。等他离开后,我们班的女孩子都冲我翘大拇指,说:"美兮你真棒!"

聪明的美兮重复"我们是朋友"这样简单的三句话,将一个本不友好的小伙伴变成了自己的好朋友,最终暴力男孩松开了手。试想,即使是一个很凶狠的人,也断然不肯欺负自己最好的朋友。

很多父母害怕自己的孩子与别的小朋友相处不友好,或者在学校里被欺负,便在日常生活中培养孩子的强硬性格。其实比这种方法更有效的是鼓励孩子结交更多的朋友。因为甚至是性情相差甚远的两个孩子,也可以成为亲密无间的好朋友。

在同学和伙伴面前给孩子个面子

有些父母自己很爱面子,但是却总是不给孩子留面子,例如,当着同学、朋友的面命令、教训自己的孩子。这样的做法既使孩子的自尊心受到伤害,也影响了同学之间的友谊。

父母不给孩子留面子,会使孩子失去朋友、同学的信任和友谊。缺乏正常社会交往的孩子,性格上往往有缺陷,在以后的与人沟通、团队合作中常

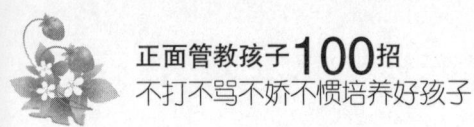

会遇到障碍，影响孩子的学习和生活。

孩子们聚会时，父母不要"不合时宜"地询问学习成绩、考试排名之类的问题，这样不仅不尊重自己的孩子，也会影响其他孩子的情绪。

【正面管教秘诀】

父母如果真的想了解孩子同学的情况，可以适当问一些"你们喜欢哪个歌星"、"你最近都看了哪些有趣的书"之类的问题。

孩子之间的矛盾让他们自己去解决

孩子们一起玩耍时，难免会产生分歧，出现一些矛盾和摩擦，这是很平常的事。做父母的有时会因为看到或是怕自己的孩子吃亏，而介入孩子们的矛盾或冲突，充当调停者，希望通过这样的方式解决孩子的问题。这样，反而会使问题复杂化。

孩子们正是在这种交往、合作、争议、摩擦中，学会与人相处、与人交流、与人合作的。孩子之间的摩擦、分歧，有时并不一定能够明确地说出谁对谁错，孩子们也并不真的把它放在心里，一会儿的工夫就可以找到双方都认可的解决办法，又玩到一起了。如果这时父母表现出大惊小怪的样子，并插手其中，其不稳定的情绪反而会使事情复杂化。

【正面管教秘诀】

在遇到孩子之间发生摩擦时，不要急于介入、阻止，更不要去判断谁对谁错。父母可以在一旁注意观察，只要事情没有发展到尖锐、激化的程度，并对孩子的安全造成危害的，就不必去干预。

做父母的，如果因为孩子与同伴之间有冲突，就将孩子与同伴隔离，那真是太糟糕了。最好的办法不是"别跟他玩了"，而是"一起玩"：教给孩子一个巧妙的解决人际冲突的办法，让孩子开动脑筋，想一个"一起玩"的游戏，这不但将化干戈为玉帛，还会使你的孩子赢得同伴的赞赏，甚至成为同伴中的"小领袖"。

第八章　不纵不惯，帮助孩子打造良好和谐的人际关系

让孩子与动物交朋友

娟娟是一个内向的孩子，一天，妈妈的同事送来了一只小花猫，娟娟可开心了，每天只要一放学回家，娟娟就逗小猫玩，连找小朋友玩的兴趣都没有了。妈妈怕这样下去对娟娟不好，几次跟娟娟商量将小猫送走，可娟娟死活不答应。一天，趁娟娟上幼儿园，妈妈悄悄地将小猫送人了。娟娟回家不见了小猫，号啕大哭起来，妈妈不解地说："一只小猫至于让你哭成这样吗？大不了，妈妈再给你弄一只来，不就得了！"

娟娟妈妈可能不理解娟娟为什么要这样不依不饶，在成人眼里，宠物不过就是一只小动物，但对孩子而言，小动物可能是他的朋友甚至是亲人。特别是对于那些不善与人交往的孩子而言，小动物给他提供的是一种温暖，是一个可以交流的对象，娟娟对小猫的丧失痛哭不已，说明她对它的深厚感情，也可看出小猫给她带来了许多快乐和安慰。

【正面管教秘诀】

侍弄小动物固然不容易，但孩子和小动物交朋友，却可以让孩子在各方面受益。对于寂寞而不善交流的娟娟来说，妈妈不应把小猫送人，而应将它留在娟娟身边，让娟娟与动物友好相处。

第66招
告诉孩子，分享是一种美德

分享是一种力量，在选择给予别人的同时，自己本身也能收获到心灵上的慰藉和温暖，更何况善行的背后，往往是源源不断的资源自发地朝自己聚拢。

让孩子学会分享，说来容易，做起来难。如果孩子还小，父母可以以身作则来示范分享，多和邻居往来，多和孩子讲讲自己的故事，在生活中把分享演绎得自然而然。

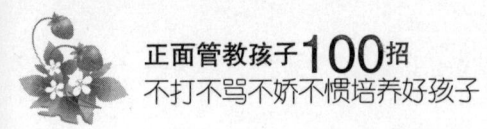

孩子都喜欢玩玩具，作为父母可以鼓励孩子把自己最心爱的玩具拿到学校与别的小朋友一同分享，让他们通过玩玩具来沟通感情。孩子首先享用自己的玩具，而后就会玩别人的玩具，在这样的过程中，会逐渐学会与同伴分享，学会相互谦让。

当孩子乐于与他人分享的时候，他的快乐就变成了双倍的快乐，从而也就体会到了交友中真正的乐趣。作为父母，在鼓励孩子"乐于与人分享"时，既要培养孩子大度宽容的品格，也要培养孩子体贴他人、自信、豪爽的性格；同时，还应该增加孩子与他人交往的机会，使孩子认识到，人与人之间通过分享，可以获得更多快乐。

在日常生活中，父母关心别人、帮助别人，自然会给孩子潜移默化的影响。父母要做与人分享的模范，经常主动地关心和帮助别人。做了好吃的点心分给邻居尝尝，毫不吝惜地借给别人需用的物品等，都会为培养孩子的分享意识起表率作用。

培养孩子的分享意识

假若父母凡事都自私自利，斤斤计较，那么孩子就不可能大方，与人友好相处，更谈不上进行有关的合作活动了。因此，父母有必要让孩子表现出一定程度的慷慨大方，体会到分享的快乐。这里面有些父母值得注意的原则和技巧问题，比如，要让自己的孩子和别的孩子分享他所喜爱的玩具，切忌对他进行强迫，也无须向他讲一些空洞的大道理。

不妨这样跟他说："你玩一会儿，让他玩一会儿，你们俩都高兴，不是很好吗？"适当地引导孩子，多给他鼓励，他就会感到分享对他不是一种剥夺，而是一种增添更新更多的乐趣的机会。

当孩子较小时，父母不妨就对孩子进行这方面的"分享训练"。当孩子手中拿着画册时，父母可拿着一个玩具，然后温柔地、慢慢地递给他玩具，并从其手中取走画册。这样通过反复训练，孩子便学会了互惠与信任。

【正面管教秘诀】

父母要创造机会让他和别的小朋友一起玩，假日里带孩子到亲友家去串

第八章 不纵不惯，帮助孩子打造良好和谐的人际关系

门，请有小孩的同事、朋友带孩子到家里来做客，让孩子把自己的玩具、图书拿出来与小伙伴分享。

好吃的东西学会与伙伴一起分享

丽丽今年7岁，极其自私，只要她认为是好的东西，谁都不许碰，特别是好吃的，绝对是独享。之所以会这样，就是因为从小父母太过娇惯，把好吃的好玩的都给她的缘故。

每个家庭应该有这样一条规矩：有好吃的东西，大家都应该分享；即使是单给孩子的东西，也要教育他能给父母分享一点。父母在这时不要推辞或假装吃，否则时间长了，孩子会觉得，只有他自己应该吃，"给父母"不过是装样子；一旦父母真的吃了，他就会立即"哇"的一声大哭起来，这样的事在生活中太多了。这正暴露了孩子的自私心理，也暴露了家庭中不良习惯所带给他的影响。

【正面管教秘诀】

父母一方面应该要求自己不自私，以正面形象影响教育孩子；另一方面，要从小事做起，去逐渐引导孩子克服利己主义心理；家里还应养成良好的习惯，使孩子从小就觉得应该先人后己，形成无私大度的品格。

教孩子懂得尊重他人

在生活中，有些父母对孩子说话总是用命令的语气，要求孩子服从父母的意志或是任意指使孩子干这干那，从不考虑孩子的意愿或是征求孩子的意见。

人际交往能力是孩子综合能力中重要的一项，是需要从小培养的。如果父母在与孩子的交往中，总是命令、要求孩子服从，而从来不与孩子商量、不尊重孩子的意愿，那么孩子很可能会用同样的方法对待其他人。如对别人指手画脚，要求他人按照他的想法行事；不懂得与他人沟通协商，总是以自我为中心等。这样，往往形成与同学之间的冲突和矛盾，影响同学之间的合作和友谊，使孩子在同学和伙伴中十分孤立，没有好朋友。因为孩子已经习

惯了这种处世方法，并不能意识到自己的问题，还会反过来迁怒于别人。

【正面管教秘诀】

父母首先要学会以商量的态度对待孩子，遇事与孩子讨论、分析，共同决定解决问题的方式方法，才能让孩子学会以商量的态度对待他人。

第67招
教育孩子交往适度而不是限制其交友

在孩子的各类朋友中，有的是同性朋友，有的是异性朋友。当孩子与同性朋友在一起学习、游戏时，父母往往比较放心；而一旦发现孩子和某个异性朋友单独往来，就会视为早恋。其实，在孩子们的世界里，无论是同性还是异性朋友，彼此的友谊都是纯洁的。有时，孩子跟异性朋友在一起，也许只是为了帮助自己的学习，或者在某方面需要异性朋友的帮助。

面对孩子交友，父母可以告诉孩子把握好交友的度，而不是严格地限制他们交往的权利。在学校里，有的老师还会将男女同学安排为同桌，做实验活动时会将男女同学分配在一组，目的是促进同学之间的协调配合，加强合作能力，在学习上还能起到互相督促的作用。

在做游戏时，有时我们也会发现，男孩只和男孩玩，女孩也只找女孩玩。其实，要塑造孩子良好的性格，从小培养孩子的交际能力，就要鼓励孩子去结交异性朋友，这样有利于孩子融入集体，在小朋友们中间更合群。

另外，父母不要为了怕别的孩子将自己的孩子带坏，而禁止孩子交友。把孩子锁在家里，不允许别的孩子到家中做客等，这种做法是不对的。开放式的教育方法才能培养出身心健康的孩子，这样的孩子无论跟什么性格的孩子在一起都能玩到一起去，相处会更和睦。

第八章　不纵不惯，帮助孩子打造良好和谐的人际关系

不能把孩子的活动范围限制在家里

有些父母从安全、怕麻烦、怕孩子在一起会发生冲突等原因出发，禁止孩子与同伴之间一起游戏、活动，把孩子的活动范围限制在自己家里或与父母在一起。

其实，孩子的成长需要同伴之间的交往，需要从与同伴之间的矛盾、冲突中学会互相理解、沟通，学会讲规则、秩序，学会关爱他人和与他人合作。对于孩子而言，社交能力正是通过与同伴的玩耍、游戏建立的，过度限制孩子的交往，会对他们今后的人际交往造成不良影响，甚至会引起孤僻、自卑倾向或自闭症。

亲子之间的关系，孩子与孩子之间的友谊关系，是社会交往中完全不同的关系。如果把孩子的游戏空间限制在自己的家中，限制在与父母共同活动中，而不为他创造更多的社交锻炼空间，会使孩子对人与人之间关系的认识产生扭曲。

【正面管教秘诀】

父母应认识到孩子与同伴之间的交往，对孩子性格培养、能力发展的重要性，应通过各种渠道促进孩子与他人的交往，尤其是对于性格内向、有些孤僻的孩子而言，与同伴的交往更加重要。

正确对待孩子与异性同伴的交往

当孩子与异性伙伴交友时，很多父母往往会存在以下误解。

误解一：孩子的主要任务是读书，与异性交往是长大以后的事。其实，成长包括很多方面。读书求知主要涉及智力发展，只是成长的一个方面。学会与人交往，包括与异性交往，是个人成长不可或缺的内容，因此，它也是学生学习的任务之一，是一门意义重大的功课。这门课不在升学考试的科目之列，却会伴随人的一生。如果真的等到离开学校走上社会以后才开始学习与异性交往，很可能就会因为缺乏锻炼而成为这方面的"困难户"。

误解二：孩子还不成熟、不懂事，不具备与异性交往的条件。人的心理成熟不可能靠坐等得到，与异性交往的技能也只能在实践中去摸索、去提

高。事实上,一个没有学会与异性交往的人很难说是一个成熟的人。在一定程度上,学习与异性交往是孩子走向成熟的一个重要途径。

误解三:与异性交往会分散精力,影响学习。研究发现,一个与异性交往很成功的人,往往情绪饱满、精力充沛,学习和工作的效率都很高。因此,与异性交往本身并不会对孩子造成负面影响,相反可能还有积极作用。

误解四:与异性交往很容易发展为早恋,使中学生犯错误。心理学的研究表明,异性交往的动机多种多样,在很多时候并不是为了谈恋爱。即使是一对一的男女约会,也不能与恋爱画等号。虽然青少年还不成熟、容易冲动,但是,他们都有自我保护意识和自制能力,在恋爱问题上一般会相当慎重。

误解五:如何处理异性关系不需要别人指导,到时自然就会。对涉世不深的青少年来说,与异性交往是一个全新的领地,有很多的疑问和困惑。资料表明,即使是在社会风气十分开放的美国,都有相当一部分大中学生把与异性交往当作一个难题。在观念相对保守,而且对青少年异性交往充满偏见的中国,不难想象青少年在这个方面的问题和困难更多。据一些心理咨询专家反映,我国青少年来电来信所寻求帮助的问题中,与异性交往有关的占了相当大的比例。

【正面管教秘诀】

现在的独生子女,生活条件好,性成熟提前,早恋现象在中学已很普遍,父母适当地过问孩子与异性的交往也是无可厚非的。但父母同时应该明白,处于青春发育期的孩子,渴望与别人交流心里的感受,渴望别人的关注、认同,他们渴望友谊就像植物渴盼阳光一样,他们不但喜欢同性别、同年龄、同志趣的朋友,更渴望结交异性朋友。

孩子只喜欢同性小朋友不能视为不正常

瑶瑶今年15岁,是一个初三的学生,和同伴娜娜很要好,最近娜娜的妈妈在自家窗户外,发现两个女孩子在搂搂抱抱,气得娜娜的妈妈把娜娜叫进屋就是一顿暴打,还说了一些比较重的话。

第八章 不纵不惯,帮助孩子打造良好和谐的人际关系

心理学研究表明,青春萌动前期的少男少女渴望友谊,同时,他们又正处于对异性的排斥阶段。在学校里,异性学生之间不能大大方方交往,出现明显的男女生分界。在与同性朋友交往中,有些女孩子渴望结识年龄稍长的,能保护、了解和爱护自己的"姐姐",有些男孩子则愿意和见多识广的人交往,特别崇拜有创造性、有独立见解、事业有成的"哥哥"。开始时是效仿,进而发展成为爱慕和依恋。这种情结的发展在两性疏远期是十分自然的。因为在这一阶段,异性之间的交往和亲近最容易受到同学们的注视和非议,而同性间的接近和亲热,则显得自然和安全,这种同性的友谊也容易带有爱慕色彩,进而出现依恋情结。这种青春期同性依恋毕竟与同性恋有区别,我们绝不能把学校里的男女同性间比较要好或亲密的现象一概视为不正常。

有同性依恋倾向的青少年,绝大多数很快会成长到两性爱慕期。同时,同性依恋并不等于同性恋,两者是两个截然不同的概念。

尽管如此,对少年时期这类同性依恋现象切不可掉以轻心。因为同性之间过分地依恋,容易丧失自己的独立性和完整的人格,产生社会交往的不适应感,将自己囿于狭小的人际交往圈中。

为防止这种情况的发生,父母可在温馨亲切的气氛中,采取循循善诱的方法,鼓励孩子多交朋友,有意识地介绍几个志趣相投的男女同龄人给孩子,让他们共同学习、娱乐、交往,以逐渐减少与特定的同性之间的依恋感。

【正面管教秘诀】

父母应告诉孩子:同学之间关系亲密很正常,不过即使两个同学之间没有问题,也要考虑到自己的行为能否被周围环境认可。同性间的交往,还是顺其自然为好,这样,周围的人也才会感到自然。同时,要注意以独立的心态、独立的人格来进行活动与交往,不要对对方言听计从,要让孩子学会保持自我,摆脱对朋友的依赖心理。

第68招
巧妙地帮助孩子化解友谊中的冲突

孩子间的友谊冲突大多数是因为自己的渴望没有得到满足而造成的。孩子毕竟不如大人理性，有时会不知如何表达出他想要的一个东西，如果这个东西得不到，他们就会直接采取行动，比如有的孩子会与别的小朋友发生争抢、打斗。这并不能说明孩子就一定有暴力倾向。作为父母，可以给孩子提供一个替代攻击的方法，告诉孩子：如果下一次遇到同样的情况，不可以打小朋友，而是去跟他说"让我玩玩你的玩具"。

有位妈妈亲眼看到自己的孩子打了别的小朋友，之后，就过去先问一下这个小朋友痛不痛，再对自己的孩子说："你打了这位小朋友，他的胳膊现在很疼。如果有别人打你，把你的胳膊打疼了，你会不会难受呢？"孩子低下头不说话了。接下来，这个妈妈又问："今天你打了这个小朋友，他感到疼，他的妈妈知道了也会很心疼，对吗？"通过母亲这样的引导，孩子最终认识到自己的行为是不妥的。

有的时候，孩子暴力的原因就是为了得到自己想要的玩具。父母可以平静地对孩子讲道理："我知道你想要那个玩具，但是我们不应该打人，对吗？"不需要讲太长的道理，孩子都可以接受。

培养孩子适应社会的能力很重要

现在的孩子大多为独生子，从小开始，什么好吃的、好玩的全部是他的，所以，相对比较自私，比较自我，这样个性的孩子将来走上社会肯定是不适应的。然而，有些父母不能很好地认识到这个问题，一味顺从孩子，满足孩子的各种要求。

现代社会在要求人们进行激烈竞争的同时，又需要人们进行广泛的多方面的合作。其实，这两点并不矛盾。同样，人在社会上，如果缺乏与他人合作的精神和合作的能力，那么，他不仅在事业上不会有所建树，就连适应社会都会很困难。

因此，孩子将来要适应的是充满挑战的社会，有责任感的父母应该摒弃"树大自然直"的懒汉想法，要未雨绸缪，在孩子的重要观念养成之初便进行必要的引导。

【正面管教秘诀】

孩子虽然年幼，但适应社会的重要程序却丝毫不能减少，无论是要想拥有现在的快乐童年，还是顺利地适应未来的社会生活，都需要他们具备良好的适应能力、合作精神及必要的行为经验。

当孩子与伙伴发生争执时，父母不要偏袒自己的孩子

融融4岁多了，骑车总是谨小慎微，一点也不比走路快。她一边骑车一边东张西望，邻居家淘气的小男孩跑过来朝车子前面扔了一颗小石子，融融的车子一歪，栽倒了。但融融反应敏捷，车还没着地，自己先跳了下来，哪儿也没伤着。可她不管三七二十一，边哭边跑回家告诉妈妈。她妈妈没制止女儿哭，却赶紧跑出来，对扔石头的小男孩大加指责。有了妈妈撑腰，融融哭得更凶了。从此以后，这个小男孩再也不跟融融玩了。

当孩子在外面受了一点委屈，跑回家想找父母诉说时，父母一定要问清缘由，在原则范围内教育孩子：吃一点亏无所谓，让孩子具有宽容和忍让的美德。想让孩子一点亏也不吃的父母，其孩子将来也不会宽容别人，更不会得到别人的宽容，会逐渐地被别人抛弃，成为"孤家寡人"。那些"精明"的父母，不妨让自己的孩子不时吃点"亏"，在"吃亏"中培育其爱心。

【正面管教秘诀】

一旦不肯吃亏的心理占据了孩子的头脑，虽然他在很多小事上会占便宜，但同时不良性格会妨碍了孩子与同龄人的正常交往和建立友谊，慢慢陷入一种不良的人际关系。人际关系的好坏，在很大程度上决定着一个人的心理健康状况。如果一个孩子整天生活在一个不被接纳、被冷落、被排斥的集

体里,他的情绪常常是低落的。当他遇到挫折时,则不能获得来自同学的安慰与支持。

营造一个开放式的家庭生活环境有助于孩子交际力的培养

从小把花花带大的奶奶去世之后,花花把自己的心灵禁锢起来,不愿与他人接触,害怕被伤害,对周围的人常有厌烦、戒备心理,凡事漠不关心,猜疑心极重。她越来越喜欢独处,与同学格格不入,在学校一个朋友都没有。父母只是觉得花花跟奶奶的感情太深了,过段时间就好了,所以没有特别在意花花的异常行为,却不知,时间长了,花花的性格却改变了。

如果孩子缺乏与同伴之间的交往,就不能理解、分享他人的喜怒哀乐,就会形成对他人他事的淡漠情感,并难以发展人际交往能力或宽容他人的心理调节能力。据调查表明,这种社会化程度较低的孩子,成人后往往会表现出离群索居的孤独倾向。

为了避免孩子形成孤僻的性格,父母要有意识地改变家庭生活环境的封闭状态,要"敞开家门"让孩子从"自我"的小圈子中走出去,参与交往活动,体验并享受交往的快乐。

【正面管教秘诀】

为了避免孩子形成孤独的性格,父母还要把孩子带出去或把同事、朋友的孩子请到家里来,让孩子在游戏的过程中体会交往的快乐,帮助孩子消除与人交往的胆怯,增加他们交往的兴趣,并以此来帮助孩子正确认识他人和社会,走出自我心灵封闭的误区。

第69招
教孩子学会融入集体

父母应鼓励孩子多与人交往,增加对他人的了解,互相学习对方的优点,有助于提高孩子人际交往的技能和适应社会的能力。在与人交往中,孩

第八章 不纵不惯,帮助孩子打造良好和谐的人际关系

子开阔了自己的视野,通过与人沟通和倾诉,孩子学会了如何排解自己的烦恼,懂得了理解别人的困惑。

善于与人友好交往的孩子一定具有好的性格。这样的孩子开朗活泼,喜欢和小伙伴们在一起做游戏、聊天,在学校里也能够和同学们和睦相处。人际交往能力较强的孩子,无论是在亲朋好友中还是集体团队中,都能用自己的表现赢得人们的喜爱和关注。所以,父母有意识地锻炼孩子学会在集体中生活,享受集体带来的快乐是非常有必要的。

课堂上参加讨论发言、课间与同学谈天说地、进行游戏活动等,都为孩子创造与同学交往的机会。在浓浓的集体气氛中,即使性格内向、不善交际的孩子也逐渐地深受感染,开始与大家一起畅所欲言,一改以往的羞涩和困窘。

在集体中,因为大家各有所长,或幽默健谈,或聪明善良,或乐观大度,或稳重干练……这样可以让孩子学会吸收众人的优点,开阔眼界,让心胸更宽广,让相处更融洽。

让性格孤僻的孩子变得活泼开朗

慧慧是一个表面文静的女孩,自幼生活在缺少爱和理解的家庭环境中,父母不大管她,更不宠她。慧慧有个性格外向的弟弟,弟弟非常调皮,经常捉弄她,她向父母"投诉",父母却一笑了之,有时还责怪她没让着点弟弟,甚至"警告"她不许打骂弟弟。由于家人对她的不理解和漠不关心,久而久之,慧慧逐渐形成了孤僻的性格。

孤僻的性格是不利于人际交往的。而交往是人们生存的一种基本需要,孩子作为一个社会成员,参加社会交往活动,特别是同龄群体间的交往活动,既是孩子最初社会性发展的需要,也是他们心理和个性发展的需要。因此,培养孩子开朗活泼的性格,对社交有着良好的促进作用和积极的影响。

【正面管教秘诀】

孤僻实质上是一种心理防御机制。如果一个孩子没有锻炼出与别人共同劳动和与他人亲近的能力,那么他就会退回到自己的小天地里,不与别人有

密切的往来，出现孤立的性格倾向。

多关注孩子是否喜欢参加社交活动

有的孩子生性比较孤僻，不喜欢参加社交活动，所以跟小伙伴玩的时候总是显得格格不入。有些父母对此却漠不关心，从不积极地引导孩子去参加一些兴趣活动，以致孩子越来越孤僻。

为了避免孩子形成孤僻的性格，父母应根据孩子的特点安排活动，使孩子从与他人的对比中感受到获得成功的喜悦，从而增强自信心，不再排斥与人交往。比如，孩子跑步很快，但又因为他平日不喜欢与别人在一起，这一优势并没有显露出来，也不曾得到任何鼓励，对此，父母可请来几个小朋友与他一起赛跑。当他第一个跑到终点的时候，小朋友们对他报以热烈的掌声，并为他戴上一朵小红花作为奖励时，孩子就会从这项活动中受到很大鼓励，以后也会主动邀请小朋友一起跑步或做游戏，逐渐改变不合群的性格。

【正面管教秘诀】

让孩子学会为他人的胜利鼓掌，从内心体验他人成功的喜悦之情。只有让孩子保持这种乐观豁达、积极向上的精神状态，才能使他们真实地面对自己、他人和社会，也才有可能使他们远离或走出性格孤僻的误区。

对孩子的"不合群"现象应高度重视

有的孩子过于以自我为中心，非常"不合群"。这是一个不好的现象，父母应该予以重视，然而有的父母却掉以轻心，认为孩子长大自然就会与人相处融洽。

一个人在社会上，如果没有别人的合作，就将一事无成。学会与人相处，与别人共同合作已成为现代人的必备素质。因此，要从小培养孩子的合作意识，让孩子学会融入集体，学会合群，关心别人，特别是在同伴有困难时，要主动伸出友谊之手，这样会使孩子逐步形成一种开放自信的心态，去积极地面对生活，去主动地参与交流合作活动，能很好地适应社会环境。如果一个人没有合作意识，就容易变得故步自封，这不仅影响个人自身的发

第八章 不纵不惯，帮助孩子打造良好和谐的人际关系

展，更容易感受挫折和无奈，从而影响一生。

要有意识地培养孩子的独立能力。独立是合作的基础，父母要重视对孩子独立性的培养，提供机会让孩子独立选择、独立解决问题，使孩子有足够的信心和能力去主动参与各种合作活动。

【正面管教秘诀】

孩子偶尔地表现出以自我为中心本属正常，也是人之常情，对于身心发展是无害的。然而，自我中心一旦成为一个人的个性特征，虽然有时可以满足一时的心理需要，但最终是有害无益的。

第70招
积极地指导孩子交往良师益友

卡耐基曾说过，一个成功的人，专业知识所起的作用占15%，交际能力占85%。这意味着，人际关系在人的发展过程中起着重要的作用。然而，在现在的家庭教育中，不少孩子不善交际，不会交际，甚至害怕交际。在处理人际关系上，因为年龄小不够成熟，分辨能力低，孩子们不懂得如何交友，也不会选择好的交友方式。而孩子交了多少朋友，交的都是些什么人，交际场合是什么地方等，也让父母们堪忧。

古人讲，君子之交淡如水。历来在人际关系上都推崇我们要交往良师益友，跟对自己有所帮助的人交朋友。面对纷杂的社会和诱惑，有的孩子却往往迷失了方向。喜欢上网的孩子会有各类网友，喜欢交际的孩子会经常和朋友出入酒吧、派对、歌厅等活动场所，这难免令父母忧心。随着年龄的增长，孩子在性格和习惯上也会跟随朋友的影响而改变。

积极地指导孩子交往良师益友，是父母给孩子最有价值的财富。什么样的人称得上良师益友呢？一般来说，比自己优秀的人、成功人士、具有良好人格和品德的人、学习好的同学、德高望重的老师、长辈等，都可以成为孩

子的良师益友。跟这样的人在一起，孩子的一生将受益无穷。

可以教给孩子一些有关人际交往的技能

有些父母在孩子的学习方面总是会倾注很多的精力，但是在孩子的社会交往方面却很少重视，连一些交往中的基本技能都可能懒于告诉孩子，这样的话，势必会影响孩子的全面发展。

父母在礼貌方面，要教育孩子面带微笑，主动向别人问好，用商量的口吻与人说话，生活中正确地使用礼貌用语；在交往技能方面，教给孩子主动热情地把自己的玩具给小伙伴玩，相互拉拉手表示友好；在合作技能方面，强调轮换角色，分享快乐，做到胜不骄、败不馁；在帮助别人方面，培养孩子的同情心，对别人的正当请求和困难提供帮助，从而获得伙伴的喜爱，以结交更多的朋友，在友情中体会到交友的乐趣；在仪表修饰方面，强调整洁大方，增强自信心。在团队生活方面，让孩子融入一个团结向上的班集体，使孩子体会到集体的温暖。让孩子多参加一些集体活动，鼓励他为集体、为同学出力；在集体活动中，在过生日时，建议老师在班上开一个生日Party，在活动中感受集体的温暖和乐趣。

【正面管教秘诀】

鼓励孩子积极参加班里组织的各项活动，如：讲故事、绘画、唱歌等比赛，为他提供多"露面"的机会，使他感受到成功的喜悦。同时鼓励孩子多接触别的班的孩子，到别的班去找好朋友，让孩子体验合群的愉快感。

不要过分担心孩子与他人交往会变坏

小颜的妈妈对小颜管得特别严，她认为现在的社会实在让她不放心，电视里整天播放着色情、暴力的画面，生活中奇奇怪怪的事也屡见不鲜。孩子随时都会沾染上不良的习气，像小颜这种涉世未深的孩子太容易上当受骗了。所以，小颜每天除了家里和学校，其余的地方哪也不能去，要是有同学打电话来，妈妈总是会审查一番。为此，小颜很苦恼，自己都16岁了，却连一个比较要好的朋友都没有。故事中这位妈妈对孩子的交友过于担心其实是

第八章 不纵不惯，帮助孩子打造良好和谐的人际关系

不必要的。

人是生活在社会这个大环境中的，离开了良好的人际关系，人就无法生存。同时，人际关系又对孩子产生着重要的影响，有力地左右着孩子前进的方向。人际交往对孩子来说是每天都要接触到的，做父母的一定得重视孩子交往能力的培养。

【正面管教秘诀】

孩子在成长的过程中，要不断地与外界交往，吸取那些他感兴趣的东西，从周围人的身上学到为人处世的方式方法，为他日后走上社会打好基础。

"不让孩子和陌生人讲话"到底对不对

父母对孩子的过分保护，不让孩子和陌生人讲话，不相信陌生人，害怕自己的孩子受到一些坏人的伤害，这种愿望是对的，但过于强调社会的危险，对孩子的心灵来说，容易产生阴影，引起孩子对整个社会的不信任，这极不利于孩子的成长。

一个人生活在社会上，总要和许许多多的人发生关系。有些关系是直接的，有些关系是间接的；有些关系是密切的，有些关系是一般的；有些关系是长期的，有些关系是短暂的。比如，一个学生，除了和父母、亲友有关系，在学校与老师、同学有关系；走在路上，与同行的人有关系；乘车时，与司机售票员和其他乘客有关系；到了商店，与售货员及其他顾客有关系；到剧场看演出，与观众及演员有关系……在这些复杂的关系中，只有能做到恭敬待人，才能够赢得彼此的包容与和谐。

【正面管教秘诀】

交往是孩子的一种需要，首先，孩子间的交往为进入成人社会做了准备。其次，孩子间的平等交往能更好地交流思想和情感。这些特点是发展孩子的社会性必不可少的途径。

第71招
用好的方式帮助孩子搭建友谊的桥梁

在当今社会中，谁也不可能离开周围人而单独生存。每个人都需要交朋友，在人际关系中体现自我价值。每个人的成功和成长都离不开他人的帮助和指导，需要从他人身上学习知识和经验，这样才能不断地提升自己，让自己变得更好、更优秀。人与人之间的交往、沟通和合作，让我们学会了做人和做事的方式。

所以，人脉关系在当今社会的作用和力量是十分巨大的。对孩子来说，帮助孩子加强人际关系，树立人脉，可以先从搭建友好的友谊关系开始。幼儿园的小朋友、邻居周围的小伙伴，还有学校里的同学，都可以成为构筑孩子友谊桥梁的基石。

由于现在的孩子大多都是独生子，缺少与他人交往的机会和能力，再加上过严的家教，孩子的情感沟通被封闭起来。如果父母存在过强的功利心，不正确的指导方式会影响孩子友谊的发展。如有的孩子以我为中心、自私自利，爱攀比，会瞧不起别人，过分看重财富，小小年纪却富有心机等，都不利于孩子的交友，而且妨碍他良好性格和品质的形成。

同时，父母不要排斥和厌烦孩子交到的每一个朋友，孩子的友谊是纯洁无暇的，容纳孩子的朋友，孩子也就愿意和大人做朋友。

改变教育孩子"以我为中心型"的交友方式

美国社会学家杜威在《哲学的改造》一书中，分析人们在进行人际交往时对待个体与社会关系的认识有三种态度：其一，社会为个人而存在；其二，个体应服从社会；其三，社会与个体密切相关，社会需要个体的效用与从属，同时也需要为服务于个人而存在。

第八章 不纵不惯，帮助孩子打造良好和谐的人际关系

"以我为中心型"的交往模式即杜威讲的第一种，这类交往模式最突出的特点在于"我"字优先：在生活上为"自我中心"式。

有的父母就是这样的人，凡事以自我为中心，所教导出来的孩子也是这样，遇事只考虑自己。

这些孩子对于集体生活没有充分的思想准备，沿袭着在家中当"小皇帝"的习惯，觉得周围的人让着他是应该的，他想干什么就得干什么，不管是否影响他人的生活习惯；有的在学习上以"自我"为中心，因为自己是班上的尖子，就觉得自己在学习上占有较大的优势，看不起一般的同学，不愿与他人共同探讨、相互学习，总认为自己是最好的；有的孩子在社会活动、集体活动中以"自我"为中心，认为自己是小团体的核心或班里活动的主要组织者，甚至在学校、区、市里都小有名气，总听不进别人的建议和想法，总希望别人依照自己的"吩咐"去做；也有的集以上两种或三种毛病于一身。可以想见，这样的孩子在朋友圈里一定不受欢迎。

【正面管教秘诀】

"自我中心"型的交往方式最易导致孤立、不受欢迎的局面，给自己、他人带来不必要的烦恼，给集体带来不必要的损失。以自我为中心的孩子应该发现其他同学的优点，学习他人的谦虚美德，善于从他人身上汲取养分；而父母也应给予帮助和引导孩子，使其成为宽容大度的好孩子。

改变教育孩子"社会功利型"的交友方式

有些父母功利性太强，把孩子也培育于"性恶"论的土壤中。

这些孩子长大后，与同学之间也是社会功利型交往方式，这是不良的风气在学生中的折射。持这一交往方式的孩子，往往把友情看作交易，认为"友谊"无所谓真情实意的情感交流，只是人与人之间的彼此利用，是对双方都有好处的代名词。这样的孩子往往没有目的不做事情，即所谓的"不吃亏"。

虽然这在青少年中占少数，但依然污染了校园风气。

【正面管教秘诀】

良好的交往关系，有利于孩子社会化，使孩子学会许多社会生活中应具

有的能力；反之，则会使孩子受到不良影响，甚至使孩子走入歧途。所以，孩子的交往活动越复杂，所处的群体越多，父母越有责任引导和帮助孩子选择朋友。

不要偏激地认为孩子交的朋友都是坏孩子

靓紫的父母不希望她和喜欢的小朋友玩耍。这是因为和靓紫在一起玩的同学成绩都没有她好，妈妈怕这些孩子把靓紫的学习给"拽"下去，于是横加干涉，要求她们终止朋友关系。有时甚至在午休和课间的时候也会大搞"突然袭击"，只要见到她们在一起玩，就会软硬兼施地"呵斥"女儿。

这种做法显然是偏激的。父母最重要的是引导孩子在交友中，善于从别人身上发现值得自己借鉴的优点，从而辨别哪些朋友益于交往，哪些朋友不能深交，当然不能以成绩论英雄，有的小朋友可能学习不是很好，但是也许在其他地方有着非常闪耀的优点，这都值得学习。

父母应该引导孩子进入一个愉快而又团结的团体，而不要代替他们选择跟谁交朋友。当孩子在与小伙伴们发生纠纷时，父母尤其不要代替他们思考，代替他们分析，代替他们和孩子的伙伴"算账"，这样无疑将把自己的孩子推到孤立的地位，使孩子产生依赖性，觉得有父母做坚强后盾，遇到什么麻烦都可以回到父母身边寻求庇护，这对孩子极为不利。

【正面管教秘诀】

当然，孩子毕竟是孩子，与朋友交往中难免出现各种各样的问题，父母应该细心观察，给予指导。孩子们之间出现摩擦或者裂痕，父母要及时了解原因，帮助孩子作出分析，指导孩子学会交友。

第72招
让孩子做一个处处受欢迎的小主人

在生活中，我们总是习惯对孩子们作出偏见性的评价：比如夸这个孩子人见人爱，讨人喜欢；说那个孩子很讨人嫌，没有小朋友愿意和他玩。其实，每个孩子都是可爱的，并不是天生就会被人喜欢或被人讨厌，之所以给人留下不同的印象，与父母的教育方式息息相关。

聪明的父母会注重孩子情商的培养，教给他们赢得别人的喜欢的技巧和方法。有的孩子相貌平平，没有什么特点，却总是见人就笑；有的孩子是天生的活宝，总是用幽默给同学带来欢乐；有的孩子会利用自己的领导能力去赢得在同学和伙伴们中的威信，有的孩子会尽力地帮助别人，乐于为班集体服务，等等。孩子的任何一方面优点都有可能让他们成为受欢迎的人。父母可以因势利导，发现孩子与众不同的个性，让他们学会用自己的特点成就众人眼中的小明星。

培养孩子的团队合作意识

有些父母在合作的有效性教育方面做得远远不够。

父母要通过学习情境以及日常生活，让孩子明白任何合作的有效性都取决于选择合适的合作策略。例如要用最快速度完成家庭清洁工作，如果妈妈一个人做，要花1个多小时；如果爸爸、妈妈和儿子分工合作，则半个多小时就完成了。妈妈也可以同时提出几个合作分工方案，全家讨论，在讨论中教育孩子明白分工的合理性和可行性，则合作的有效性也就提高了。

在现实生活中，人们总是带着良好的愿望与人交往，但有时却达不到预期目的。究其原因，除了有些是双方缺乏真诚合作的需要和有效的策略之外，还有一个很重要的原因就是在交往中人们缺乏认知的换位。人们在交往

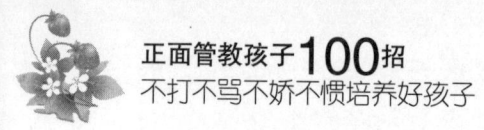

过程中经常需要站在对方的位置上，思考一下自己的言行对对方可能产生的影响和心理反应。例如，同情不等于施舍，当你同情人、帮助人的时候，特别要注意维护被帮助者的尊严。

让孩子懂得一个"合"字，也就是要培养孩子有与人合作的愿望。有一项调查显示，在6种儿童人格需要中，独生子女的亲和需要最强，孩子盼望能和同辈交往。有20%左右的独生子女感到孤独，认为"孤单寂寞"是最大的苦恼。但儿童还有另一种人格倾向就是富有攻击性，这是儿童向外界证实自己的存在和自己的力量的一种方式，但直接的结果却使儿童在行为上表现出不懂交往、不会交往，甚至破坏交往的情形。

【正面管教秘诀】

在科技高度发展的21世纪，一个人的成功在某种意义上取决于他是否善于合作。父母要利用生活中、学习中、游戏中的有关情境，让孩子从具体事实中初步体会到：一个人再能干，也难以独自做完所有的事。有些事需要众多人的同心协力来做。人与人只有互相合作和帮助，各自发挥自己的长处，共同向着同一目标努力，才能产生1+1+1大于3的功能。如果同学之间互相都不信任，甚至相互攻击、相互推诿责任，那么1+1+1就小于3。

将孩子培养成有幽默感的开心果

当孩子哭闹时，有的父母会很厌烦，于是便大声地训斥，或者采取冷处理的方式置之不理。父母若懂得在一旁营造气氛，抱抱他、拍一拍他、安抚他，问一句："怎么了，妈妈的小宝贝，为什么哭得跟小花猫一样？有什么事妈妈可以帮你的忙吗？"温柔、幽默的表达方式，有助于孩子忘记苦恼，破涕为笑。因此，做父母的要在孩子说出一些好笑的笑话和语言，或是表现出一些有趣的动作时，给他一些掌声和鼓励，建立他的自信心，让自己和孩子轻松一下。

充满幽默感的语言和事物能让孩子的眼睛亮起来，无形中也刺激了孩子的思维和语言能力。当你对孩子说："再不收拾玩具，以后就不给你买玩具了。"其实不妨加一点"幽默调味料"，如："玩具们玩了一天都累了，要

第八章 不纵不惯，帮助孩子打造良好和谐的人际关系

回家休息了，不然他们要哭了。"让自己和孩子在幽默的气氛中轻松一下。

【正面管教秘诀】

具有幽默感的孩子通常很乐观，在生活中不断地制造欢笑，让周围的人感到轻松愉快，自己也会富有成就感和自信。因此具有幽默感的孩子，也较容易获得友谊。

不要怂恿孩子和大人一起去嘲笑别人

美国第九届总统威廉·亨利·哈里逊出生在一个小镇上。他幼时怕羞而文静，被认为是一个小傻瓜。小镇上的人经常捉弄他，把一枚10美分和一枚5美分的硬币同时扔到他面前，让他任意捡一个，威廉总是捡那枚5美分的硬币而引来大家的一阵嘲笑。一天，一位老妇人看到小威廉的样子很可怜，就把小威廉拽到一旁，问他："你难道不知道10美分比5美分值钱吗？"威廉慢条斯理地说："我当然知道，不过，如果我捡了那个10美分的硬币，他们恐怕就再没兴趣扔钱给我了。"

在这个故事中，嘲笑者让被嘲笑者嘲笑了，这大概不是嘲笑者的初衷；而嘲笑者并不知道自己才是被嘲笑者，这是深层次的悲哀。威廉后来成为总统，当初的嘲笑者会不会有人去献媚，说自己曾经"救济"过他呢？当然，这则小故事的流传，并不是因为威廉是总统，只是因为故事本身的幽默。

嘲讽给孩子以一种控制他人或控制局面的快感，大多数孩子都承认他们嘲笑同伴主要是为了寻找乐趣。而有的父母对孩子嘲笑别人的行为不但不制止，甚至跟着一起嘲笑，这是很值得谴责的。父母要教育孩子从小养成不嘲笑他人的好品质。

【正面管教秘诀】

不管孩子的嘲笑行为出于何种原因，作为父母一旦发现，要做的事情就是制止他们的这种不文明行为。

第九章

不拘不束,给孩子一片属于自己的蓝天

第73招
放手，让孩子自己试着去做

刘墉是著名的作家，他有一个儿子和一个女儿。儿子刘轩获得哈佛大学的博士学位，女儿刘倚帆在14岁的时候就获得了美国的"总统奖"，成绩优异，如今已是美国哥伦比亚大学的高材生。

刘墉在教育子女上是"男女有别"的，对儿子很严厉，对女儿很宠爱。刘墉在教育儿子的过程中总结出了以下的经验：对男孩不可以凡事安排得面面俱到，这样极容易使男孩养成做事不负责任的坏习惯。父母的过度包办会使孩子变得娇纵且不懂礼貌，不懂得珍惜，这是家庭教育中最忌讳的。

随着儿女的成长，刘墉发现儿子性格内向，没有朋友，表现得十分自闭。刘墉看在眼里急在心上，决定用传统的中国强权式教育来改变儿子的个性。刘轩从小与妈妈一起生活，习惯了娇生惯养。但是，刘墉给他规定了严格的生活制度：自己的事情自己做，不能推给别人；自己的衣服要自己洗，不可以让妈妈代劳；如果爸爸妈妈都不在家，就自己做饭吃；假期的时候出去体验打工的生活。不仅如此，每天的作息时间安排，都有严格的规定，绝对不可以偷懒。刘轩小的时候种花，不敢用手和泥，刘墉看见之后就有意识地和了一堆稀泥，强迫儿子把手伸进去。为了锻炼儿子的胆量，他把儿子送到了曼哈顿一个据说是"毒蛇猛兽经常出没"的地方上中学。刘墉在教育的过程中总是试图让儿子尝试磨难。

对于女儿，刘墉采取的教育方式是：给女儿尽量多的鼓励，让她能够充分独立，自己把握生活，在某些方面严格要求，在原则问题上绝不会放任自流，同时给女儿创造了一个自由的成长空间。刘墉的家教方式可以堪称教子典范。

第九章 不拘不束，给孩子一片属于自己的蓝天

"替孩子把生活的一切都想好"是错误的

"穿上夹克，我们走！""把带到学校吃的零食装起来。""去刷牙，然后立刻睡觉。"大多数父母跟孩子在一起的大部分时间需要命令他们，认为没有规矩不成方圆。幼小的孩子没有预见性和计划性，因此需要父母经常替他们着想。为了让他们学会去适应日常生活，父母应告诉他们该做什么，并提供相应的指导。

这种不断的指挥日复一日，一再重复，成为了许多父母根深蒂固的习惯。然而如果父母习惯了在日常生活中总是这样指挥，总有一天他们会这样来责骂孩子："什么事都要教了你们才会做！""你们自己怎么不会动动脑筋？""总得替你们操心！"这样的父母会觉得自己像傻瓜一样，为了孩子必须时刻考虑问题的方方面面，以保证万无一失，或者因为连续的差错而很快变得绝望。

【正面管教秘诀】

替孩子把一切想好，这样做虽然可以替孩子与父母自己免去很多疏忽带来的麻烦，使得日常生活的一切井井有条，但是同时也剥夺了孩子独立思考和生活能力的机会。这样的孩子因为缺乏重要的学习过程，而无法享受到由自己独立来作出决定带来的快乐。

"我不能让孩子错失任何良机"是危险的

"我不能让我的孩子错失任何良机。"想为自己的孩子创造各种机会是每个父母的愿望。但这种做法也会使你的感情有风险，因为孩子成年之后常常因此怨恨父母。现在不少父母，为了能让孩子将来更有竞争力，不惜一切代价让他们上更好的小学、中学，参加各种班。如果孩子没有实现预期，这些父母就表现得很生气。作为父母，你是否想过，当你在为孩子创造机会的时候，他是否喜欢这个机会？

【正面管教秘诀】

父母不能一手包办地为孩子提供、创造各种优越的条件和机会，应当让孩子学会自己去创造机会，这样才更有利于孩子的成长，否则会产生相反

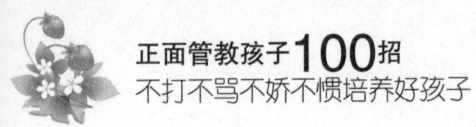

的效果。

"什么事都不让孩子去做"只会惯坏孩子

在现实生活中,许多父母为了让孩子专心学习,什么事都不让孩子去做。早晨起床帮孩子叠被,上学前帮孩子准备学习用具,有时经常还被孩子埋怨忘了帮他准备某些学习用具。

要知道,孩子并不是生来就是这样依赖父母的,他们的依赖性一般来说都和父母的包办代替有关。父母包办、代替得越多,孩子的依赖性就越强;反之,如果父母不插手孩子可以做的事,没有了依靠,孩子就会自己动手开始做了。

马俊峰出生在一个富裕的家庭,父母都是公司高管。在家里,马俊峰这根独苗简直成了"小皇帝",从来都是说一不二。父母处处唯命是从,真是"顶在头上怕摔了,含在口中怕化掉",娇生惯养达到了登峰造极的地步。"小皇帝"一天天长大,却什么事都要依赖父母,已经上四年级了,还让父母背着走。这时候,父母才觉察到了溺爱孩子的害处,这样下去,不用说马俊峰成才,就连生活自理都成问题。

夫妇俩决定改变一下爱孩子的方式,以使孩子得到正常发展。

【正面管教秘诀】

著名的教育家陈鹤琴先生曾提出:"凡是孩子自己能做的,应该让他自己去做;凡是孩子自己能够想的,应该让他自己去想。"其实,父母们只要肯放开手,就会惊奇地发现孩子的潜力是无穷的,他们能做许多在父母看起来不可能做到的事情。

第九章 不拘不束，给孩子一片属于自己的蓝天

第74招
锻炼孩子的生活自立能力

很多妈妈由于对孩子太过于精心照料，使孩子往往会对母亲过度地依赖。比如有个小男孩居然对妈妈讲："我一个人过马路害怕，妈妈你每天送我上学好吗？"那些乐于事事代劳的妈妈，她们出于疼爱孩子的目的，为孩子做好一切，结果换来的是孩子生活自理能力的下降。

为此，父母在教育孩子时，要有意识地锻炼孩子的生活自理能力，培养孩子的自强自立的习惯。如给孩子安排家务劳动，可以让男孩做一点力气活，让女孩帮助妈妈摆餐具、洗毛巾等。妈妈可以教给女儿做饭、纺织等方面的知识，教她发现自己身边美好的事物，并尽可能地把美带到家庭生活中来。

而对于男孩，父母可以让他到黑灯的房间去取眼镜，让他帮妈妈背书包，帮爸爸修理椅子等。父母在教育男孩的过程中不要忘记他是未来的男子汉，是家庭的支柱，所以对他不要娇惯，要给他展示意志和勇气的机会。

重视培养孩子的自立能力

无论学校教育还是家庭教育，都把着眼点放在智力教育与应试教育上，围绕考分转。很多父母把精力主要放在开发孩子的智力上，尤其对学习好的孩子百般照顾，有求必应，家里内外什么事都不让他们去做，什么心也不让他们去操，他们饭来张口，衣来伸手，结果，使得一些孩子一天到晚都埋头于书本中，成了一个凡事不闻不问的书呆子。有的孩子虽然圆了大学梦，可是到了学校之后，却因自己生活不能自理而不得不辍学，甚至自杀，以此来求得最终的解脱。这一令人痛心的事实，值得每一个望子成龙的父母深思。

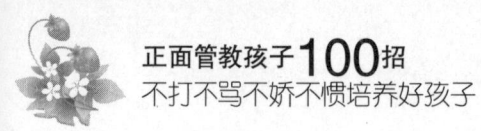

【正面管教秘诀】

在社会财富日益增多，物质生活日益提高的今天，注意培养教育孩子养成吃苦耐劳、艰苦朴素、自力更生、不怕困难、勇往直前的精神非常重要。

对孩子的劳动教育是一项生存技能

现代社会大多数家庭只有一个孩子，在父母苦心的教育下，孩子智力的发展超过了他们的前代人。但是他们受到父母过于无微不至的关爱，衣来伸手饭来张口，使得很多本应从小就应当受到锻炼的能力，却因为父母的包办而失去了锻炼的机会。结果不仅孩子的自理能力差，学习上动作也慢，更让人难过的是稍大后由于没有生活的体验不知道体谅父母、尊重父母。

据报道，某幼儿园对大中班近百名学龄前儿童进行了调查，调查的结果是，90%以上的幼儿正在学习钢琴、绘画、舞蹈；80%以上的幼儿掌握了20以内的加减法，能熟背唐诗、宋词若干首，而60%以上的孩子不会系鞋带，不会穿衣服。

弹钢琴与系鞋带相比，临摹世界名画与穿衣服相比，后者要容易得多。不会弹钢琴，不会画画，对生活、学习不会有多大影响，而不会穿衣服系鞋带，日常生活就可能出问题。何以会有这样的怪现象出现呢？究其原因，其实很简单：一些父母认为，只要孩子学习好，其他能力素质差一点也无关紧要。

【正面管教秘诀】

学习固然重要，但孩子终究要长大，要离开父母独自走上社会，做父母的能替孩子包办多久呢？孩子终将充当社会的一个角色，更重要的是孩子将来要成为一个全面发展的健康人，而劳动教育是培养孩子从小自立、自强、责任感、同情心的基础教育，因此，劳动教育对培养孩子优秀的品德至关重要。

孩子参加公益活动要给予积极的支持

周六一早，黎黎赶紧从家里拿了一把笤帚，就跑下楼，加入到给小区大扫除的活动中。正干得起劲儿，黎黎的肩膀被人拍了一下，回头一看，是妈

第九章 不拘不束，给孩子一片属于自己的蓝天

妈。妈妈小声说："你怎么这么傻呢？爸爸妈妈都在呢，你还是回去吧，这扫大街太累了。你看你刚穿上的衣服都脏了。你还是回家吧，参加公益劳动也不在一时半会，等你长大了，该会的就会了。有这工夫，还不如回家多练会钢琴呢。"然后就牵着黎黎的手，硬是把她从人群中拉了出去。

生活中，总是有些父母因为想让孩子把更多的时间用在学习上，或是因为溺爱孩子，怕他们吃苦受累，而不让孩子参加公益性劳动。

如果不让孩子参加劳动，会使孩子不懂得珍惜、不能体会父母的辛苦。所以，为人父母者要鼓励孩子参加公益劳动，让孩子在这样的活动中，体会为社会奉献的快乐，也能够向他人学到很多东西。

【正面管教秘诀】

父母如果不能让孩子具备各种能力，其中包括劳动能力，会使孩子在今后的生活、工作中很难独立面对很多的事情，成为孩子发展的障碍。

第75招
让孩子做一个快乐的人

父母应该给予孩子的最重要的礼物就是"快乐"。快乐是孩子一生的财富，使他们能够以轻松的心情来迎接未来的挑战，快乐的人比较能以理智的方法来解决问题。美国儿童心理学家经过多年的研究发现，注意培养孩子快乐的性格，有利于孩子的健康成长。

比如，在每一件小事上，父母都可以询问孩子对快乐的体验、感觉，问问孩子高兴不高兴，以及原因。比如出去玩的时候问孩子："你今天玩得高兴吗？"父母也要经常把自己的体验告诉孩子，如："你能帮妈妈做家务，我很高兴。"

孩子毕竟是孩子，他们需要带着童真的想象力尽情地玩耍，需要有时间去打雪仗、看蚂蚁搬家——这些按照孩子自己的步伐去探索世界的活动，更

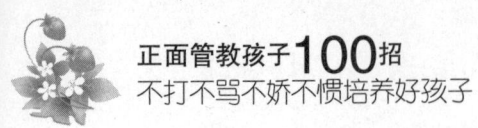

能给他们带来真正的快乐。我们不要总把自己的好恶强加给孩子，要让孩子做他们喜欢做的事情，让孩子有机会享受"不受限制"的快乐。

每一个孩子都有自己独特的天赋和技能，展示这些能给他们带来极大的喜悦。"妈妈，我给你讲一个故事好不好？"这时即使你在厨房做饭，也要满足孩子的这个愿望，并适时地给予肯定："你讲得真是太棒了。"要知道，孩子能愿意和你分享他们喜欢的故事，对他们而言是多么地快乐。孩子的热情能通过你的分享和肯定，转化成良好的自尊、自信，而这些品质对他们一生的快乐都是最宝贵的。

嘘寒问暖的同时也要关注孩子的心理健康

"吃好，穿好，上最好的学校"，这是一位父亲的教子经，也是大部分父母认同的教育方法。这些父母认为，做一个好父母，就是要给孩子提供最好的物质条件。

由于父母没通过培训便在父母这个"职位"上走马上任，以致在教育孩子的问题上显得有些力不从心。例如有些父母对孩子太过溺爱。林女士的儿子在一所寄宿制学校读初中，一个月回家一次。"我现在天天都在担心他，一个人在外面有没有吃饱穿暖？碰到什么困难没有？"为此，林女士每天给儿子打一个电话。像这种情况在中国家庭并不少见。

【正面管教秘诀】

父母的这种教育方法有失偏颇，父母要明确自己的教育地位和责任，你不是孩子的保姆，而是第一任启蒙老师。因此，建议父母在嘘寒问暖之外，要注重培养孩子健全的人格。

矫正孩子的依赖心理

小善妈这个家庭主妇当得可真不轻松，每天下了班回家，要服侍年迈的公婆，打理一家人的衣食住行，还要照顾刚读小学的儿子小善。每天下来，她都只有一个字来形容：累。特别是那宝贝儿子小善，已经7岁了还什么都不会做，事无巨细都必定要她亲力亲为。

第九章　不拘不束，给孩子一片属于自己的蓝天

小善妈尽力事先替孩子做好一切，但偶有"疏忽"，就会被弄得手忙脚乱。昨天她加班回来已经很晚，忘了把小善第二天要穿的衣服准备好，今早小善醒来后就冲着正在厨房忙碌的妈妈喊："妈妈，今天穿哪件衣服？""妈妈，穿哪条裤子？""穿哪双鞋？""过来帮我系鞋带。"……满头大汗的小善妈不禁感叹："唉，这孩子，怎么这么依赖大人，一点都长不大！"

【正面管教秘诀】

父母关心、爱护孩子绝不是错，满足孩子生理和心理正常发育的需求，也是父母的天职。但是，如果父母都像小善妈一样，对孩子的任何事情都大包大揽，不仅自己累得心烦，也束缚了孩子的手脚和头脑，久而久之，就会使孩子形成不良的依赖心理。

不要剥夺孩子的成长空间

南京某高校一位大一学生李康最近出现了严重的幻觉，只要靠近他嘴巴的东西，他都认为会被自己吃进肚子，包括杯子、烟头、玻璃，甚至居住的大楼。

他也知道，这些都不太可能，但就是控制不了自己。这是怎么回事呢？

在中国90%的父母属于包办型，这些父母的表现是对孩子生活上的一切大包大揽，小到吃饭穿衣大到选学校选专业，父母都包办，孩子只负责学习。

李康就是如此，他从小所有事情由父母包办，他只负责学习，进入大学后会觉得手足无措，他不懂如何与同学交往，因此害怕与同学交往，久而久之，他的潜意识里就产生一个错觉，"只要我一张口，就有东西会跑到我嘴里。"

【正面管教秘诀】

父母包办一切其实是剥夺了孩子成长的空间，让孩子产生严重的依赖性，从生活上的依赖，发展到学习上的依赖，再变成行为上的依赖，最后发展到思维上的依赖。所以请父母该放手时就放手吧！

第76招
不包办，不担忧，让孩子在独立中成熟

无论是在生活中，还是在学习上，应该让孩子自己做的，父母一定要放手让他自己做，并坚持这样的原则：你能干的，我绝不替你干；你不会干的，我教你干；你让我干的，我考虑该不该干。

很多父母都有这样的认识误区：在生活方面都帮助孩子料理好，孩子只要把全部的精力放在学习上就好了。其实这种认识是错误的，因为孩子在生活中形成的依赖心理会阻碍学习过程中自强自立精神的形成，这也是造成孩子性格软弱的重要原因之一。

孩子在独立做事的过程中培养了解决问题的能力、对抗挫折和困难的意志，当遇到困难的时候就不会感到无所适从。而且，当孩子在独立活动等实践的同时，一定会切身感受到父母的不容易，当这种意识被灌输入孩子的头脑中之后，还会促进孩子更用心学习。因此，父母应该让孩子学会自己独立生活，交给他自己独立面对生活的勇气和能力，可以先从小事着手，比如，让孩子自己准备早点、夜间要自己上厕所，等等。这些看起来是小事，但对于培养孩子坚强、勇敢的品质是有益处的。

时刻全程护驾会让孩子体会不到自我的力量

有一位女大学生新生上学，除爷爷、奶奶、父母、小姨、舅舅、舅妈接送外，还携带着包括衣服、被子、零食、电脑等整整10大箱子行李。事事替孩子想好，亲人以为是爱孩子，却没考虑到实际上是剥夺了孩子成长中适当遭受挫折的机会和权利。还有就是漠视、忽视孩子的情感需求，只注重物质需要，妈妈怕学校的被子不厚，专门给她带了3床厚被子；爸爸为了奖励她考上大学，给她买了一个笔记本电脑；爷爷奶奶从超市购回5大袋家乡的零食，

第九章 不拘不束，给孩子一片属于自己的蓝天

生怕她在外地饮食不习惯……

亲人这种包办一切的做法，是不可取的。

【正面管教秘诀】

家人可以在生活中有意识地引导孩子，但不要为孩子大包大揽。孩子有手有脚，有自己的头脑和思考方式，少替孩子做一点事并不意味着孩子会出问题，反而会让孩子在独立自主、探索实践的过程中，体会到自我的力量，并由此产生成就感和自信心。

要培养孩子的独立性，就别什么都替孩子做好

一位母亲说："我的孩子教育得挺好，我从不让他干家务活，他从来不出去和别的同学接触，没事就在家里看电视……就是学习有点不好，性格上有点蔫。最后考大学考了200多分，啥也不想干，太老实了……"

还有许多父母没意识到孩子成了实现自己理想的工具，从不真心关注如何实现孩子的人生理想。

曾有一位妈妈问专家说："能否让孩子课余时间上技能班？"

专家说："学什么是他自己的选择。如果孩子愿意就是对的，孩子不愿意就是不对的。""可是我女儿也没有说她愿意不愿意，我说让她去，她就说行。""那你没有问过她吗？""没问过。""孩子最后学了吗？""还没有，我觉得学钢琴不错，书法也挺好，又想让她学芭蕾舞，哪个我也不想放弃……"其实，造成这种情况的原因是父母过多地为孩子选择，使得孩子缺乏独立自主性。

【正面管教秘诀】

父母对孩子的爱是毋庸置疑的，但是代替孩子做所有的事，恰恰是一种以爱的名义去伤害孩子的行为。如果从小到大父母什么都替孩子做好，在孩子成年以后，他会在群体中感觉自己一无是处，毫无自信，根本没有能力把事情做好。

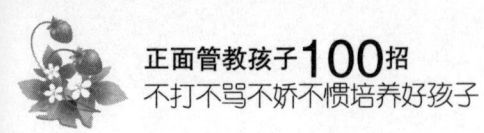

"孩子做什么都不放心"时该怎么办

现在,一旦孩子失败,整个家庭就笼罩在失落中。父母不敢拿孩子做实验,容不得半点的闪失,孩子就是整个家庭的重心,孩子做什么都不放心。这成为众多家庭的普遍现状。

当父母对孩子不放心,时刻监视孩子时,孩子会对父母说:我可以管好自己,你可以不费心了!即使你真的不放心,你也不能表达你的不信任,而要进一步立下规矩。问他:你准备怎么管好你自己?天天做什么,看什么书,从几点到几点……这样从笼统地说负责任,到后来确认下来,实际等于双方达成了协定,签了合同。最后孩子做到了,就进行表彰;若没做到,帮孩子找原因,为什么不行。这样,孩子没伤自尊,又知道了什么叫守诺。

【正面管教秘诀】

做父母的不要总是对孩子不放心,更不要没完没了地跟孩子唠叨、叮咛,这些带来的只是一种负面的作用,这种负面作用会让孩子心烦,从而使学习效率下降。

第77招
让孩子养成良好的生活习惯

据调查显示,现代社会中的大多数学生都存在一种通病:近六成起床不叠被子;五成从不倒垃圾,也不扫地;七成不洗碗,不洗衣服;九成从不洗菜做饭。还有部分高中生什么家务也不做,个别人连整理书包都还要父母代劳。这种不良的生活习惯,会逐渐地将这些孩子变成一个性情懒惰、生活邋遢的人。

心理学家常常会接待这样的父母,他们被自己的孩子伤透了心。这些父

第九章　不拘不束，给孩子一片属于自己的蓝天

母的共同之处是，如果孩子第一次系鞋带的时候打了个死结，父母便不会再给孩子买有鞋带的鞋子。如果孩子第一次洗碗的时候弄湿了衣服，父母就不再让孩子走近洗碗池。这样的孩子永远也学不会系鞋带，学不会洗碗时不要让水溅到身上。他们长大后遇到困难也会想办法绕开，而不是去克服困难。

而面对如此情况，父母的理由是：他还只是个孩子，任务就是学习，这些事等他长大了再学做也不迟。这些父母的一片"苦心"，使孩子们不仅不会做家务，而且个人的生活习惯也是一塌糊涂。

为了让孩子养成良好的生活习惯，将来能更好地适应社会，了解父母的辛苦与不易，父母可以在孩子上小学高年级或初中时，让他当一天或两三天家，是一个行之有效的办法。比如找一个周末，让孩子为第二天的生活与活动安排做一个计划，然后从第二天早上起床开始，由孩子组织一天的家务与游玩。需要多少钱，买什么吃的，到哪里玩，坐什么车，走哪条路线，均由孩子来筹划。通过不断地训练，孩子就会逐渐克服不良的恶习，从而养成做事有条不紊、生活严谨有序的好习惯。

让孩子养成干净整洁的好习惯

在日常生活中，许多孩子的个人仪容意识非常差。我们经常会看到一些小伙子，人长得高大挺拔，但穿戴却乱七八糟，衣服裤子皱皱巴巴，油污斑斑，胡子拉碴。一些住集体宿舍的孩子，个人卫生更是惨不忍睹。桌子上杯盘狼藉，有的剩饭剩菜已经发霉，床上更是成了"杂货铺"，被子已经看不出是什么颜色，床下的世界更"精彩"，空瓶子、臭袜子、脏球鞋等横七竖八地堆在一起。

为什么会出现这样的情况？我想做父母的应该反思一下自己的教育。

父母是孩子的榜样，一定要起好带头作用，也就是说，父母必须从自己做起，做事要有规律和秩序，爱整洁。不要要求孩子一下子就变个模样儿，做什么事情都是有一个过程的。首先要让孩子知道需要做到什么样子，怎样才算干净整洁，慢慢地，他就会理解你的意思，做到你所希望的样子，当然，你的要求一定要符合他的实际情况。

【正面管教秘诀】

如果孩子太小，你可以同他一起收拾，告诉他哪样东西该放什么地方，千万不要自己独自就将他弄乱的房间恢复得整整齐齐。最好能让孩子将收东西也变成玩耍的一部分，从小养成干净整洁的好习惯。

一见孩子赖床便火冒三丈不可取

每位父母都希望自己的孩子有一个正常规律的作息时间，但是，人的惰性可能会体现在方方面面，有的孩子偏偏喜欢晚睡晚起，生活秩序大乱，着实令父母伤脑筋。

一些耐性不好的父母，看见太阳都升得老高了，孩子却仍"赖"在床上，马上会火冒三丈，这甚至是每天早晨常可见到的情景。

孩子正处于生长发育期，运动量大，体力消耗也大，因而需要比成人更多的睡眠时间，以恢复精神和体力，这都是正常现象。但是，一旦养成赖床的毛病，就不是一件好事情了。

改正孩子赖床的毛病，不是一蹴而就的事，孩子的生活规律完全受父母的影响，如果希望孩子养成良好的作息习惯，就要先从自身做起，从日常生活的点滴做起。同时配合一些技巧，就能收到良好的效果。

【正面管教秘诀】

叫孩子起床的时候，随手播放一些轻松的音乐，或者放一些孩子喜欢听的故事、录音带或VCD，让孩子在轻松的气氛中醒来，缓解被吵醒的不快。

父母偏食却要求孩子不偏食是不合理的

有的父母自己对某种食物特别爱吃，久而久之，孩子随大人一起偏爱吃这种食物。起初由于对孩子十分宠爱，事事处处顺着孩子，孩子想多吃就给他吃，但是时间长了，孩子就偏食了。这时候父母才开始着急，想尽办法纠正孩子的偏食，而在纠正孩子偏食的同时自己却一直在偏食。

纠正孩子偏食的毛病，父母要说明偏食的危害性，逐步使孩子认识到偏食不利于自己的健康。告诉孩子各种食物中含有人体最需要的营养成分，

第九章 不拘不束，给孩子一片属于自己的蓝天

如果缺少就会影响身体的正常发育和健康，容易患各种疾病。说教要实事求是，要有科学性；举例要生动，这样才能取得较满意的矫正效果。最重要的是，如果自己有偏食的坏习惯，一定要及时纠正。要知道，父母是孩子的第一任老师，很多事情，他是在跟你学。

【正面管教秘诀】

我们的祖先很早就懂了"五谷为养，五畜为益，五果为助，五菜为充"的科学道理。如果孩子偏食，他就无法摄取各种各样的营养成分，时间长了，就会造成营养失调，给生长发育带来不良的影响。

第78招
不要让餐桌成为教子的课堂

应该选择什么时候教育孩子才是合适的时机，是父母值得注意的问题。有许多父母平时工作繁忙，白天晚上难得有时间陪孩子聊天，只有在每天一日三餐的间隙时间抽点空管教孩子。有不少父母都习惯餐桌教育，其实这并不利于孩子的健康成长。

每当快要吃饭的时候，有的父母喜欢叫孩子："没写完作业不许吃饭！"或者"这次考试成绩这么差，还有脸吃饭！"孩子听到这些话必然难过、委屈，如果是脾气大的孩子可能一赌气就真的不吃饭，这样首先对孩子的身体健康不利。餐桌前批评孩子、教育孩子，从身体健康上来说，会影响孩子的食欲和消化功能。如果孩子生着气吃饭，会对健康造成很大的危害。

保持良好的就餐习惯和氛围，会给孩子一个轻松的心情。否则，如果父母将餐桌教育变成一种习惯，在大人看来无关大碍，可是每当孩子紧张不安地坐在餐桌前吃饭，心理感到压抑，必定也是茶饭不香，忧虑重重。当孩子不愿意吃饭，感受不到快乐，当父母的也不会开心。

不要让孩子时刻都在自己的掌控之下

有些父母总希望孩子的一切行动都在自己的掌控之中，认为只有这样孩子才安全、不会出错、不会学坏。所以，父母往往对孩子在学校的情况、对孩子的同学和朋友等有数不完、问不完的问题，以便能了解孩子的全部。

其实随着孩子的长大，他们的独立意识也越来越强。孩子渴望有一片属于自己的空间，而父母却要千方百计地给予孩子保护和指导，总想让孩子时刻在自己的掌控和注视下。这是造成父母与孩子间关系紧张的一个主要因素。

当孩子觉得父母在侵害他的独立空间时，往往会觉得父母不尊重、不信任自己，本能地拒绝与父母交流、封闭自己，甚至用撒谎来对付父母，并从内心将父母列为逆反、抵触的对象。

所以，父母要给予孩子充分的信任和独立的空间，让孩子有决定自己事情的权利。这样，孩子才能感受到父母对自己的尊重和信任，自然也会回报给父母足够的尊重和信任，反而不会事事处处防范、抵触父母。

【正面管教秘诀】

父母应该根据孩子的年龄，设身处地地从孩子的角度去了解孩子真正需要父母为他们做什么，而不必也不可能非要了解孩子的全部。

父母要改掉在进餐时间"开庭"教子的习惯

有不少父母习惯于在进餐时间"开庭"教子。应该说，父母和孩子同围一张桌、同吃一锅饭，的确是一个交流思想、倾吐心曲、沟通情感的好机会，良好的餐桌氛围，可使人心情愉悦，对孩子的生活和学习都会有积极的作用。可不少父母饭碗一端上桌，便喋喋不休，不是对孩子的学习成绩不理想横加指责，就是对子女活动、交友等刨根问底，弄不好还大发雷霆。这不仅挫伤了孩子的自尊，还使孩子食不知味，对吃饭产生了一种习惯性的惊惧和恐慌，严重扰乱了孩子的生理和心理发育。

如果父母经常利用全家在一起吃饭的时候，教育孩子、询问功课、检查作业，紧张的气氛会令孩子有饭吃不下、有汤喝不好，孩子哭哭啼啼、愁眉

第九章 不拘不束，给孩子一片属于自己的蓝天

苦脸，如果父母再气上心头、满脸怒容，就会弄得好好的一桌饭菜谁也吃不下的尴尬局面。

【正面管教秘诀】

父母切不可在餐桌上一味地对孩子质问追究、提要求、下命令，更不可不容孩子分辩，就乱发脾气。作为父母，应努力为孩子营造积极健康、乐观向上的餐桌文化氛围，切莫在餐桌上乱"开庭"。

餐桌上避免劝诱或禁止孩子进食的行为

有的父母会在餐桌上一个劲地劝孩子吃某一食品，或禁止孩子吃某一食品。

其实，在每顿饭之前，你永远无法预测孩子到底需要多少能量。当孩子处于快速生长阶段，或是刚刚经历了激烈的体育运动之后，他们会寻找类似牛排、奶油之类的高热量食物，而当孩子感觉不太饿的时候，他们的注意力就不会集中在那些高能量的食物上。因此，父母最好在每一顿饭中准备营养丰富不同的食物，相信孩子能够根据自己的需要，为自己挑选合适的食品，并决定吃多少。

【正面管教秘诀】

有些父母认为某些不能过量吃的食物应该永远受到禁止，这是不对的。如果孩子喜欢吃巧克力，要让他适量地吃一些，注意节制即可。

第79招
培养和提高孩子的自控力

美国心理学家对斯坦福大学附属幼儿园的孩子们做过一项实验。他在孩子们面前放上一些糖果，告诉他们，如果在老师走后不吃糖果，将可以得到两块糖果。如果在老师走后偷着吃掉一颗糖果，将得不到另一块糖果。然

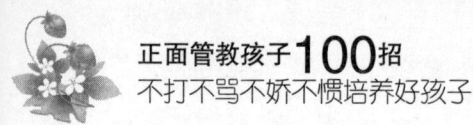

后，实验老师就走出门去观察。

面对糖果的诱惑，有的孩子或是闭上双眼，或是把头埋在胳膊里休息，或是喃喃自语，或是唱歌，或是动手做游戏，有的干脆努力睡觉。凭着这些简单实用的技巧，这些小家伙勇敢地战胜了自我，最终得到了两块果汁软糖的回报。而那些性急冲动的孩子几乎在实验员出去的那一瞬间，就立刻去抓取并享用糖果了。

研究表明，那些能够为两块糖抵制诱惑的孩子长大后，有较强的社会竞争性、较高的效率、较强的自信心，能较好地应付生活中的挫折、压力，他们不会自乱阵脚，惶恐不安，不会轻易崩溃。面对困难，他们勇敢地迎接挑战，他们独立性强，有自信心，办事可靠，能赢得普遍的信任。而经不住诱惑的孩子中有1/3左右缺乏上述品质，心理问题相对较多。那些能够为获得更多的糖果而等得更久的孩子要比缺乏耐心的孩子更容易获得成功。由此可见，培养孩子的自控力是非常重要的。

培养和提高孩子管理自己的能力

美国孩子和我们的孩子有什么不同呢？美国孩子：遇事积极乐观、好奇心强、敢尝试、能吃苦、肯动脑；我国孩子的表现：遇事等待观望、缺乏兴趣、不敢尝试、不能吃苦、不肯动脑筋，这是什么原因造成的呢？

中国父母喜欢包办孩子的一切。对孩子过分保护，造成孩子对父母的依赖，使孩子怀疑自我的价值和能力或失去对自己的正确认识和评价。

而在美国，父母对子女是有限责任，不会把孩子的事情全部包下来，反而让孩子必须承担一些家务劳动，如摆餐桌、洗自己的衣服、剪草坪等。在上大学前旅游的费用，也可能父母给出，但不是说父母必须提供。孩子可以自己打工挣（在学校、在社会），也可以在家里干活，父母给记工钱。等到18岁成人后，读大学，有父母给出学费的，但父母和孩子都明白这不是父母必须给的。实际上很多父母不给出，孩子一靠奖学金，二靠打工来获得学费。美国的大学生读书期间不打工的人很少，很多人要打2份工。父母对孩子的无限责任是教育，一是让孩子懂得自身的价值；二是让孩子懂得必须自己管理自己;三是教给孩子足够的性知识,让孩子在他们身体变化时感到轻松自在;四是帮助孩子接受一整套他们赖以立身处世的牢固的社会准则——尊重和守纪。

【正面管教秘诀】

培养孩子自控力的前提是父母从小把孩子当作一个独立个体来平等地看待,给孩子应有的尊重和理解。这是孩子自立、学会对自己负责的心理基础。

培养孩子良好的卫生习惯

有些父母在培养孩子的卫生习惯方面做得不是很好。

孩子是否养成良好的卫生习惯,既会影响他的身体健康,又会影响他在孩子群体中的形象,影响孩子的自尊心。因此,父母应高度重视对孩子进行良好的卫生习惯的培养。习惯的培养并非一蹴而就,要从日常生活的点滴小事做起;要长期培养,逐步形成。

教育孩子养成勤洗手的习惯。保证做到饭前、便后、放学回家和玩耍过后都洗手,或只要发现手脏了就随时清洗,以保持手的清洁,防止病菌随手入口;保持口腔清洁,培养孩子每天坚持早晚刷牙和饭后漱口的习惯;随时督促孩子勤理发、勤洗头、勤洗澡和勤剪指甲、勤换衣服等。

【正面管教秘诀】

好的卫生习惯不但有利于孩子的健康,而且会让孩子更加地讨人喜欢,小朋友们也会更加乐于与之交往。

不能任由孩子吃零食

有些父母会给孩子买大量的零食,并且将高脂食物作为餐桌上的主流,这样的生活环境极易导致热量的过剩。由于父母常常对孩子的零食不加限制,只要孩子想吃就任他随便吃,也助长了孩子体重的增加。对于孩子们来说,本来在午饭与晚饭之间吃一些小零食,是补充营养的正常方法。这是由于人们用脑时,需要一种特殊的葡萄糖,而一次饮食其贮存量有限,所以需

要通过零食来补足。而零食之所以成为一个问题，是由于它的无限制、不定量。结果就是，孩子由于吃零食过多，在晚饭时间并不感到饥饿，不能正常吃饭，到了晚上又会大吃特吃。这种不良习惯极易导致肥胖。

【正面管教秘诀】

父母要严格把握孩子吃零食的时间，因为这对于防止孩子养成贪食的习惯有很大作用。吃零食是为了让孩子身体补充足够的营养，而不是为了快乐、享受和消遣。肚子不饿的时候，就不要吃零食，这样也能够养成孩子不贪食的习惯。

第80招
教孩子学会保护自己

保护孩子是父母的天性，没有任何父母不对孩子倾注着满腔的热爱。没有父母的保护，孩子是很难长大成人的。然而，过度的保护则没有益处，只会使孩子变得软弱无能，缺乏自主性和独立性。

现实生活中，许多孩子的父母不重视孩子生存能力的培养，千方百计地给孩子创造安逸舒适的生活条件，一点困难和磨难也舍不得让孩子受，致使有的孩子到了中学，甚至到了大学，离开了父母就不会独立生活，处处表现出懦弱、畏缩、无能，这样的孩子将来恐怕难有出息。

如果孩子缺乏独立生存和自理自立能力，缺乏生存困境的磨砺，就很难成为生活的强者。而父母的责任应该是培养孩子有生存和自我保护的本领，使他们有勇气去面对生活中可能出现的危险与困难。因为孩子们迟早要独自面对这个社会。如果说长辈的呵护是一篓鲜嫩的鱼，那么自我保护的本领就是一根鱼竿。鱼总有吃完的时候，只有得到钓鱼的鱼竿，才能保证未来的生活衣食无忧。

第九章 不拘不束，给孩子一片属于自己的蓝天

一味地让孩子消极躲避不如教给孩子防身的技巧

有些父母怕孩子受到伤害，所以会一味地告诉孩子如何消极躲避。虽然意外事故的发生常常是不可避免的，但是通过让孩子学习一些自我保护的方法和技能，完全可以变消极躲避为积极预防，这样就能够使各种意外伤害发生的可能性降到最低。

举个例子来说，热水、药品是孩子日常经常接触的物品。花花绿绿的药会让孩子误认为是新品种糖果而吃进肚里，杯里的热水也会因为孩子缺乏判断意识而造成烫伤。那么，如何提高孩子对这些东西的预见性呢？

爸爸妈妈不如认真地跟孩子一起讨论这些问题。比如先倒一杯热水给孩子，让他用手碰一碰，然后告诉他烫伤会有哪些后果。或者拿些"外表漂亮"的药给孩子看，并且借用娃娃等进行情景表演——娃娃将药粒喝下，不一会开始肚子疼，满地打滚……孩子马上会意识到，药是不能随便吃的。

【正面管教秘诀】

让孩子知道了生活中的这些小常识以后，接着可以渐渐提高孩子的分析、判断能力。为孩子准备一些画有安全与危险事物的小图片，如插座、火、药、热水、食品、玩具等，请他们自己来区分哪些是安全的，哪些是危险的，提高他们判断事物的能力，从而提高孩子对危险的预见性，预防悲剧的发生。

重视孩子的身体锻炼

有的父母一味地让孩子学习，从不主动带领孩子进行身体锻炼，这是极其错误的做法。让孩子锻炼身体不仅能让身体结实健康，而且还能磨炼孩子的意志。参加运动对任何年龄的儿童都非常有益，无论参加的是像曲棍球、足球这样的团队运动，还是像体操、跑步这样的个人运动。在运动中，孩子都能学到新的技能，增强自信。这些都对孩子终生有益。

父母带孩子进行体育锻炼，应该根据孩子的年龄特点，选择适宜的锻炼内容和方法。比如，父母可以带孩子到室外晒太阳、拍皮球、做体操、游泳、跳绳或做体育游戏等，都能使孩子得到锻炼。

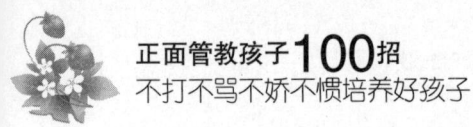

气候适宜的话，父母可以带孩子去游泳。游泳对孩子的身体是一种全面的锻炼，能使身体匀称、协调地发展，同时还可以培养孩子勇敢坚强的意志。

【正面管教秘诀】

父母最好和孩子一起进行锻炼，这是对孩子最好的鼓励。父母如果天天陪着孩子一起锻炼，抽出时间定期检查孩子的锻炼情况，并给予及时的鼓励、表扬或批评，孩子就会渐渐养成锻炼身体的好习惯。

培养孩子的安全意识

在孩子的安全教育方面，有些父母做得不是很好，他们总是认为孩子还小，天天有人照看，不会出什么事，如果这样想就错了。为了防患于未然，尽早地告诉孩子一些安全常识还是必要的。

对于小学生，完全可以把一些安全知识教给他们：如家用电器的使用和安全注意事项；煤气炉具的安全使用；化学物品、药品的标识及使用；出门必须遵守交通规则；上学放学路上要与同学结伴走，不要随便与陌生人搭话或吃陌生人给的食物；注意保护自己的身体，不能让硬物锐器损伤身体任何部分等。孩子天生好奇好动，不能硬性限制其活动，但一定要让其掌握安全知识，否则后果不堪设想。

让孩子懂得应急措施非常必要，例如，煤气泄漏时要先切断气源、开窗通风，千万不能马上开灯、打电话、关电子打火开关，否则会引起爆炸；遇到意外，要学会打报警电话、急救电话，如110、119等；懂得一些基本医学知识，如急救止血方法；万一被人强行拐走或带走，要懂得找当地公安机关、政府部门等求助。

【正面管教秘诀】

有的孩子也懂得安全知识，但天性淘气，贪玩、贪吃、自控力差，因此，有时玩起来忘了安全，造成自己受伤或伤到别人，或控制不住自己，吃陌生人的东西而上当受骗。因此，父母平时要注意增强孩子的自控力。

第十章

不疏不弃,用温暖和爱呵护孩子的心灵

正面管教孩子100招
不打不骂不娇不惯培养好孩子

第81招
满足孩子"爱我你就抱抱我"

每个孩子都希望父母关注他,尤其是女孩。据世界卫生组织公布的一次研究成果表明,平均每天能与父母共处2个小时以上的孩子,要比其他孩子智商高。

如今,父母与孩子共处的时间越来越少。早上,在孩子没醒来之前他们已经出门,晚上拖着疲惫的身躯回家,可孩子早已进入梦乡。由于工作的繁忙,父母没有更多的精力来管孩子,和孩子似乎永远是错开活动的,久而久之,孩子和父母在一起就会觉得感情不再亲密。

这些缺少父母陪伴与沟通的孩子被称为"情感饥饿"的孩子。正在成长中的孩子,内心最需要的是一种爱的感觉——和父母在一起,相互交流,在亲密的接触中感受到爱和温暖。这种被爱的感觉,是孩子日后乐观、自信、积极的动力,也是加强孩子安全感和归宿感的重要因素。如果长期缺少父母的陪伴,孩子的性格也将受到很大的影响。

所以,身为父母一定要切记,不管多忙都要抽空陪陪孩子,以满足孩子的情感要求,只有这样才有利于培养孩子健全的性格。你可以把孩子交给保姆、老人,但是他们取代不了父母在孩子心目中的地位。一定要记住,和孩子多聊天、多沟通、多共处。

不要把孩子一"托"了事

很多父母认为自己的孩子进了名园、名校,将来就能出人头地,有些父母会认为全托有助于培养孩子的独立性。

小霞的父母因忙于工作,平时无法腾出更多的时间照顾小霞,把孩子交给爷爷、奶奶看管,又怕老人把孩子惯坏了,另外也担心增加老人的负担,

第十章 不疏不弃，用温暖和爱呵护孩子的心灵

于是便考虑将小霞送去上"全托"。对此，小霞的爷爷奶奶持反对意见，他们认为孩子这么小就上"全托"，实在是太可怜了，不如让孩子就近入托，由他们天天接送。可小霞的父母看到周围那么多人都将孩子送入"全托"，更坚定了送孩子寄宿的想法。

【正面管教秘诀】

培养孩子的自理能力、学习和交往能力，不上全托也一样可以做到，养育儿女永远是父母不可推卸的责任。不要把孩子推给幼儿机构，自己回避责任。因此，如果你不想让孩子觉得自己是父母双全的"孤儿"，请谨慎从事。

不要把教育的责任全部推给学校

初一（3）班开完了父母会，王辉的母亲被老师留了下来。王辉近来经常逃课，而且他上课老是心不在焉，喜欢讲话，不遵守课堂纪律，成绩不断下降。老师了解到，王辉的父母都是个体户，平时忙于生意，很少有时间照顾孩子，于是要求王辉的父母不能只顾挣钱不管孩子，应当加强对孩子的管教，配合学校一起把孩子教育好。听了老师的话，王辉的母亲心里很不高兴，很不客气地回敬了年轻的女老师一句："孩子既然送到了学校，交了学费，就应当由学校来管；学不好，那是学校的责任，怎么能赖到我们做父母的身上来呢？"

在现实生活中有许多父母，为了生活，为了赚钱，真是含辛茹苦、拼命奔波。到了晚上，就拖着疲惫的身躯回到家中，倒头就想睡觉，无暇顾及孩子。很多父母存有王辉母亲那样的想法，自己太忙，没时间管孩子，既然把他交给了学校，那就让学校去负责吧。自己的责任就是让孩子吃饱，穿好，尽量满足他在物质方面的需要就行。这种教育态度显然是不对的。

【正面管教秘诀】

就在我们国家的一些父母把教育自己子女的责任推给学校的时候，在西方的一些国家，比如英国，"家庭学校"正在兴起。现代社会中，家庭在孩子教育过程中所起的作用越来越大。作为父母，你一定要知道：家庭——永

远是人类的终生学校,不能把教育子女的责任推给学校。

不要把孩子扔给祖辈不管不问

现实中,往往有些父母,因为各种原因,把孩子完全托付给爷爷奶奶或外公外婆照顾、教育,也乐得自己轻松、清静。有时,祖辈无原则的"隔代亲",会给孩子的成长带来很多问题。

祖辈对孩子的疼爱往往带有溺爱的成分,对孩子呵护有加、事事包办代替,不注意管教和培训孩子的自立能力。所以,祖辈带出来的孩子多有娇气、任性、缺乏自我控制能力和生活自理能力的问题,不利于孩子独立意识、行为能力和责任感的建立和发展。

【正面管教秘诀】

如果父母确实无法独立完成教养孩子的任务,需要祖辈来帮助时,也应该尽量创造条件多与孩子在一起,关心和了解孩子的学习情况和心理需要,而不要把孩子推给老人就撒手不管了,只是在发现孩子的问题时批评和训斥孩子。

第82招
让孩子感受家的爱和温暖

给孩子一个温暖的家,让孩子在这个家中感觉到温暖,让他们在家庭中感到满足和自信,是每个父母应尽的义务。我们都知道英文单词"family"。把这个单词拆开来就是"father and mother, I love you!"(爸爸,妈妈,我爱你们)家是由爸爸、妈妈和孩子共同组成的,每个人都是这个家必不可少的一部分,就像太阳、月亮和星星一样,这才是吉祥三宝,缺了谁都不行。

一个和睦的家庭不仅需要对彼此的爱,还要承担起对彼此的责任。家庭是一个可以借以躲避风雨的港口,但是港口也需要用心经营和呵护,这样才

第十章 不疏不弃，用温暖和爱呵护孩子的心灵

能挡风遮雨。

在营造温暖的家庭氛围中，母亲以她特有的身份占有得天独厚的优势。她的细心和认真，懂得怎样让孩子理解家庭的爱，感受家庭中的温暖。比如，父母可以细心地告诉孩子，在这个平静的港湾中生活，孩子也应该为这个温暖的家出一份力。在家庭中，爸爸妈妈平时为各自的工作忙忙碌碌，会在无意中忽视了对家庭的照顾。作为家中的男子汉，也应该有担当，为家庭的和美出一份力。告诉孩子，孝敬是一种美德。当父母劳累一天归来的时候，献上一杯热茶；在父母身体不舒服的时候，照顾他们；在学习之余帮助父母打扫环境卫生等。孩子在家中体会到家庭的温暖，感谢父母对自己的爱，才会去懂得关心他人，在将来的社会竞争中勇于担当。

不要将亲子时间变成教子时间

孩子需要父母的陪伴，需要父母拿出时间来关心自己、了解自己，对孩子、对父母，这都比多做几道习题、多写几个生字、多考几分更重要。但是有的父母只注重孩子的学习，把陪伴孩子的时间全部用来对孩子进行说教，让孩子无休止地完成父母加码的学习任务，使亲子时间变成教育时间、额外学习时间，使其失去了它应有的作用，这种做法不仅不能与孩子进行良好的沟通和交流，还会使孩子厌倦与父母在一起，甚至把父母的这种陪伴当作负担。

要知道，父母与孩子相处的亲子时间，不是为了教育孩子，而是为了了解孩子的感受、需要，增进亲子之间的感情。

【正面管教秘诀】

在亲子时间，父母应该暂时放下孩子的学习、功课，放下自己的工作、家务，参与到孩子的活动中，切身体会孩子的感受。

创造其乐融融的家庭氛围很重要

根据调查，三代同堂的家庭，中间一代孝敬长辈，孩子就会懂得孝敬父母和祖辈。在这样的家庭中不仅长幼有序，而且互相关心，互相宽容，呈现

一种其乐融融的家庭气氛，这对每个人的身心发展都是有利的。

创造良好的家庭氛围，全体家庭成员之间首先要做到民主平等，父母要尊重孩子的独立人格，尤其是在处理孩子自己的事情时，一定要充分听取他们的意见，尽可能按他们合理的意愿办事。同时，家庭又是一个整体，不能各自为政，总要有人当家"长"，来"领导"家庭，管理指导家庭全体成员的生活。父母是家庭生活的供养者，而且他们有丰富的生活经验，自然应当成为家庭的核心和主事人。孩子应当在父母的指导和帮助下生活、学习。

【正面管教秘诀】

平时，父母要让孩子分担家里的一些事情，让他们负起责任来。遇到为难的事情，把事情的前因后果讲给孩子听，让他们一起出主意、想办法。如果有长辈身体不舒服或生了病，告诉孩子应该做哪些事情，并付诸行动。久而久之，团结和睦的家庭氛围就形成并建立起来。

从小事入手训练孩子学会孝敬父母

孝敬父母是一种最大的美德。要想孩子孝敬父母，就要从小培养，但是有些父母却忽视了这一点。教育子女孝敬父母的一般要求是：听从父母教导，关心父母健康，分担父母忧虑，参与家务劳动，不给父母添乱。要把这些要求变为孩子的实际行动，就应当从日常小事抓起。

如关心父母健康方面：要求孩子每天要问候下班回家的父母；当父母劳累时，孩子应主动帮助或请父母休息一下；当父母外出时，孩子应提醒父母是否遗忘东西或注意天气变化；当父母生病时，孩子应主动照顾、多说宽慰话、替他们接待客人等。孩子应承担必须完成的家务劳动，哪怕是吃饭时摆筷子。

【正面管教秘诀】

父母应该根据孩子的年龄、能力、学习情况合理分配，具体指导，耐心训练，热情鼓励。这样不但有利于孩子养成家务劳动的习惯，也有利于孩子不断增强孝敬父母的观念："父母养育了我，我应为他们多做事。"

第十章 不疏不弃,用温暖和爱呵护孩子的心灵

第83招
让孩子做个心中有爱的人

我们鼓励孩子自信、勇敢、大方,也要教孩子学做一个心中有爱的人。心中装有爱的孩子,重感情,不会冷漠地对人,当得到别人的帮助时,他们懂得感恩。滴水之恩,涌泉相报,如果父母能尽早地让孩子明白这个道理,那么孩子就会懂得人生的意义。心中有爱的孩子拥有一颗纯洁的赤子之心,会更懂得照顾别人的感受,设想到自己的行为可能引发的后果等。

让孩子做个心中有爱的人,其丰富的情感世界可以帮助孩子注意到别人对他的爱和关心,让他常有一颗感恩的心,而不是世界里面只有自己。当孩子注意到别人在为自己付出的时候,他们就会懂得要报以同样的回报,这样才能更多地感受到生活的美好,体会到人生的精彩。

让孩子学会感恩

一位年轻的父母给她的宝贝儿子买了一支冰棍儿,或许是想让儿子拿着方便,未经儿子允许,先在冰棍儿下部咬了一口。这可惹怒了宝贝儿子,只见他接过冰棍儿便一下摔在了地上。接下来便是一阵哭闹,结果父母顺从了儿子的要求,又买了一支,才平息了这场风波。

这种情形的出现,多是孩子在家庭中受几代人的宠爱、保护的结果。家庭中长辈关心孩子,人人服从孩子,于是,孩子便产生一种理所当然的至高无上的优越感。

父母要让孩子感到自己生活在母爱、父爱或其他人的关爱之中,并应该对亲人有所"回报"。每一个孩子都应主动回报爱他的人,孩子在帮助他人时,父母要珍惜孩子这份可贵的情感。有些父母出于好心,不忍心要孩子的心爱之物,或不舍得让孩子做事。久而久之,孩子这份可贵的情感就会被磨

灭，到时再说"这孩子真没心，真无情"就已经晚了。

【正面管教秘诀】

父母及长辈们的让步，是孩子产生利己主义的一个根源。例如，爷爷要睡觉，孩子要看电视，只能爷爷让步；女儿要吃冰淇淋，不管路多远，爸爸也得去买；儿子要妈妈在家，一哭闹，妈妈便不去上班了……

给孩子爱心教育

有些父母会教育孩子从小关心家人，爱护自己，但是对于家人以外的人却很少让孩子去关心。

孩子既然学会关心自己，关心父母，为什么不能学会关心他人呢？父母要教育孩子有爱心和同情心。当别人有困难时，要热情相助。比如，在公共汽车上，要主动让座；到邻居家中和小妹妹一起玩时，把自己的玩具和学习用具送给她；要积极参加社会上的助残活动，如为盲童收集挂历做盲文书写纸；节省买冰棍儿的钱为残疾人捐款；主动帮助楼内的保洁员搞卫生等。

【正面管教秘诀】

能够关心和帮助别人，不仅是一种美德，也是重要的社会适应能力。因此，父母应当有意识地教孩子把关心他人引向关心集体。

注意保护孩子的同情心

孩子具有天生的同情心，父母应该注意保护、培育，不要轻易扼杀。当孩子做了好事时，父母要多加鼓励，因为父母的信任感、外界的反馈会促进孩子有更多的行动，孩子与父母的互动会形成良性的循环。

孩子在1~3岁时，已经能分辨出自己和他人，同时也能分辨出自己的痛苦与他人的痛苦。在1岁之前的孩子是分不清自我和他人、分不清自己和世界的。自己的痛苦和世界之间有什么关系，他人的痛苦和自己有什么样的关系，对这个时期的孩子来说是混混沌沌的。所以我们看到，当他看到别的孩子哭泣时，自己也会跟着哭。

孩子到了3岁左右时，就会对他人的痛苦表示出本能的同情了，如表露出

第十章 不疏不弃，用温暖和爱呵护孩子的心灵

关心的表情，同情的关注，甚至用充满同情的肢体语言接触、抚摸、轻拍，以示安慰。然而，在此阶段，孩子仍然不具备语言的安慰和更为高级的同情、关心行为。

孩子到了5～7岁时，就已经具有了对他人的同情认知的反馈能力。也就是说，已经超越了他人哭而我哭，或者说是他人哭我立即跑过去表示"安慰"的阶段，而是能够根据别人的痛苦的情况，决定安慰的时间和关心的形式：是陪别人哭，还是语言安慰，或者说是去叫大人来处理等。

许多孩子到10岁左右时，已经能够用理智的态度来对待弱势或者是劣势的人和事，表现出恰当的同情心和关心。这个时期孩子的同情心已不再局限于家庭或者是认识的人身上，他们已经把同情心扩散到任何一个弱势或者是劣势的陌生人和事件上。

从上面这些孩子的年龄段来分析，培养孩子富有同情心的最佳时机是幼儿时期。此时一方面孩子已经具备了形成同情心的心理基础，另一方面是孩子的模仿能力强，父母通过言传身教，就能增强孩子的同情心。

【正面管教秘诀】

一个人能否成为受别人欢迎的人，很大程度上取决于他是否具有同情心，是否关心别人。

父母应该从小就让孩子参与抚养小动物，通过这些培养孩子的同情心和责任感。从关心小动物到关心他人，孩子的同情心可以在此过程中一点点积累起来。

第84招
让真善美住在孩子心中

心理学家诺尔蒂说："如果儿童生活在充满鼓励的环境中，他就学会自信；如果生活在充满赞扬的环境中，他就学会提高自己的身价；如果生活在

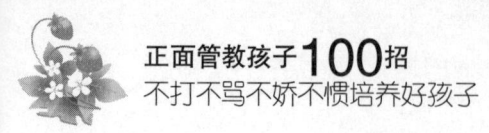

公平的环境中,他就学会正义;如果生活在安全的环境中,他就学会信任他人;如果生活在充满赞许的环境中,他就学会自爱;如果生活在互相承认和友好的环境中,他就学会在这个世界上寻找爱。"

与此相反,一个成长在爱的缺失的环境下的孩子,心里埋下的很可能是仇恨、敌对的种子,这样的孩子往往不受欢迎,被人排斥,在学校里表现为爱欺负同学、经常打架、作恶多端、滋事生非等,令父母和老师非常难管教。

有一个故事值得父母和学校深思:初中女生零零报警说:有个同学老在网上骂我,还说要喊人打我。零零不久前认识了另一所中学的几个女生,成了朋友,互相加了QQ,还约一起逛街。有次见面,她和其中的女生圆圆为点小事吵起来,不欢而散。后来,圆圆整天给她发短信骂她、侮辱她、恐吓她,现在又说要杀了她,她又不敢告诉家人。后来经过询问,原来圆圆的父母早就离异,从此在她的心里就认定自己是被"抛弃"的孩子。

这些欺负人的孩子曾经受过家庭虐待、遭受父母遗弃,他们不敢或没有机会将父母带给他们的愤怒直接返还给父母,于是就将自己从家庭里所遭受的虐待和承受的痛苦转移置换到别人身上,并从这个过程中,得到自己心理上的平衡。

怎样教育孩子改变这种心理上的扭曲,重要的是传递给孩子真善美的信念。一个在美好、善良、和谐的环境下成长起来的孩子,其内心也一定是光明的,懂得善待自己,善待别人。

不要将爱的范围定位得太狭窄

有些父母对爱的范围定位太过狭窄,所以,教育出来的孩子也不可能拥有大爱。孩子终究会走上社会,只有把对自己对家庭的爱转化为对大家的爱,这才是理性的爱,才是爱的升华。

让孩子学会关心集体,是关心他人的一种深层次的表现。父母应和孩子经常参加一些活动,如参加艺术节时,父母带上相机,为老师和同学们拍照;为方便班里搞卫生,让孩子经常收集家里的塑料袋,拿到学校装垃圾,

第十章 不疏不弃，用温暖和爱呵护孩子的心灵

还可买来百洁布和去污粉让孩子带到班里使用；新年联欢会，可以找来拉花布置教室……

让孩子学会关心社会，是通过家庭与学校、社会教育的配合，让孩子知道自己是中华人民共和国的一个公民，是祖国大家庭中的一员。教育他从小要热爱祖国、热爱人民，增强孩子的社会责任感和公德意识。

【正面管教秘诀】

父母对孩子能关心别人，有好东西让大家分享，或作出一定牺牲的举动，要给予肯定、赞许，但不要大惊小怪地予以奖赏。不恰当的物质奖励不利于培养他无私的品格，反而会使孩子为了追求奖赏而去做事，一旦一次没有给奖赏，下次可能就不做了，这样会滋生孩子的利己主义。

教导孩子"除了亲人外谁也不能相信"的做法是错误的

邻居给了豆豆一块巧克力，豆豆很开心地回家了。但过了一会儿，豆豆又站在了邻居的门外，红着眼睛怯生生地说："叔叔，妈妈说了，谁的东西也不能要，妈妈让我把巧克力还给你。"说着，她把装有巧克力的塑料袋递到邻居的手上，一步一回头地走了。

是的，我们要教孩子从小有防范意识，但是孩子的健康成长，更需要爱的阳光，需要亲情、关爱和帮助。只有在爱的阳光沐浴下，孩子的笑容才更灿烂，才会对明天有美好的憧憬；只有在充满亲情和关爱的氛围中，孩子才会由被爱学会爱别人，由被呵护学会呵护别人；只有接受他人帮助然后再去帮助别人，孩子才能逐步学会在人生旅途的跋涉中克服一个又一个困难，一步步迈入成功的殿堂。

如果父母从小教育孩子，除了亲人以外，谁也不相信，对谁也不能有感情，一味地拒绝他人，那么长此以往养成的所谓自尊与独立，必然包含更多的是淡漠与孤僻。有了这种封闭的心灵，很难想象孩子将来如何经历风吹雨打，如何在社会中立足与生存。

【正面管教秘诀】

孩子是单纯天真的，他们的成长离不开周围环境的影响。年轻父母需要做的，不仅仅是教会孩子自我保护，还要让孩子相信这世上的真、善、美。

教孩子学会热爱和珍视生命

我们常常看到这样的情景：孩子逛街时，迎面过来一只小狗，孩子情不自禁地去抚弄小狗，眼里流露出爱怜的神情。但是有的父母却不允许孩子这样做，会赶紧把孩子拉到一边，并且生气地说："多脏啊，你摸它干吗，以后不许碰。"有的父母顺便还会踢小动物一脚。

在这样的教育下，我们会看到一些搞恶作剧的孩子，抓住小猫、小狗的尾巴，听到它们悲惨的嚎叫而开心不已。

动物园、公园往往是孩子们的天下。孩子们和小动物们嬉戏，快乐异常，显现出爱的天性。英国有句名言："爱我者，爱我的狗。"对培养孩子的健全人格，唤起孩子的爱心和同情心，启迪孩子的爱心，让孩子多与动物玩是一种有效的方法，是呼唤美好人性的一种表现。

【正面管教秘诀】

不管你怎样把净化和丰富精神世界的活动引入家庭生活，有一点是最重要的：如果你的内心没有爱，就不可能给别人爱。父母首先要做的是，要让内心世界充满爱，做有爱心的人，才能培养、引发孩子来自内心的爱。

第85招
亲子之爱要表达

"我爱你"这句外国人天天挂在嘴边的话，中国父母怎么说都说不出来，但当我们听到孩子从口中说出"爸爸妈妈我爱你们"这样的话的时候，心中还是会和吃了蜜一样的甜，可见我们并不是不喜欢这样直露的表达方式。如果爸爸妈妈也能对孩子大声说出"我们爱你"，孩子肯定会很开心。

第十章 不疏不弃，用温暖和爱呵护孩子的心灵

其实，亲子之间表达爱的方式有很多种，可以是肢体动作，也可以是口头表达，或者将对孩子的爱写下来。当孩子放学回家之后，给他们一个拥抱，一个吻；当孩子过生日的时候，写一张贺卡，表达对他们的爱和感谢等，都能温暖孩子的心灵。

家庭教育是一个潜移默化的过程，都是在各种各样的生活细节中完成的，所以父母一定要注意，平时对孩子表达出自己的爱，可以让孩子更加懂得和感悟父母的恩情，从而也会更加地爱父母。

父母该怎样对孩子表达爱

一个10岁的女孩一脚把自己养的一只小鸡踩死了，只是因为，她看到父母帮自己给小鸡喂食的时候，觉得父母对小鸡比对自己更好。

无法否认，小女孩的想法过于偏激，但试想，如果平时这位父母能略微表达一下对女儿的疼爱，也许这样的事情就不会发生。

其实，任何一个孩子都需要父母的爱，被爱使孩子有安全感与价值感。父母对子女示爱时，除了要使孩子体验到被爱的满足之外，也应使孩子知道因何事而被爱，从而学到是非观念。更有调查表明，如果经常对孩子说："我爱你！""真高兴，你是我的宝贝！"等等，以及经常拥抱、抚摸和亲吻孩子，会慢慢地给孩子以自信。孩子们长大后注定要在充满压力的环境中生存，而自幼就得到亲子行为温暖的人更能适应社会环境的压力，并避免那些与压力有关的疾病。

高尔基说："爱孩子，这是连母鸡都会的。"大家都知道，母爱是无私的、是奉献，但在这儿，"无私奉献"并不是"崇高"的代名词，因为母爱只是任何动物都具备的一种本能，人和动物的区别在于人有意识，因此，人在爱自己的孩子时头脑一定要有清醒意识，要有原则地、理智地去爱。但是，许多父母"望子成龙"心切，却不知道怎样合理地去爱孩子，甚至形成了不正确的教育态度。

【正面管教秘诀】

孩子最害怕的就是被遗弃与遗忘。对孩子来说,父母的爱是无条件的包容,这种无条件的爱会使孩子感受到很深的安全感。孩子一旦有了安全感,自信、稳定、自在的感觉就会油然而生,这样才能勇敢地冒险,不怕艰苦。这种爱是人类的最基本的需要。

父母不要忽视孩子对自己的爱

有句话说得好:父爱如山,母爱如海。意思是说,父爱有如大山一样坚实、深沉;母爱有如大海一样宽容、博大。那孩子的爱呢?你可曾真正了解过、感受过?有对父母在论坛上把自己教育孩子的点点滴滴贴出来和大家交流,许多网友都被这对父母对孩子的爱所感动,对母爱给予很高的评价。但有位学生却跟帖说:"真羡慕你儿子有你这么好的妈妈,如果我妈妈有那么好就好了,当然如果我也能那么好。"

穆尼尔·纳素夫说:"母爱不仅仅是指父母对孩子的爱,也应包含孩子对父母的爱。"但现实中,人们往往过多地注意到父母对孩子的爱,却忽视了孩子对父母的爱。

有的孩子想为父母分担一点家务,父母会说:"看书去,只要你把书读好就够了。"在大学读书的孩子要回来了,打电话问:"我帮你们买点什么礼物呢?""不用了,你人回来就是最好的礼物。"这是多数父母会说的话。

【正面管教秘诀】

好的习惯是从小养成的,它来自于生活的点点滴滴。为了让爱成为一种习惯,请不要忽视孩子对父母的爱。

爸爸对孩子的爱很重要

一些爸爸关注的是孩子的学习成绩和物质生活,至于孩子心里在想什么,不少父亲以"工作忙,没有时间去管他"这样的借口而忽略了。7成的孩子上学放学都是由妈妈或保姆来接,5成的孩子在家大部分时间是跟妈妈或祖父母一起度过,2成左右的孩子几乎一天到晚都见不到爸爸。

每天晚上,小明都要听着妈妈的故事入眠。而爸爸在他心目中总是忙忙

第十章 不疏不弃，用温暖和爱呵护孩子的心灵

碌碌，早出晚归，回来后总是满脸疲惫。一天，妈妈有事在忙，小明却吵着要听故事，妈妈只好让小明的爸爸去给小明讲个故事，让他赶紧睡觉。可小明的爸爸说太忙，还是让小明的妈妈讲。

在一次幼儿园的父母会上，老师说小明最近写作业不认真，不喜欢和小朋友玩等，希望爸爸能够多抽点时间陪孩子一起学习，这让小明的爸爸感到惭愧。

【正面管教秘诀】

有专家呼吁，孩子缺失父爱已经成为中国家庭教育的巨大隐患。专家建议父亲无论多忙，都要每天抽出时间陪孩子，倾听他们的苦恼，分享他们的快乐，陪他们玩耍，在交流中适时教育。

第86招
重视孩子的叛逆期心理和行为

父母要让孩子知道，人生不售回程票，不是所有的东西都可以重来。人在社会中，你注定要扮演某个角色，虽非心甘情愿，却也无可奈何。在社会生活中，如何尽快地为自己找到安身立命之处，是每个人不得不面对的选择，社会不会等待你成长，所以你要自动自发地走向成熟。

成熟的标志之一是适应生活中的不公平，对自己在生活中无法实现的满足不再叛逆和抗拒。

父母要告诉孩子，生活不可能给你任何你想要的，总有一些地方是上帝不愿意满足你的。在那些不完满的领域，你不要选择一味地抱怨，因为无休止的抱怨过后就是低落和消沉。不要认为整个世界都对不起你，也不要质问为什么别人得到的总比自己多。殊不知，任何人都有不完美的方面，都有输于别人的地方，只是他们对此的态度不同罢了。

同时，适应不意味着放弃努力，适应只是让你拥有一份平和的心态去面

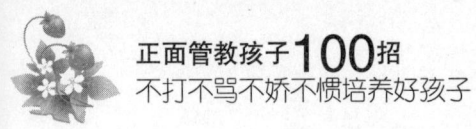

对生命中的风风雨雨。适应就是困境中的调和剂，给你一片缓冲地带以帮助你去进行新的选择和新的努力。

面对社会上存在的不公平，青春躁动的少男少女们要学会去适应，试着用更宽阔的胸怀去接受，然后再尽自己的努力去改变。

关注孩子的心灵世界

中央电视台《今日说法》栏目曾经报道了一个让人难以置信的事件：父母对一对双胞胎姐妹百般依顺，唯有学习父母管得甚严，从小到大，姐妹俩几乎天天被锁在家里学习。她们只能透过窗户把羡慕与向往的目光投向外面的孩子。那把锁，并没锁住她们的心，反而锁住了原本属于她们的活力，滋长着与日俱增的仇恨。

步入学校后，她俩显得格格不入。自私、任性、以自我为中心成了她俩社交的最大阻碍。当与老师或同学发生摩擦时，父母只是轻描淡写地说上几句或者干脆将其转学。第二次中考失利后，父母将其又锁在家里并不予理睬。迷恋上网而又不甘失去自由的姐妹俩，突然觉得只有杀了父母才能拥有自由。于是，一锅红枣粥中隐藏着一个杀死父母寻求自由的罪恶阴谋。

【正面管教秘诀】

和孩子一起成长，用孩子的眼光看孩子，随着孩子的成长，你会发现，在孩子慢慢读懂这个世界的同时，你也慢慢地读懂了孩子，走进了孩子的心灵世界。希望父母们能给孩子多一分理解、多一些空间。

家庭冷暴力对孩子潜在的危害

大多数的父母都明白打孩子是不对的，他们希望自己的孩子在没有暴力的环境中长大。但心理学家指出，暴力并不仅仅意味着父母动手打孩子，其他的方式一样可能会给孩子带来伤害。

对孩子不理不睬、侮辱、蔑视，让孩子承受超过他们承受能力的责任，给孩子很大的压力，这是另外一种形式的暴力。如果父母忽视自己的孩子，不关心自己孩子的营养，不给他们穿合适的衣服，孩子也会感到痛苦。还有

第十章　不疏不弃，用温暖和爱呵护孩子的心灵

那些为了让孩子听话总用"父母会不喜欢他们"、"扔下他们不管"来威胁孩子的父母，同样也是在伤害孩子。孩子年龄越小，对父母依赖性越强，越容易受到父母的伤害。

王先生带着孩子来到医院，他的孩子上课时经常无缘无故地大叫，品行怪异，经心理医生诊断，孩子患有品行障碍，而罪魁祸首正是"冷暴力"。

"冷暴力"对孩子潜在的危害，越来越引起社会关注。孩子遭遇"冷暴力"容易患上严重的心理疾病。

【正面管教秘诀】

父母和子女之间的"冷暴力"实际就是新的社会环境下，亲子之间缺乏沟通的一个表现形式。对此，父母要用关爱的语言感化孩子的心灵，若想取得好的教育效果，防范冷暴力伤害，就必须多关注和满足孩子的情感需求。

了解孩子的逆反心理

为父母者要认识成长中孩子的叛逆心理，并了解孩子为何叛逆。孩子叛逆行为的形成，非一朝一夕。其可能形成的原因包括多方面。

人与人的相处，应是相互作用的，你尊重我，我也尊重你，你对我好，我也对你好。父母与孩子的相处也是如此。身为父母的你，必须注意自己与孩子的沟通方式。很多时候，孩子不一定是叛逆，可能他说了一句话，父母觉得不满意，就大声骂他，孩子受到刺激，也变得大声对抗，或以沉默抗议，或以反叛行为抗议。

许多时候，孩子心里不满父母脾气不好，说话不算话等，但又说不出来，便会以行为来表现自己的不满。有时候，父母并非脾气不好，而是因为孩子行为不良，经常犯错误，父母自然责备得比较多。可是，孩子却固执地认为父母脾气不好。因此，他很可能会以不听从命令等行为表示不满。

【正面管教秘诀】

孩子叛逆，父母一定会不满，因此，会为自己的权利斗争，用声音来压倒他。急躁的父母，应该提醒自己，保持冷静，等孩子冷静，再与他进行沟通。孩子叛逆时，言语和行为会如暴风雨一般，不懂得控制自己，但父母却

应该懂得何时该保持冷静。应该像从前一样关怀孩子,对待孩子,到了一定阶段,这种叛逆的行为将自动消失。

第87招
单亲家庭要给孩子更多一点爱

作为孩子的妈妈,宋丹丹离婚不仅仅会给自己的心灵造成莫大的伤害,对自己孩子的伤害更大。宋丹丹的婚姻解体后,儿子先是随父亲,后来父亲再婚,宋丹丹又把抚养儿子的权利争取了回来。因为,她不想给孩子的生活造成阴影,留下永久的遗憾。她深知父母的离异除了让孩子害怕和不安,没有别的。

面对婚姻的破裂,宋丹丹依然很乐观,她要给孩子一个快乐的家庭。她开始对儿子巴图进行细心的教育,为了让他心中无恨,装满爱,对生活充满希望,她让儿子帮她决定再婚的对象,条件是要爱她也爱他的。宋丹丹就像《家有儿女》中的妈妈那样,再婚后以自己的乐观态度营造了一个温暖的家,她促成了巴图跟继父之间的亲密感情。后来,儿子就成了再婚家庭中的情感大使,始终阳光、快乐、幽默,不但爱妈妈,爱继父,还爱继父的女儿,一个跟他没有血缘关系的姐姐。

经营好组合的家庭是困难的,但是乐观的宋丹丹不畏惧困难,在生活中与子女配合得相当默契。在宋丹丹细致的呵护和独特而理性的宽严适度的管教下,儿子和女儿在特殊的成长环境中学会了爱,学会了宽容。

可见,家庭氛围对孩子的成长有很大的影响。父母要在生活中把乐观的心态传达给孩子,只有在快乐环境中成长的孩子才能形成健全的人格和好的性格。

第十章 不疏不弃，用温暖和爱呵护孩子的心灵

离婚给孩子带来怎样的伤害

有孩子的夫妇在离异时能否不让他们的孩子受苦？在诉讼时是否也应该给孩子以发言权？这是人们关心的问题。

每个离异家庭的孩子都有他自己的故事。所有这样的孩子都说："世上没有幸福的离异。"有些分手还算"进行得不错"，留下的伤疤不很严重。但大多数的离异都把孩子牵连进家庭事件中，使他们在家庭崩溃时很难保持中立，很难表态站在哪一边，很难不感到有一种内疚。

【正面管教秘诀】

生活在一起的男女双方无法再生活下去，离婚无疑是他们最好的选择。可是离婚之前，一定要先解决好孩子的问题，让离婚给孩子带来的伤害降低到最小。步入婚姻殿堂的男女，一定要用心经营自己的婚姻，不要轻易跨出婚姻的门槛，让孩子远离父母离婚的伤害。

离异后不要向孩子灌输敌对情绪

很多夫妻离异后，一方带着孩子，就不愿意让对方与孩子接触，有的甚至干脆搬迁到对方找不到的地方，让孩子看不到父亲或母亲。有的有意识地把对方贬得一无是处，向孩子灌输敌对情绪。比如"你爸爸没有文化，像他那样肯定没什么出息"之类的话，孩子听得多了就会在心理上对另一方形成排斥，这是许多单亲家庭孩子性格偏离正常轨道的一个重要原因。

【正面管教秘诀】

社会在发展，人们的观念在改变，离婚已经不是什么新鲜事。但是，在选择离婚的时候，应该慎重一些，尽量减少对孩子的伤害。如果婚姻已经死亡不能挽救了，就好离好散；在孩子归属问题上，不要赌气，要理智地分析一下怎样做对孩子更好；血浓于水，孩子不会因为父母离婚而和父母疏远，所以，离婚后，父母不仅要满足孩子物质上的要求，还要担当起教育孩子的责任，不要放任自流。

离婚后不能把孩子作为报复对方的武器

有的父母，由于各种原因走上了离婚的道路，为了报复对方，孩子就成了他们的武器。这种影响极坏的做法要马上停止。

父母离婚对孩子最大的打击就是失去安全感。所以，让孩子知道，虽然父母离婚了，但他永远不会失去父母对他的爱，这一点至关重要。

让他感受到虽然他只和父母一方生活在一起，但他的生活和以前一样安全、稳定，他不必担心什么。做到这一点，需要父母双方的合作，这对大多数离异的夫妻来说很难。和一个也许带给你很多创痛的人合作，你可能极不情愿，但你不能把你们之间的恩恩怨怨转移到孩子身上。毕竟双方都是孩子的亲生父母，与孩子之间的亲情无法抹去。如果把仇恨强加给孩子，不仅会给孩子带来很大的心理压力，还会使孩子长大后失去爱心。所以，你需要以理性和宽容来对待曾经伤害你的人。抚养孩子的一方要允许孩子与另一方联系，不抚养的一方则要多来看望孩子，让孩子感受到爸爸妈妈虽然不在一起，但对自己的爱没有变。

【正面管教秘诀】

单亲家庭中的两代人之间往往在情感上过于亲密，这是一种自然的情感联盟，但过分的情感依赖容易产生负面效应。所以，让孩子和自己都有独立生活的心理意识和能力，是单亲家庭最明智的选择。

第88招
给孩子一些安全感

如果你的家庭中有一个小女孩，父母们需要格外注意对女孩的关注。一方面是因为女孩的心灵比较依赖别人的关注，女孩的性格和对自己的看法往往来自父母的言语和态度，另一方面也是因为女孩有很多问题都是由于缺少

第十章 不疏不弃，用温暖和爱呵护孩子的心灵

关注造成的。

女孩性格孤僻、倔强、缺乏自信、妒忌心重等，这些心理问题都是因为父母没有及时给以关注、没有及时抚平她心中的不平衡造成的。我们建议，父母要在每天抽出一段时间来和女孩沟通，最好是在她入睡前的一个小时，可以和她谈谈今天的收获，给她讲讲童话故事，和她一起读一首小诗、听一段音乐等。即使不是言语上的交流，但是父母和女孩在一起的话，也能起到很好的"关注"的效果。

对于长期工作在外地的父母而言，关注女孩有点力不从心。这时候父母最好能按时给女孩打电话，并且一定要守时。这样的行动看起来很简单，但是能告诉女孩，你一直在关注她，她是你生活中的一部分，你一定会出现在说好的时间里。这样有益于女孩找到安全感和归宿感。

不要忽视孩子的问题行为

在上学前班的华华因为经常在上课时做鬼脸、学怪叫，被老师批评。妈妈发现华华在家自己也常挤眉弄眼，被提醒后，华华暂时不眨眼不做怪动作了，可没过多久又故态重现，妈妈认为这是孩子存心捣乱，气恼不已。后经医生分析，孩子怪异表现的起因，来源于华华爸爸下岗后心情郁闷染上酒瘾，为此，爸爸和妈妈经常吵架，孩子的眨眼症状正是从那时开始的。随着家庭"内战"的升级，华华的怪动作也变得越来越多了。

华华的这些怪动作在被提醒时暂时被克制，但时间一长又故态复萌，时好时坏，时轻时重，经常变换花样，不少父母会认为这是孩子在存心捣乱。为了强制孩子改掉这些"坏毛病"，父母或老师以劝导、训斥、体罚等手段来纠正孩子，可实践结果表明，这种处理方式只能是适得其反。

【正面管教秘诀】

像华华家这种矛盾不断的家庭，给孩子造成的心理压力是显而易见的。父母应千方百计地创造条件，为孩子创造平静而自信的氛围，保持孩子愉悦、放松的心情。放弃、打骂、恫吓、责怪，只能让孩子感到更紧张，问题行为也会越发频繁。父母的焦虑不安和过分关注，更会无形中形成一种紧张气氛，

了解孩子渴望获得关注的心理

潘旭拿着自己比较得意的画向妈妈展示,正在厨房忙碌的妈妈歪着脑袋看了一下说:"不错,不错。"潘旭并不满意妈妈这个"不错、不错"的评价。还不死心地又问:"不错在哪儿?您觉得哪儿画得最好?"忙碌的妈妈不耐烦了:"你怎么那么麻烦?没完没了呀!没看见我忙着呢。不就是一张画吗,有什么了不起的,要能在区里、市里获个奖嘛,也值得显摆显摆。行了、行了,我没时间,你也赶紧做作业去!"

潘旭气得把画揉成了一个团儿。

孩子希望得到父母的关注,来满足与父母交流、让父母关爱的心理需要。但父母往往忽视孩子这种心理需要,用"我没时间"、"忙着呢"来搪塞、敷衍孩子。

如果父母忽视孩子的需要,不理会孩子想获得关注的信号,会使孩子感到失落、伤心,觉得父母根本就不重视自己。孩子正常的心理需要得不到满足,会使孩子的心理健康受到危害,使孩子变得焦虑、孤僻、猜忌,与父母产生隔阂。这种心理如果得不到及时的调整和缓解,孩子甚至会出现心理障碍、暴力倾向等。

【正面管教秘诀】

父母应以平和的态度、用欣赏的目光看待孩子的成绩,肯定他的付出、努力和成果。当然,这种肯定必须是实事求是的、发自内心的,不需要过分地夸大。

威胁和恐吓会给孩子造成心理恐慌

有些父母出于对子女的爱,常用威胁恐吓的办法来束缚他们,欲使他们免遭灾祸。有这样一个事例,4岁的汤米做了扁桃体切除术,快要康复了,然而这时护士发现他变得异乎寻常的孤独离群,不肯与任何人讲话了。后来,医生了解到,原来汤米的母亲为了能让儿子早日病愈,便吓唬他说,如果他对陌生人讲话就会死的。

做父母的利用子女对自己的信任,让他们置身于恐怖的境地,终日神经

第十章 不疏不弃,用温暖和爱呵护孩子的心灵

紧张、提心吊胆,这难道不是残酷的精神虐待吗?

环境具有强大的影响力,它给孩子耳濡目染、潜移默化的力量,孩子在不同的环境中会形成不同的个性。

【正面管教秘诀】

孩子的心里有不安的土壤,重则会萌发出许多的恐惧,并可能最终演绎为不幸;轻则无法集中精力学习,性格压抑。而这就相当于毁掉了好好的一个孩子。

第89招
正确地跟孩子谈性

很多父母对孩子的性教育都感到头疼,觉得不知道如何向孩子说明,而且即便是有所关注,也是将目光投向生理方面。在很多人看来,性别教育就是性知识教育,即把"性""别"分开来。例如,教育孩子了解男女生理结构如何不同,月经初潮和遗精是怎么回事,教导男孩和女孩各自应恪守怎样的性规范等。

性教育应该是要结合性别角色进行的。性别角色的教育,就是让不同性别的孩子展现出与性别相应的特点,男孩就要体现出阳刚之气,女孩就应该表现出阴柔之美。人类学家认为,人的生理性别是天生的,而心理性别则在于后天的教育,这尤其取决于儿童期接受的成人的影响和教育。

在日常的生活当中,父母常常会很自然地对孩子的性格给予指导,比如给女孩穿粉色的衣服,给男孩穿蓝色的衣服,通过这些提示让孩子明白自己是男孩,还是女孩。通过对孩子进行性教育,让他能够明确自己所要扮演的性别角色,以及在这样的一个角色下他要成为一个什么样的人,应该承担什么样的社会责任,怎样尊重异性以及和别人交往合作。

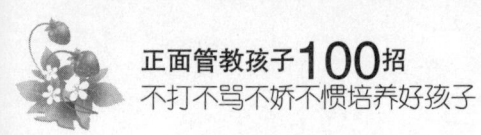

对孩子的性教育不能采取回避态度

在心理科的病人中有不少是形形色色的性变态患者：一位有恋物癖的男性，21岁，工作和学习都很好，人也正派，唯一的毛病就是见到女人的乳房，就丧失理智，不由自主地想去触摸。经医生分析，这是不当的家庭教育产生的恶果。原来他小时，没有吃过母亲的奶，对别的孩子偎依在母亲怀里吃奶的情况非常羡慕，对女性的乳房也由此产生了浓厚的兴趣。在他三四岁时，有一天看到母亲午睡时露着乳房，就上去抚弄，被母亲痛骂了一顿，于是就更强化了对女性乳房的兴趣感，成人后发作，变成了不能自控的变态心理。

性教育该怎样进行，它的缺失会造成哪些问题，已经引起了社会的关注。如果孩子从小对性有一个正确的认识，那么他就倾向于发展成为正常、健康、幸福的人。

【正面管教秘诀】

性教育不会如许多家庭所认为的那样可有可无，或者放任自流。有时不经意间的言行都可能深刻地影响到孩子的一生。因此，从现在开始，我们的父母就应对性教育有一个科学、健康的认识。父母要随着孩子年龄的增长及时地给予讲述或指导，防止孩子生殖系统各种疾病的发生，也可减少不必要的迷惑、恐惧、焦虑和害羞的心理。

性教育与青春期教育可以画等号吗

有的父母片面地认为，性教育就是青春期教育，性教育的对象只是进入青春发育期的青少年，这实际上是在性教育对象上的误区。美国性信息和性教育理事会主席玛丽·考尔德博士认为：对于性教育，可能特别关键而有效的时期是14岁之前，尤其是5岁之前，这一时期所接受的有关"性"的培养和教育，无疑地将决定儿童、少年以致此后一生有关"性"的种种方面。成人中的"性别认同障碍"，实质上是不能认同自己的生理性别。个体在生物学上的"性"，与其在心理学上的"性别"和社会学上的"性别角色"未必总保持一致，只有个体把自己看作男人或女人，同时其行为举止都符合自身的

第十章 不疏不弃，用温暖和爱呵护孩子的心灵

"性别角色"，才是性别认同。在性别认同中出现的反常现象，表现为性别角色紊乱或性别角色倒错的，往往是患者在童年的生活过程中，由父母及其他人对他们的教养态度、方式及期望造成的。因此，性教育从儿童早期就应该开始，从婴幼儿、童年一直到青少年，围绕着达到对"性别"的生物性和社会性的认识，形成正确的性别角色以及青春期的性适应等教育目标，对不同年龄阶段的孩子，开展不同内容的性教育。

【正面管教秘诀】

以上性教育误区的存在会直接影响到儿童早期性教育的效果，还可能因此而形成对性的羞耻感、厌恶感，甚至萌生罪恶感，引发性心理异常。由此可见，为了孩子的现在和将来，父母必须及早走出性教育的误区，树立正确的儿童性教育观念，开展科学、适当、有效的性健康教育。

把握好性教育时机

由于历史和文化的原因，在传统教育中，中国父母对待孩子的性问题常常以惩罚和告诫的方式处理，简单而粗暴，这样的方式影响了孩子性心理的健康发展。如今，人们已经意识到不可以用旧的方式来对待孩子的性问题，但是却苦于没有现成的新方式可以使用，于是当面临儿童的性教育时，很多父母往往一片茫然。

小凯今年7岁，上小学一年级。一次，跟爸爸妈妈去一家西餐厅吃饭，他发现旁边的桌子上放着一本娱乐杂志，就拿来翻看，看到了一些国外的明星穿着比较暴露的照片，是穿比基尼的那种，还有一些是女明星和男明星很亲密的照片。他看了很久，妈妈当时不知道如何说，也不敢阻止他。在准备离开时，小凯说："你和爸爸去外面等我！"最后小凯在里面看了大概七八分钟的样子才走出来。

一次，妈妈带小凯去买药，药店里安全套的摆放位置刚好在他的视线内，安全套的包装上有很多那种比较裸露的图片。他说："妈妈你去买药吧，我在这儿等你！"妈妈没同意，说这些是大人的用品，就把他拉走了……妈妈对此不知如何是好。

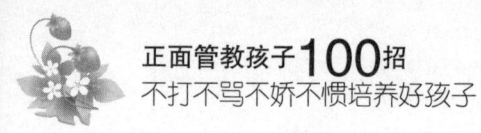

【正面管教秘诀】

父母一定要把握好性教育时机,就案例中的孩子来说,当孩子在看明星穿着比较暴露的照片时,妈妈可以主动与孩子谈论这个话题,了解孩子的心理,还要把握好孩子行为的界限。当孩子提出让父母到西餐厅门口等他的时候,孩子对父母试探的界限已经超出了父母的接受程度,父母心里非常清楚孩子的目的,却违心地顺从了孩子的要求。此时,父母可以问孩子:"为什么要我们到门口等你呢?你还需要做什么吗?"这样我们就表明了对这件事情的界限,孩子才能够平静地调整自己的行为。

第90招
从小让孩子懂得自然性别的差异

当一个孩子性别确定的时候,周围的环境已经为他的性别贴上了独特的"标签",人们也习惯按照不同性别的社会期望来塑造他。如果男孩哭了,父母就会告诉他:女孩才会哭泣,男孩则是"有泪不轻弹"。女孩得到的玩具是芭比娃娃、毛绒玩具,而男孩的玩具通常是变形金刚或是运动器械。

在父母、老师与孩子的互动中,我们需要孩子按照他们的性别角色的期望来行动,而且渐渐地将这种鼓励变成强制,我们习惯对"守规矩"的孩子给予肯定和表扬,对"违规"的孩子给予惩罚和批评,这样就更加强化了性别角色的模式。在这种教育环境下,孩子们会改变自己的行为以适应性别定式。

从小培养孩子的性别意识,有利于他们的身心健康。在教育子女的过程中,性别不应该被忽略。心理学家通过研究发现,人在4岁的时候就已经形成性别意识了。一个孩子很小的时候,根本就没有性别意识,在3岁以后开始感觉到自己和异性小朋友有不一样的地方。这时,父母就应该开始着手对孩子进行性别意识的培养,从着装、行为等方面告诉孩子,男孩和女孩有什么不

第十章 不疏不弃，用温暖和爱呵护孩子的心灵

同，帮助他们形成心理性别。

不要把女孩打扮成男孩（男孩打扮成女孩）

有的父母把女孩打扮成男孩，殊不知，孩子会对自己的性别认知产生障碍。一对夫妇来做心理咨询，他们的女儿存在性别角色认同障碍，他们很绝望。据了解，这家人非常希望能生一个男孩，所以从小就把女儿当男孩养。家中也以妻子为中心，这给了女儿一种误解："爸爸应该是妈妈，妈妈应该是爸爸。"年幼时性别角色定位出现偏差，父母没有及时纠正，才使她在青春期发展为性别角色认同障碍。

同理，父母也不要将男孩当成女孩来养。给男孩穿裙子、扎辫子等做法，都不利于孩子的健康成长。

【正面管教秘诀】

父母要根据孩子的性别，选择对待他的方式，避免孩子形成错误的性别意识。如果孩子出现性别意识偏差，应及时进行纠正、调整。

见性色变并训斥孩子的做法是错误的

中国家庭对儿童的性教育都是遮遮掩掩、禁止甚至歪曲真实的，这样会误导孩子。

孩子很好奇男女有什么不同，父母在洗澡时孩子也很想偷看。现实中，父母对孩子这方面非常小心，不希望孩子涉猎。于是，见到孩子模仿一些大人之间的亲密行为，如亲吻、拥抱等，有的母亲就怒斥阻止："不许动！""羞死了！"或者用手强行拉开甚至痛打一番。

亮亮平常喜欢和邻居婷婷玩过家家，有一次，两人玩着玩着，亮亮对婷婷说："你是我老婆"，便像模像样地拉着婷婷入"洞房"。两人躺在床上也不知道做什么，亮亮突然凑上去吻了一下婷婷。没想到婷婷马上就哭着跑出去告诉了亮亮的妈妈，说亮亮欺负她。结果，亮亮被妈妈打了几个耳光后，哭泣不止。

【正面管教秘诀】

上述故事的这种做法会给孩子形成一种错误观念：与异性朋友之间的亲密行为是不好的、羞耻的，这些行为活动是要受到惩罚的。孩子遭到父母的指责、恐吓后，害怕的不仅仅是他(她)所做的事，他(她)也会很害怕父母，因为他(她)会感到父母的喜怒无常、无理，因此而疏远父母。其实在孩子年幼时，即可以自然的方式和孩子谈"性"问题。

千万不要因性问题辱骂孩子

有些父母发现孩子有性方面的越轨和不良行为，马上大惊失色，甚至对孩子辱骂殴打。这样做的结果只能是让事情越来越糟糕。其实你完全可以与孩子一起讨论理想、事业、道德、人生观、价值观等问题，可以通过讲故事、做游戏等途径对孩子加以引导，引导孩子自己悟出为人处世的真理，提高孩子按规范要求调整自己行为的能力。有了这种自我教育能力，一些隐私中的危险倾向，都有可能自我解决。

孩子终究是要长大的，孩子大了，内心里有不愿告诉别人的秘密也是自然的事情。尽管孩子的内心世界里的秘密不一定正确，但这些秘密毕竟是孩子成长的表现，也是孩子成长过程中的正常现象。所以，父母们对此应该给以充分的尊重。在生活中，父母要密切注意孩子在态度和行为上的细微变化。当孩子希望自己的房间没有人打扰时，父母就不要随便进入；当孩子希望拥有记录自己秘密的日记本时，父母就不要偷看，更不能采取打骂体罚的方式。保护个人隐私是适应社会生活的一个方面，保护隐私就是保护自己。当孩子的隐私意识逐渐增强时，父母应当高兴才对。

天下父母们，当你用自己的语言和行为去赏识和尊重孩子时，孩子也同样会尊重你，从而把你当成他的好朋友。当他们遇到什么事情或者心中有秘密的时候，才有可能主动向你谈起。请记住，你越尊重孩子的隐私，你与孩子的距离也就越近。

【正面管教秘诀】

尊重孩子的隐私，在家庭教育中应当表现为更多的契约精神和民主、协商的方法和方式。比如,父母进入子女房间应该先敲门;移动或用孩子的东西应该得到他的允许;任何牵涉到子女的决定应该先和子女商谈;不要随意翻看子女的日记本;应该尊重孩子的所有权利,把孩子当作成人一样尊重。

第91招
青春期来袭,悉心呵护孩子的情感变化

异性相吸是自然界中的普遍现象,处于青春期的孩子,随着性意识的渐渐觉醒,朦胧中对异性产生了渴望和爱慕,这也是一件很自然的事情。这里需要提醒父母的是,不要把孩子的正常交往,如相聚聊天、结伴游玩、一块儿看书或做作业等误认为是早恋,从而加以指责。有些父母错误地认为,男女同学在一起就必定是"早恋",因而忧心忡忡,疑神疑鬼,不让孩子随便出去,平时也不让孩子与异性同学结伴回家,这样的做法势必会对孩子的心灵造成伤害。

父母应该相信自己的孩子,在一般情况下,男女同学的接触是很正常的,不敢接触才是不正常的。如果发现孩子与某一异性交往过密,就应该巧妙地加以引导,让孩子懂得,异性交往不要太集中于某一个人或一个小范围,否则会失去与多数同学、朋友接触的机会。

父母要引导孩子正确地与异性交往。这样既满足了孩子与异性交往的心理需要,又增加了孩子互相了解的机会,减少了彼此之间的神秘感。

不要压制孩子青春期的萌动

樊兵上小学五年级,有一天放学后,很神秘地对妈妈说:"今天我们班一个女生的书包散了,掉出了一包东西。然后张明和好多男生跟着起哄,把那个女生给气哭了。后来,老师批评了张明他们,还告诉我们以后不能这样欺负女生。"

"张明偷着告诉我们'别大惊小怪,这是女生的正常现象。'妈妈这是怎么回事儿啊?怎么流血了,还是正常现象?"

樊兵自顾自地说着,妈妈在一边愣愣地看着他,好像不认识自己的儿子似的。猛然间,妈妈回过神儿来,对儿子大喝一声:"闭嘴!你这么点儿小孩,瞎打听这些干吗?跟你有什么关系?以后长大了,你该知道的时候就知道了。告诉你,离那个张明远点儿,跟他一块儿学不了好!"

青春期是一个人性器官的发育期,无论是生理还是心理上,都有一个从萌发到成熟的过程。所以,孩子进入青春期,有了青春的萌动,渴望了解生殖健康知识,是再正常不过的事情了。但很多父母不能正确看待这个问题,不能给孩子适时、适度的教育。如果孩子无法从正常的渠道获取性知识,就难免会从其他不正规的途径获得错误信息,使孩子误入歧途。

【正面管教秘诀】

正确看待孩子的青春期萌动和孩子提出的问题,在适当的时候、用适当的方式,配合学校的教育来解答孩子的问题,让孩子从正当的途径了解青春期性知识,消除孩子心中的疑问。

对孩子青春期的教育不要太苛刻

有这样一些父母:对待工作,他们追求完美,获得了事业的成功;对待孩子,他们也努力给其最好的教育,希望孩子同样成功。尤其是当孩子进入青春期后,父母怕孩子误入歧途,对孩子要求更加严格。有的父母自己就是完美主义者,从怀孕时就开始注意健康饮食、胎教,让孩子上"贵族"幼儿园,进行双语教育,在家中只能说英语,不许用汉语交流。孩子的周末比平常还忙:上钢琴班、英语班、奥数班……事事都要求做到最好。生活上要求孩子循规蹈矩,如被子要叠得整齐、坐姿要端正、写字要工整、饮食要注意绝对卫生……却不知,父母这样的苛刻教育,对青春期的孩子的成长并不利。

【正面管教秘诀】

青春期不仅是生理上发育的阶段,也是心理上的转折阶段。在这样完

第十章 不疏不弃，用温暖和爱呵护孩子的心灵

美要求中成长的孩子，往往做事认真，成绩优异，是父母和老师的骄傲。但是，进入青春期后，长期形成的完美习惯就会变本加厉，导致强迫症。因此，教育孩子不要太苛刻。

不要忽视孩子青春期的情感培养

原苏联的教育学家苏霍姆林斯基说过："善良的情感是良好行为的肥沃土壤。良好的情感是在童年时期形成的，如果童年蹉跎，那么失去的将永远无法弥补。"

毋庸置疑，父母都爱自己的孩子，但这种爱怎样施于孩子身上，这也是值得思考的。很多父母对孩子的爱流于溺爱，这对孩子是不利的。而还有些父母因为爱自己的孩子，把他限制在一个狭小的范围之内，这也不利于孩子的成长。健康的孩子应当通过父母对自己的爱，学会如何去爱别人，这样就必须让孩子能够同别人进行情感的交流。

【正面管教秘诀】

在父母对孩子进行情感教育的同时，要有意识地选择富有爱的情感教育内容，在教孩子懂得爱的同时还要教会孩子学会给予爱。培养孩子的爱心和同情心，使孩子的情感得到健康发展。

第92招
尊重孩子的个人空间

在父母管教过严的家庭环境下长大的孩子，往往性格懦弱、没有主见、遇事慌张。父母过度限制孩子的自由，处处指责，也会影响他们自身各方面能力的提高，限制孩子的发展。

孩子固然喜欢黏着父母，因为他们天生就渴望被了解，被亲近。但孩子同样是渴望自由的，尤其是随着年龄的增长，孩子不喜欢大人打扰属于自己

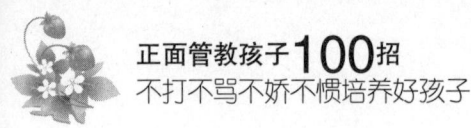

的那片清幽的小天地，他们总有那么多"不能说的秘密"，是只需要一个人在夜深人静的时候独自享受的。

孩子的成长需要自由的空间。要想使孩子茁壮成长，就一定要给他们活动的自由，而不是拘泥于一个小小的"鱼缸"。许多时候，父母对孩子过度管教，会扼杀孩子本来的天性，令孩子窒息，甚至产生严重的后果。因而，在家庭教育的过程中，父母不需要刻意约束孩子，要给孩子足够的自由，对一些无关紧要的事情少管或不管，让他们养成独立生活的习惯，时刻信任孩子、尊重孩子的独立人格，放开手给孩子自由，让孩子按喜欢的方式去生活。

父母在尊重孩子的个人空间的同时，可以适当地给孩子一些人生的忠告。要知道，一句好的忠告会影响孩子的一生。

平时重视孩子的情绪表现

一次有关专家在中国和澳大利亚父母中进行测试和比较之后，发现中国父母与澳大利亚父母有一点非常明显的差别。那就是，我们中国父母最重视孩子是不是听话，是不是认真、刻苦地学习，是不是遵守纪律等，相对来说不太重视孩子在情感和情绪方面的表现。

但澳大利亚父母却把孩子的情绪、情感放在相当重要的位置，非常重视孩子平时的情绪状态，孩子是不是高兴、乐观。专家们把这种现象称为"文化差异"。

这种文化差异给父母的启示之一，就是父母要不要适当地转变一些家庭教育观念？比如，你"望子成龙"，这并不错，只有一个孩子，谁不希望孩子将来有出息？但是，孩子整天坐在那里写啊，念啊，学习，学习，再学习，他就能"成龙"吗？如果他的情绪、情感发展不正常，如果他不善于和别人打交道，如果他的"努力"和"勤奋"都是被强迫的，如果他不诚实守信，如果他冷漠无情，不善于理解别人，他将来会怎样？

【正面管教秘诀】

教育家经常说，教育要"抓住时机"。假如孩子给母亲亲手缝椅垫儿，这是一个多么好的时机！它的意义远不止于孩子会劳动，会干活儿了，其意

第十章 不疏不弃，用温暖和爱呵护孩子的心灵

义主要体现在人的情感上，在孩子的一针一线中浸透着孩子对妈妈的爱和关心，浸透着孩子对妈妈的感情回报。

不要私自拆开孩子的信件

一个女孩子在写给某青少年心理咨询所的信中写道：老师，我是一名初二学生，我有一个很大的烦恼，那就是妈妈老是要私拆我的信件。

我有不少朋友，比如小学里的、外面辅导班里认识的、一起排练节目的等。平时学习太紧张了，我们就写信联系。可是信一寄到家，我妈妈就要拆开来，先看看，然后才肯给我。我说了她好几次，她就是不听。我感到自己已经不再是过去的小孩子了，应当拥有自己的交友领域，所以我感到妈妈这样做是不尊重我。那天，妈妈拆看了我的来信后，一边把信扔给我，一边说："哼，你现在什么也不告诉我了，我看你瞒得了我。"天哪！我有什么东西要瞒着她呀！老师，你说我妈妈这样做，我该怎么办？

处于十四五岁花季的孩子，为什么十分反感父母偷看他们的日记、私拆他们的信件，为什么总爱在家中自己使用的抽屉上锁上一把锁？似乎有什么不宜公开的秘密，或者有什么见不得人的事情。父母正是因此而担心。

【正面管教秘诀】

随着年龄的增长和独立人格的形成，孩子的"保密性"越来越强，如写日记和书信，与同学交往和谈话内容，都不愿主动地向父母透露。这时作为父母，可以经常主动地找孩子交谈，达到与孩子情感上的沟通，使孩子感到自己和父母之间不仅仅是血缘上的亲子关系，更是生活中可以信赖的朋友，他们便会愿意把自己心中的秘密告诉父母了。

不要以粗暴的方式对待孩子迷恋网络

发现孩子"网婚"，多数父母都极为震惊，首先会进行粗暴的阻止，然后是喋喋不休地唠叨，最后的结果是孩子不但不会终止网婚，还会更加地明目张胆，或者离家出走或失踪。

发现孩子搞"网婚"，父母可根据孩子与自己的亲密程度，由一方或双方

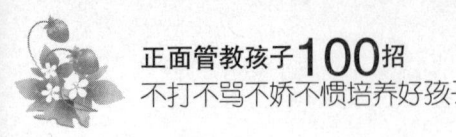

与孩子一起进入"网婚",要以理解的心态和孩子共同探讨,例如,母亲可以向子女提出在网上见一见他们的朋友;当孩子遇到问题时以朋友的身份帮助他解决,让孩子有自主选择的感觉。父母应该把这个问题看成是一次了解孩子、与孩子共同成长的契机,这样也有利于提前给孩子一个良好的婚姻教育。

【正面管教秘诀】

要让你的孩子充分认识网络世界虚拟性和险恶性,对"网络恋情"多一分清醒、少一分沉醉,时刻保持高度警惕性。告诉孩子不要轻易和网友见面,不要泄露私人的信息,比如学校、家庭地址以及电话号码。

第十一章

以礼为矩，教给孩子必要的言行规范和礼仪修养

第93招
教孩子做一个有礼貌有修养的人

对于父母来说,教育孩子要懂礼貌,应是人生的第一课。文明的语言,礼貌的举止,能够体现一个人的内涵和修养,也有助于一个人健康的成长和事业的成功。孟德斯鸠说:"礼貌使有礼貌的人喜悦,也使那些授人以礼貌相待的人们喜悦。"

孩子在成长的过程中学会做一个有礼貌有修养的人,在他们的生活中就会更受欢迎。礼貌和修养能显示出一个人的气度和风度,而懂礼貌的孩子会给别人留下有教养、有素质的好印象。生活中处处离不开礼仪,教给孩子说一句"对不起",会化解很多尴尬。教给孩子多在他人面前展示友好的微笑,可以赢得更多人的喜欢。

礼貌待人,是公共生活中人与人之间相互关系的行为准则和道德规范。它能使社会和谐而有秩序,从而维护社会生活的正常进行。孩子需要有礼貌,这是他们做人的根本。

加强对孩子的道德修养教育

许多父母由于忽视了对孩子的个人修养教育,孩子说脏话便成了习惯。也许孩子口中飞出的污秽之语没有任何针对性,似乎也未给任何人造成心灵上的伤害,但脏话毕竟刺耳,会破坏一个人的形象,同时也会妨碍正常的人际交往。试想,谁会喜欢和一个不讲礼貌、满嘴脏话的孩子做好朋友呢?

古代教育家孔子说:"出辞气,斯远鄙倍矣。"其大意是说话应注意言辞语气,避免粗俗和污秽。同样一句话,用不同的语气和语调说出来,效果则会大相径庭。与人交流,语气温和,语调平稳,往往会给人留下美好的印象。当孩子很小的时候,父母就应该教给孩子常用的礼貌用语,比如:请、

第十一章 以礼为矩，教给孩子必要的言行规范和礼仪修养

谢谢、对不起、没关系、别客气、您早、您好、再见等。

世界上许多国家、许多民族都特别重视孩子的文明礼貌教育，对那些不讲文明礼貌的人甚至会给予严厉的惩罚。在第十五届世界杯足球比赛期间，德国著名球星艾芬伯格因为对观众做了下流的手势，被该队主教练福格茨当即开除，遣送回国。而在美国东部新泽西州的小镇拉瑞顿，其市议会通过反复研究，最后一致通过了一项法规，规定当地居民不得使用"粗鲁、鄙俗、猥亵、下流"的不礼貌用语。如果谁违反了这条规定，便会收到传票，并可能被处以500美元的罚金和3个月的监禁。

【正面管教秘诀】

文明礼貌是现代人必备的基本素质之一。父母完全可以通过自己的言行，潜移默化地影响孩子，把孩子培养成一个讲礼貌、懂文明、有教养的人。

培养孩子的环保意识

小琦今年3岁，妈妈是一个注重生活环保的好妈妈，怎么说呢？小琦和妈妈上班、上学都是自己带水壶和环保餐具，晚上一家人下班、放学回到家中，小琦和妈妈一起清洗餐具、水壶，妈妈常常和家人一起动手制作第二天的餐点、饮料。小琦家自制的饮料有酸梅汤、冬瓜茶、菊花茶、红枣茶、桂圆茶等，这些好喝的健康饮料都是妈妈的杰作！

小琦妈妈做得非常好，但是遗憾的是生活中有些父母却不能从日常生活中教育孩子爱护环境。比如，在饮食方面，孩子的饮食习惯多是大人养成的，市面上流行的碳酸饮料、速食店里的炸鸡、炸薯条、高热量的汉堡、甜食、巧克力、糖果等食品，迎合孩子口味，大人又常以方便或孩子喜爱为理由，提供这类食品给孩子，但因此输掉孩子的健康，可不划算！速食、小吃固然都能给现代人提供方便，但是动手制作健康、环保的食物，带环保餐具，虽然对自己是不太方便，对环境却是大有帮助。

【正面管教秘诀】

环保教育活动的时间季节性很强，我们可以带领孩子参加节日、时令性的教育活动。如春季参加植树节；秋季开展"拾树叶"的比赛；冬季参加

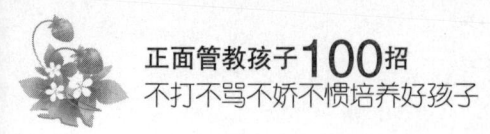

"世界环境日"等大型教育活动，使孩子进一步了解大自然，从小培养热爱大自然的情感，树立爱护环境的良好行为习惯。

在文明礼貌上父母要以身作则

"少成若天性，习惯如自然。"文明礼仪要从小培养。我们应要求孩子遵守交通规则，遇到熟人要打招呼，与人告别要说再见。有位孩子做得挺不错，每次离开爷爷奶奶家时都会说再见。有一天这个孩子忽然问父亲："爸爸，你怎么从来不跟爷爷奶奶说再见？"一下就把这位父亲给问住了。其实礼仪就表现在生活中，如果父母自身不重视礼仪，就无法教育孩子。只有父母以身作则，才能培养起孩子的文明礼仪习惯。一个懂礼仪的孩子是很受大家欢迎的。

孩子虽然还小，但他也是个独立的个体，也是家庭中的一员。父母要时时处处注意他的存在，家中的事情也要让他参与，多征求他的意见。

【正面管教秘诀】

父母做到身正为范，孩子才能从中受益。孩子的文明礼貌习惯来自于父母良好的修养。所以父母要在言行上以身作则，教孩子懂礼貌、讲文明。

第94招
从小规范孩子的仪表形象

著名作家刘墉对女儿刘倚帆宠爱有加，但在生活中对她要求十分严格。比如，他十分重视对女儿仪表和礼仪方面的修养。他会教女儿怎么拍照比较漂亮，怎样站立的姿势最美，怎么化妆效果会更加靓丽。在教育女儿的问题上，刘墉不会有丝毫的马虎。他会教育女儿说：这个世界上没有丑女人，只有懒女人。他会时时叮嘱女儿："娃娃有没有去锻炼呢？有没有去健身房？"

第十一章 以礼为矩，教给孩子必要的言行规范和礼仪修养

每到吃饭的时候，刘墉会让女儿进屋把外公外婆叫出来一起吃饭。女儿时常会抱怨："我不叫他们，他们也一样会吃饭啊。"这时刘墉就会很耐心地教导女儿："你如果不去叫他们，可能外公外婆就会躲在屋里吃了。你去请他们出来吃饭，那感觉就不一样了啊。我们要懂得敬老，要关爱他们。"刘墉知道，中国传统的孝道一定要传递给下一代。

女儿在12岁的时候对露脐装非常着迷，刘墉对女儿说："露肚脐的娃娃固然可爱，可这样如果着凉感冒了怎么办？"女儿一下明白了爸爸的意思，以后也就不再穿这种衣服了。

孩子的仪表形象要从小抓起，尽早树立形象美的意识，可以使孩子将来在为人处世中更胜一筹。

教给孩子多以微笑示人

有些父母本身是个严肃的人，很少笑，在这样的环境里，天长日久，你会发现他们的孩子笑的时候也很少。其实，笑不仅能表达人们愉悦的内心，而且能促进人与人之间的交往。经常微笑也是对他人的一种尊重。

微笑能给人一种亲切、温暖、愉快、和蔼的感觉。真诚的微笑也是和人交往最好的通行证，它是最能打动人的一种表情，可以向人传达出你的善意。

微笑应该是发自内心的，那些虚假的笑容会让人一眼就能看出来，并会给人一种很不舒服的感觉。

所以，不管是为了别人，还是为了自己，我们都应该让孩子经常去微笑。

【正面管教秘诀】

这些因素是人们需要微笑的理由：人们微笑的时候最好看；微笑能使自己的心情变得愉快；微笑会让自己的生活充满阳光；微笑是善意的代名词；微笑能够给人留下非常好的印象；你对别人微笑，别人也会对你微笑；微笑有助于你认识更多的新朋友；微笑可以减少人的烦恼和忧虑。

让孩子保持一个良好的站相、坐相和走姿

孩子们生性好动，喜爱作出一些随意的动作，如孩子在家中或公开场合站立时就常出现许多不正常的姿态。不少父母看见了，却不注意纠正孩子的站姿。这样，久而久之，容易使孩子形成不良的站立习惯，不仅损害形象，也有损健康。优美的站姿能显示个人的自信，还可以给别人留下美好的印象。父母要告诉孩子从以下方面进行站姿的训练。

站立时，双脚分开与肩齐，其他部位不变；身体不要东倒西歪，不要随意靠墙壁，须时刻提起精神；不要双手叉在腰间或环抱在胸前，装腔作势，会给别人留下不好的印象。

坐是一种身体的语言，是展示风采和魅力的一种姿态。良好的坐姿就显得端庄和稳重，给人一种可信赖的印象。

你有没有留心过你的孩子的坐姿呢？

告诉孩子下面的坐姿很重要：背部挺直，不要弯腰驼背；要注意自己的身体不靠着桌子和椅子，保持一拳的距离；双膝并拢，不可两腿分开；双脚自然垂地，不要交叉在前或腿伸得一前一后；头、脖子保持直立。

良好的走姿可以表现一个人的气质。有些孩子认为一个人走路，可以很随意，这是不对的，作为父母要时刻督促孩子，任何时候，都要规范自己的走姿。

培养孩子良好的走姿要做好以下几点：不吃零食；不乱扔废物；街头发生冲突时，切莫围观、起哄；不毁坏公物；不要攀折树木、采折花卉，践踏绿地、草坪或在墙壁上信手涂鸦；不要在别人家的门口、窗口、墙头，偷偷观望，窥视他人的隐私；不违反交通规则。

【正面管教秘诀】

父母要教育孩子从小养成良好的站姿、坐姿和走姿，站着要抬头、挺胸收腹，坐着要稳重端庄，走着要精神饱满，脸上带有自信。让孩子明白这是一个人在生活、学习、交往中要保持的最基本的姿势。

第十一章 以礼为矩，教给孩子必要的言行规范和礼仪修养

要想让孩子衣冠整洁，父母就不能不修边幅

"小莘，你怎么把鞋都穿错了，两只颜色都不一样，你赶紧回家去换一下吧！"早晨，老师看到小莘后连忙提醒他。

不一会儿，小莘就气喘吁吁地从家里跑了回来。

"你怎么没有换鞋子呀？"老师非常惊奇地问。

"没有办法，老师，我家里的那双鞋也不是这个颜色的，我妈妈总是把东西弄得很乱！"

可能是由于忙的缘故，有些父母常常不修边幅，不仅自己这样，而且孩子也衣冠不整。

作为孩子，由于年龄较小，经常会有衣着邋遢的时候。但是只要做父母的能够在生活中多留心、多注意，及时帮孩子纠正，就能避免犯类似的错误，让孩子知道穿衣服的基本礼仪。

【正面管教秘诀】

着装应该符合自己的年龄特征，不同年龄段的人应该穿不同的衣服。例如，小学生就应该穿一些有朝气、有活力的衣服，而不应该穿那些太成熟的衣服。

穿衣服还应该分不同的场合：在学校应该穿校服，在家里就可以随意一些；外出的时候，则应该保证衣服的整齐，但是在任何情况下，衣服都应该是整洁的。衣服上不能沾有污渍，更不能有破洞，扣子等配件应该齐全，衣领和袖口处尤其要注意整洁。

第95招
指导孩子担当文明就餐的小·淑女、小·绅士

餐桌礼仪是我国传统礼仪道德规范中的重要内容，其中有不少的讲究和

学问值得父母们借鉴和参考。对于孩子来说，教给他们在饭桌上守规矩，讲文明，懂礼貌，是开启孩子人际交往的一块敲门砖。在饭桌上做到小淑女、小绅士，会给人留下有修养的好印象。

父母不要认为孩子年龄小，在餐桌这种场合不必太严格管教，有的孩子平时很调皮，在餐桌前也不老实，不是上蹿下跳，就是玩弄碗筷，或者敲打桌子，弄翻碗碟等。还有的孩子在家喜欢零食不断，到了别人家里去做客，也会不自觉地到处翻找食物。在参加宴会场合，喜欢贪吃的孩子还会不顾及旁人，独自大吃大喝，或者将自己喜欢吃的饭菜一个人独享。而有的平时娇惯的孩子，在吃饭时不懂得谦让别人，在众人还没有开始就餐前，就自己爬上椅子将喜欢吃的东西先填饱了，令客人尴尬。

以上这些餐桌礼仪细节并非无关紧要，尽早地告诉孩子一些日常就餐礼仪，对他们今后的做人和立身处世有着重要的影响。孔子在《论语》中说："不学礼，无以立。"就是这个道理。

告诉孩子在吃饭时做到有序入座

小晖家里正举办喜宴，很多亲戚都来参加。父母为了招待客人，摆了两大桌酒席，其中一桌是专门为孩子们准备的。小晖才刚上小学，是家里的独生子，他不愿意和那些小弟弟、小妹妹坐在一个桌子上，他想和那些大人坐在一起，于是便去央求爸爸。爸爸对他说："小晖，你还小呢，等你长了胡子以后，就可以跟大人坐在一块儿吃饭了。"但是妈妈听见了，见孩子很沮丧，就说："哪来的那么多规矩，来小晖，跟妈妈一起坐。"

我国是一个文明古国，有着丰富而又悠久的文化传统。我们的饮食文化是其中的一个重要组成部分，不可忽视吃饭的礼仪。

【正面管教秘诀】

告诉孩子，在吃饭时要注意以下几点：

在吃饭的时候，应该等长辈坐下以后，自己才可以入座；坐下以后，自己的姿势要端正，脚应该放在自己的座位下，不要乱动，以免踩到别人的脚；自己的胳膊不要靠在桌子边上，也不要把手放在邻座的椅子背部；吃完

第十一章 以礼为矩，教给孩子必要的言行规范和礼仪修养

饭后，要按先后顺序离开餐桌。

教育孩子文明礼貌地参加宴会

星期天，在小宝的死缠烂打之下，爸爸终于同意带他去参加一个宴会。这种大型宴会小宝经历得不多，所以对那里的一切都感到很好奇。

他看到桌子上摆着一盒牙签，想也没想，就一下子把它们全部倒了出来，并在桌子上数了起来。爸爸正在和别人谈话，小宝拿着牙签玩，有位阿姨赶紧制止了他，并让他去洗手间洗一下手，准备吃饭。但是，小宝的爸爸却不以为然地说："算了，随他吧，小孩子。"

不一会儿，小宝又从桌子上拿起了一条餐巾就在脸上擦了起来。周围的人看了都觉得很无奈。

在宴会中，父母要事先告诉孩子，餐巾是用来防止弄脏衣服的，也可以用它来擦嘴和手上的油渍。但是不能用整条餐巾来擦脸、擦鼻涕，更不能用餐巾去擦拭餐具。

等大家都坐下以后，才能使用餐巾。把餐巾摊开以后，可以放在双膝上，不要系在腰带上，也不要挂在领口上。吃完饭以后，要把餐巾叠好，不能揉成一团，也不要把它带走。

牙签是饭后剔牙用的，记住尽量不要当众剔牙，在剔牙的同时，最好用一只手掩住口部。不要用牙签来扎取食物。

【正面管教秘诀】

如果你要带你的孩子参加宴会，那么就告诉他：

让他了解并记住那些相关餐具的使用方法；

当他不知道某一个餐具该怎样使用时，应该主动地去询问别人，不要自己盲目地去使用，以免弄出笑话来。

培养孩子温文尔雅的就餐礼仪

老师："小晴，你吃饭的时候一定不够文雅，你看你脸上到现在还有残留的食物呢，而且我都知道你早晨吃的是什么了。"

小晴:"老师,那我早晨吃的是什么啊?"
老师:"你吃的是鸡蛋啊,看你的脸上还有残留的鸡蛋呢!"
小晴:"哈哈!老师您弄错了哦,那鸡蛋是我昨天晚上在家吃饭弄的。"

为了避免以上笑话的发生,父母有必要抽时间告诉孩子,在吃饭的时候,要温文尔雅,要学会细嚼慢咽,这样不仅有利于消化,同时也是餐桌上基本的礼仪要求。

不要把食物大块地往嘴里填,更不能表现出一副狼吞虎咽的样子,这样会给人留下一种很不好的印象。

如果嘴里面还有食物的话,尽量不要和别人说话。吃饭时,不要发出很大的响声,例如喝汤、吃东西的时候嘴里不要咕噜咕噜响,也尽量不要让餐具发出太大的声响。

另外,吃饭的时候,不要咳嗽、打喷嚏或打哈欠,更不要将手伸进嘴里面剔牙。

在吃完饭以后,要特别注意一下自己的嘴角和脸上,检查一下看上面是不是有食物残渣。

吃饭时不要挥动手臂或餐具,以免碰到和你相邻的人。

【正面管教秘诀】

父母应告诉孩子,在给别人夹菜的时候,不要用自己的筷子,而应该使用公用的餐具。

不要只是盯着自己喜欢的某一种或几种菜吃,更不能把自己喜欢的那些菜都夹到自己的盘子里。

第96招
让孩子知礼、懂礼、守礼

你的孩子是不是见人不知道该怎么接待;看到长辈怎么也无法让他开口

第十一章 以礼为矩，教给孩子必要的言行规范和礼仪修养

叫人；你用尽了办法也改变不了孩子举止粗俗的习惯；你是不是为了教育孩子懂礼，该打的也打了，该骂的也骂了，可是孩子就是没有一点长进……其实，你不能抱怨孩子没有进步，而应该思考一下自己的方式是否得当。很多父母总以为用严格的刻板教育管教孩子是最合适不过的，却不知道你的一言一行在潜移默化地影响着孩子，你用简单粗暴的方法教育他，又怎能奢望他能以彬彬有礼的态度去对待他人呢？

如果父母在教育孩子懂礼貌的方式上不肯用心，只凭一时的喜怒赞扬或批评孩子，或只是发号施令、训斥孩子，孩子一时会被父母的威风吓住，做听话状，但他稍大一些，则不会买父母的账了。父母教育孩子时，不要用命令和打骂的方式，而应以友善的态度启迪孩子，避免枯燥的说教。要想让孩子懂礼、知礼，遵守必要的礼仪规范，就要告诉孩子学会尊重。尊重别人是对别人最大的礼貌。比如上学时主动向老师同学问好；遇到熟人热情打招呼；家中来客人要热情迎送；请人帮助要先用礼貌称呼，再说明事由，事后要道谢，等等。

父母一旦让孩子懂得了讲礼貌的必要和益处，就等于教给了他们做人的准则。这个准则就会永久地发挥作用，成为他们发展自身修养的内驱力。

告诉孩子，家人之间也不可以省略掉问候语

小伦吃完早饭要去上学，却找不到红领巾，就问妈妈："妈妈，我的红领巾哪儿去了？"妈妈很快就帮他找到了红领巾，小伦接过红领巾后，赶紧对妈妈说："请您原谅我，妈妈！刚才是我不够礼貌，谢谢您帮我找到了红领巾！"

妈妈却不耐烦地说："家人之间啰唆什么，你赶紧系上红领巾上学去就是了。"

小伦妈妈的做法是错误的，即使是家人之间，问候语也不能省略掉，比如告诉孩子，早上起床见到父母要说："爸妈早！"晚上临睡前要说："爸妈晚安！"离开家门要说："再见！"回家首先要说："我回来了！"

有时也可让孩子用礼仪行为表示问候，比如亲吻或拥抱一下父母，这样

的问候效果会更好，也更能增进家人之间的感情。

【正面管教秘诀】

礼貌用语不仅仅适用在公共场合，更应该常常用在家庭生活里。

"谢谢"、"请"、"对不起"、"请原谅"、"麻烦你"等，这些礼貌用语应该常常挂在孩子的嘴边。

不要让孩子认为家人为自己做任何事都是理所当然的，要让孩子懂得及时地表示感谢。

教育孩子学会向人道歉

在现实生活中，孩子与他的伙伴之间难免会发生分歧和矛盾。即使孩子有错，有的父母也会偏袒自己的孩子，更别说教孩子去道歉了。其实教孩子学会道歉，是一种豁达大度的修养。

"对不起"是一句文明用语，表示道歉的意思。一声真诚的"对不起"，既可以表明自身的文明素质，又可以表达对他人的尊重。

一般来说，当孩子做错了某件事，或是处理问题不周，或是失礼于人的时候都应该向对方道歉。父母应该告诉孩子，向人道歉不只是认错，它表示你已经知道自己的言行影响了彼此的关系，表示希望重归于好。而且切记，道歉并非耻辱，而是真挚、诚恳的表现。承认自己不对，做起来并非易事，不过孩子一旦决心面对现实，不再倔强，便会发现认错对于消除误会、恢复感情确有奇效。

【正面管教秘诀】

道歉的方式多种多样。例如，送一件小礼品可以表示悔意；握握手也可传情达意；孩子如果怕道歉时碰钉子，可以试着写张表示歉意的纸条悄悄塞进对方的课桌里。当然，道歉最好是当面。所有的方式都是在表达这样一种意思：我对发生的事深表歉意，对现在彼此的隔阂深感难过，道一声"对不起"，并盼你能接纳这份歉意。

怎样教给孩子拒绝别人的不合理要求

在现实生活中，有些父母往往为了面子、为了不使别人尴尬，而用所谓的懂事、礼貌来迫使孩子做一些他们并不情愿做的事情，不让孩子拒绝别人的不合理要求。

这是因为，中国的传统使我们在教育上往往片面强调谦恭礼让、顾全他人，而忽视了对自己意愿、权益的维护，尤其是在对孩子的教育中。有时，即使他人的要求不合理，甚至妨碍和影响了孩子自己的利益，父母也会用礼貌、谦让来压制孩子的真实愿望。这表面上是尊重别人，实际上却是对孩子的不尊重，会使孩子觉得这种礼貌教育是不真实、不合理、不平等的，从而失去了礼貌教育的意义。

因此，父母要教孩子如何巧妙地拒绝他人的不合理要求，不要为了面子和虚荣心而勉为其难。

【正面管教秘诀】

一味地要求孩子因为礼貌、谦让而放弃自身意愿和利益，会使孩子缺乏辨别和判断的能力，总是迎合别人的要求，难免会随着别人做出一些本不该做的事情。

第十二章

不吝不奢,合理地锻炼孩子的财商

第97招
跟孩子这样来谈钱的问题

如今的学校教育和家庭教育都比较关注孩子智商、情商的培养，而忽视了财商这个概念。其实，从小给孩子树立财商的意识，让他们理解财富的意义，懂得简单的理财方式，有助于孩子未来的成长。对于财商这一概念，有远见的父母正在慢慢接受它。

金钱不是万能的，没有金钱是万万不能的。谁都不希望自己的孩子将来是一文不名的穷光蛋，更不想孩子的一辈子都由父母来埋单——那样的孩子永远不知道成功的滋味，永远也学不到赚钱的本领，理解不了金钱的作用和意义。

培养孩子的理财意识是大势所趋。在未来的社会，会理财的人，能在有限的条件下生活得很好，而不会理财的人，不管挣了多少钱都不能提高生活质量。

金钱是社会的通行证之一，所以，财富教育是教子中的必修课。

引导孩子树立正确的金钱观

如今，春节成了孩子的"物质盛宴"：从新衣、新鞋、新玩具，到数以百计甚至千计的压岁钱，孩子们在得到物欲满足的时候，父母们是否想过：我们是不是给了孩子对物质和金钱的正确观念？

一位8岁孩子的姥姥说，这个春节光给孩子买衣服、鞋子就花了500元，一支玩具枪119元，再带孩子去游乐场玩花100多元，春节实实在在成了孩子的"消费节"。"怎么办呢？现在孩子都这样。"老人感叹。

有些父母把零用钱的多少，与孩子的成绩高低或做家务多少联系起来，也有些父母给零用钱没有限度，孩子随要随给，这样做究竟好不好呢？要回

第十二章 不吝不奢，合理地锻炼孩子的财商

答这个问题，需要我们不断反思给孩子零用钱的目的。

【正面管教秘诀】

指望用金钱堆砌出一个好孩子是不切实际的空想。事实上，给孩子金钱容易，但培养一个好孩子却很难；用金钱毁掉一个孩子容易，在金钱充斥的世界里塑造孩子不为金钱所动的性格则更是难上加难。而这更需要父母有正确的金钱观和科学教育孩子的技巧与方法。

不要一味地满足孩子的物质需求

金钱在孩子的教育过程中发挥着重要作用，这一点在孩子上幼儿园时就已经凸显出来。父母们毫不吝惜地成把花着钞票，如生活费用、娱乐费用、教育费用等，却没有想到，有些钱用在孩子身上，却不一定能起到积极作用。生活中我们经常会遇到这样的情况。

案例一：孩子不喜欢上幼儿园，每天早晨都要和妈妈谈条件："妈妈，今天给我买一个棒棒糖，我就去幼儿园。"为了减少麻烦，妈妈总是说："好的。"第二天，孩子又会说："妈妈，给我买个娃娃，我就去幼儿园。"……

案例二：孩子要一个玩具，妈妈买回来的不是她想要的那种，于是孩子就不停地哭，妈妈哄不好她，只好答应重新买一个，孩子这才不闹了。

【正面管教秘诀】

如果给孩子绝对的物质满足就会使孩子的思维集中在物质上，这不利于他们的成长。学龄前的孩子，父母可以逐步减少对其"妥协"的次数，妥协的时候要有附加条件，让孩子心理建立一种"度"，就是"遇到这样的事情再闹也没有用，妈妈不会答应的。"

满足孩子虚荣心的做法要不得

现在许多中小学中都非常流行"学生名片"，它已经成为孩子们之间的一件"社交"工具。部分学生还把父母的单位和职务写在名片上，据学生说是为了显示身份。

如今的中小学生谈到将来的理想，很多是要开公司、赚大钱、买别墅。现在的中小学乃至大学，学生攀比现象严重，学生之间比的不再是学习成绩，而是高档的手机、笔记本电脑、名牌服装等。

刚刚开学不久，一位学生父母抱怨："新衣服、新鞋非名牌不穿，手机要换新的，家里明明有电脑，还必须得要一个笔记本电脑，这一下就是上万元，我们俩口子在每次开学时都犯愁。"

父母尽管犯愁，却还是不得不为，这位父母说："不买不行，孩子用旧手机、穿的衣服不够高档、没有笔记本电脑，到学校会受到同学的歧视。"一位父母更是坦言："我现在开的车是一辆桑塔纳，都不敢接送孩子上下学，就怕给孩子丢人。"

生活中，这种孩子间的虚荣攀比之风不得不引起父母的重视。

【正面管教秘诀】

倘若父母不给孩子们灌输正确的财富观，等到将来孩子进入社会，他们就会感觉格格不入，而最重要的是培养孩子良好的人生观和价值观，不能以贫富论优劣。

第98招
培养孩子正确的消费观

现在的孩子都是家里的"小皇帝""小公主"，有爷爷奶奶亲、父母疼，因此，孩子手中的零花钱多了，大手大脚花钱的现象也随之增多。有的父母每天拿钱给孩子打网络游戏，少则几元，多则几十元。孩子手中的零钱数额越来越大，甚至还产生了攀比心理，谁的零花钱数额大，谁就是"大王"。如果这么小的孩子就对金钱有强烈的占有欲，那么势必会引导他们兴趣转移，常常想着要钱，摸大人口袋，这对孩子的成长极为不利，甚至可能导致走上犯罪的道路。注意观察，会发现周围的孩子的金钱观是错误的，跟

第十二章 不吝不奢，合理地锻炼孩子的财商

风、追求高消费的孩子比比皆是。

穿名牌新衣，用智能手机，玩平板电脑，孩子的必备武器样样不能少。父母们无奈叹息之余，可能都会感慨，如今养育孩子完全可以用一掷千金来形容。如今随便从一个孩子的身上掏出50、100元钱，已不是什么稀奇事。但是孩子手里的零花钱多了，难免令人担忧。

美国的洛克菲勒家族拥有的财产难以数计。但是老洛克菲勒每个月才给儿子几美元零花钱。有人问他："你这么多钱，为什么还要如此吝啬？"洛克菲勒回答说："这不是吝啬，而是责任。我之所以这样做，是要让他从小就知道，钱来之不易。只有养成节俭的习惯，长大后才能有所作为。"

可以说，让孩子管理好零用钱，教孩子学会正确消费，是培养孩子财商的一个很重要的细节。

教"花钱无度型"的孩子做预算

刘先生的儿子上小学四年级，为了鼓励孩子学习，开学前，他领着儿子到商场挑选文具。儿子说别的同学都用三层的文具盒，刘先生便花了98元为他购买了一款三层多功能文具盒。

"花钱无度"型的孩子只要手里有钱就会花掉，用金钱购买自己喜欢的玩具和食品对他们来说已司空见惯。

第一次独自把手里的钱换成自己心仪的物品，对每个孩子来说都是一种神奇的体验。这种神奇带来的心理满足感会让他们不断地把手里的现金去换成实物。这种孩子很难在花钱上克制自己，如果父母强行甚至通过暴力的方式来约束他们的消费行为，会影响他们的内心感受，对心理健康不利。

【正面管教秘诀】

父母要鼓励孩子建立消费预算，学习管理金钱的能力。最好的方法就是父母要教导孩子养成记账的习惯，以确知自己的钱都用在了哪些地方。每隔一段时间(例如3个月或半年)，父母需要检查一下孩子的财务状况，若孩子确实做到了，可以颁发一笔"量入为出"奖金，或是增加一点零用钱作为鼓励。

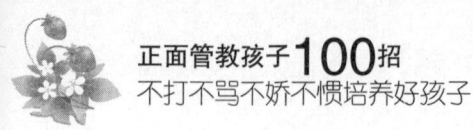

培养孩子健康的消费观

如今在学校里,孩子之间攀比成风,这就容易使孩子在消费时存在盲目性,买东西时也喜欢价格高、功能多的。面对这样的情况,大部分父母却不懂得培养孩子"货比货"的习惯。比如,当给孩子买文具时,可以带他去考察一下商场、超市,还有街边的文具店,哪家的文具盒更便宜,不同价位的文具盒都有哪些功能,而他自己真正需要的功能是什么,比较一下街边小店更便宜一点的文具和超市的文具有哪些质量上的差异,然后引导孩子作出决定,购买哪种文具会更加实惠。

【正面管教秘诀】

为了鼓励孩子树立健康消费的观念,父母可以采取一些奖励措施,比如把节省下来的钱奖励给孩子当作零花钱。当这种"货比三家"和"货比货"形成一种习惯后,孩子在消费时就会更加理智和成熟。

引导孩子把钱用在重要的地方

"储蓄罐"型孩子不舍得为玩具或者书籍自己付钱,会想尽一切办法攒钱,得意于自己攒的钱越来越多。

这类孩子可能也没有别的目的或计划,他们只是想看着自己有一堆钱在那里,并希望这个数字不断增加,他们可能还会比较吝啬。对于这一类型的孩子父母却忽视了正确引导他们消费,比如,不会鼓励孩子自己出钱买下心仪的玩具或者漫画书。这类型的孩子宁可忍痛割爱也不愿从自己的抽屉里拿出一些钱,而如果有任何消费方面的需要,他们会转向父母讨钱。如果父母专门为孩子设立了儿童账户,并经常对孩子往账户里存钱的行为表示赞赏,那么,他们就会把账户数字的增加视为自己在金钱方面的最大成就。

【正面管教秘诀】

孩子珍惜金钱,并遵守储蓄方面的纪律是个好习惯。但是,过多关注金钱数量的增加会让孩子越加看重金钱本身,这可能会影响他们未来的价值观,也可能会妨碍他们在未来更妥善地管理金钱。因此,父母要培养孩子正确的金钱观,引导孩子合理消费,把钱用在重要的地方。

第十二章 不吝不奢，合理地锻炼孩子的财商

第99招
穷养男富养女，不用优越的物质条件宠爱孩子

俗话说，男孩穷着养，女孩富着养。但在这里不能片面地理解"穷"与"富"的概念。穷与富的内涵，是对于不同性别的孩子进行的不同的教育方法，在教育内容上有所侧重，因此富与穷包含着不同于金钱的意义。

美国的家庭教育以培养孩子富有开拓精神、成为一个自食其力的人为出发点。父母会让孩子从小就树立起自立精神，即便是富豪子女，也要外出体验打工的不易。美国前总统里根的儿子，就不靠父亲的权力来为自己安排舒适的工作，而是靠自己的能力去奋斗。

而在中国的父母中则很缺乏这样的意识，他们习惯为孩子创造最好的物质条件，尽量不让孩子受苦。但是，如果孩子习惯了坐享其成、养尊处优的生活，将来面对困难时，就很容易变得脆弱无助。孩子总有一天是要长大的，总有一天需要自己去工作、去独立生活，父母不可能永远跟着他。所以，与其为孩子打造优越的物质条件，不如教给孩子用双手去创造物质财富。

父母对孩子的爱是用物质取代不了的

一位父亲长年在外工作，很少有时间和自己的孩子待在一起，教育孩子的工作全部落在妻子身上。每次打电话回家，他想和孩子说上几句话，但孩子似乎一点也不热情，竟然让妈妈帮忙接电话，理由是"我正在做作业，没时间"。每次回到家，他都会补偿似的给孩子带许多礼物，希望能对孩子有所弥补。但是孩子却对他说："你给我礼物有什么用？我要的不是礼物，我看你根本就不想做我的爸爸。"这位父亲很苦恼，他觉得每次和孩子在一起时都像陌生人，每次和孩子的对话总是不超过10句，而且孩子也总是爱理不理的。

终于有一天，这位父亲如梦初醒，发现这一切的根源在于自己。

【正面管教秘诀】

许多父母用物质财富去弥补对孩子的爱，其实这非但无济于事，反而还加深了孩子心灵上的伤害。要知道，亲子之爱是不可以用物质财富来替代的。

用金钱奖赏孩子要适度

有的父母习惯用金钱奖赏孩子，其实，这并非是对孩子奖赏的最好方式。用金钱作为奖赏，这样孩子在脑海中容易形成金钱至上的观念。尽管我们都十分喜欢钱，但也不应该急于在这方面向孩子灌输金钱的概念。

在给孩子的奖赏中，最好是提供特殊的权利或者是奖品。如果你提供的是金钱，那么数目最好是固定的，不要随心所欲地增加。

学龄前的孩子非常渴望从事那种能够给他们带来切实利益的活动。根据孩子这种心理，要在需要孩子完成困难任务时进行奖赏。这种奖赏间隔时间最好长一点：对于5~7岁左右的孩子至少2个星期奖励一次；对于7岁以上的孩子至少1个月奖励一次。

【正面管教秘诀】

不要因为孩子的一点点良好表现就用金钱奖赏。否则，在你不提供这类物质奖励的情况下，孩子行为的影响力就会减弱。

从小就要让孩子懂得节俭和控制物欲

君子乐得其志，小人乐得其事。当今许多父母要求孩子立志，但往往以自己的标准来要求孩子，比如，有些父母信奉"一切向钱看"，于是在孩子年纪很小时就要他辍学做生意，说什么"只要赚到钱就是有本事"。有的则是把孩子往文凭路上赶，以为文凭代表一切，把孩子培养成脱离实际的"书虫"。有的千方百计地让孩子到国外去，去赶追"淘金热"……其实，这些都不是要孩子立志，而是要立欲，都是为眼前的利益所驱使。这些父母常常混淆了"立志"与"立欲"的概念，从小灌输给孩子的也是一些"立欲"的心态，使孩子的心理并不能正常地发展，成为利己主义者。

第十二章　不吝不奢，合理地锻炼孩子的财商

为此，要想让孩子健康成长，从小就要培养孩子的节俭习惯，做到不为物欲所诱惑。

【正面管教秘诀】

"立志"与"立欲"的根本区别在于，立志是以社会为最终的目标，确立为社会大众服务的理想，以天下之利益为自己的利益，是进步、向上的；而立欲则是满足个人的意愿，以一己的利益为根本，是自我主义者。作为父母，必须教育孩子树立远大志向，做对国家对人民有益的事情，让孩子从小就有一个健康的心理，乐得其志而不是乐得其事。

第100招
培养财商可以从孩子做起

在孩子的成长过程中，管理金钱是一项很重要的社会能力，它深深影响着孩子一生的人际关系与人格、心理的发展，父母无论采取过度限制还是过度放任的做法，都不太妥当。

培养孩子的财商，并非只是为了满足他们的需要，而是能够教会孩子具有经济头脑，训练孩子养成良好的理财习惯，而且这类教育宜早不宜迟。

在生活中，父母有必要让孩子了解点关于财富的概念，让他知道你在做什么样的工作，了解自己的家庭收入情况甚至是经济情况，从而学会体谅父母持家的不易，体会父母工作的艰辛。父母还可以带自己的孩子去看看自己的工作环境与工作情景，告诉孩子这样做一天可以赚多少钱，让孩子更懂得珍惜所拥有的一切。

帮助孩子较早地树立财商的意识，从小教会孩子认识金钱，学会花钱，并懂得珍惜财富，对孩子来说是一生受益无穷的财富。受到良好金钱观教育的孩子长大成人后才能对金钱抱有正常的心态，才能处理好与金钱的关系。这种财富将是用之不竭的。

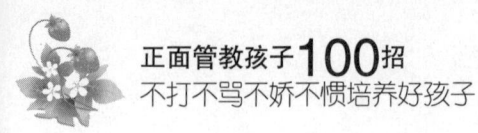

培养孩子"要想有钱自己赚"的意识

有些父母在金钱方面,特别谨慎,怕孩子学坏,会尽力避免让孩子接触钱财。

其实,父母应随着孩子年龄的增长教会他们各种用钱方法。如让他们学买早点、打酱油以及交学费等,大一点的孩子还可教他们利用假期勤工俭学,卖报纸或打小工等,让孩子在经济活动实践中体会到钱来之不易,应当珍惜;懂得钱是劳动所得、不劳动者不得获的道理。

【正面管教秘诀】

要让孩子明白,享受自己用劳动创造的价值,要比享受父母或别人的劳动成果快乐得多,幸福得多。古人教子提倡"以俭养德",实际就是把创造的机会留给孩子,让孩子在劳动中去锻炼自己,树立"要想有钱自己赚"的意识。

让孩子养成储蓄的习惯

父母除供给孩子最基本的生活必需品外,有些消费可以让孩子用自己的储蓄去支付。例如,孩子要买玩具或出去游玩,父母可以指导他使用自己的积蓄。这样,不仅可让孩子认识到储蓄的意义,使他体会到用自己的存款来达到目的的快乐,同时还可培养孩子节约和计划用钱的能力。

例如,孩子很想吃炸鸡,如果买份炸鸡需要20元的话,父母可以告诉他:"今天只能给你10元,明天再给你10元,你凑足20元时再去买吧。"这样做可以激发孩子的储蓄观念,使孩子学会"把今天的钱存起来,等到明天再用"的简单储蓄方法。当然,教孩子分别用储钱罐和银行存折,把平时的零花钱及逢年过节得到的"红包"积存下来,也是教给孩子独立储蓄的办法,但要注意根据孩子年龄、个性的不同,对钱的管理加强监控。

【正面管教秘诀】

通过储蓄可以让孩子学会合理安排个人开支,了解和学会计划用钱,养成良好的消费习惯。

第十二章 不吝不奢，合理地锻炼孩子的财商

允许孩子参与到家庭经济活动中

在现实生活中，有许多父母不愿意告诉孩子自己家庭的实际经济状况，更不让孩子参与家中的经济活动。对于大多数的家庭来说，孩子对于家庭的经济状况都是不了解的，他们也没有参与家庭经济实践活动的权利。

很多父母之所以避讳和孩子谈家庭的经济问题，是觉得孩子太小、太单纯，正处在学知识的成长阶段，怕孩子过早地染上世俗的铜臭味，或者背上不必要的思想负担和压力，从而影响他们的健康成长。这些父母认为经济问题是大人应该操心的事，孩子只要把学习搞好就行了。

其实这种"谈钱色变"的避讳是多余的，甚至会产生一定的副作用。要知道，现在是经济社会，金钱与每一个人的生活息息相关，想让思想活跃的孩子们完全与金钱隔离是根本不可能也不现实的事情。相反，正是这种不应有的避讳导致了理财教育的缺失，使错误的、盲目攀比的金钱观乘虚而入，占据了孩子们尚不成熟的头脑。孩子会以为父母的钱来得毫不费力，花起来自然是大手大脚。既然孩子是家庭中的重要一员，那么不管家境到底如何，父母都应该允许孩子参与到经济活动中来，这才是最明智的，也是对孩子知情权的尊重。比如，家庭日常消费情况、孩子的学习用品的购买、衣食住行上的支出、节假日旅游等消费情况，都可以和孩子说一说，听取孩子的意见，这样做有助于提高孩子将来自己打理钱财的能力，学会掌控财富。

【正面管教秘诀】

父母要让孩子对家庭的经济状况有个真实的了解，并让孩子参与到家庭的经济问题中来，让孩子真正地明白父母的钱不是白来的，必须懂得珍惜和节俭。应当让孩子了解家庭的经济状况，要让自己的孩子有一份应该承担的家庭责任，培养孩子应有的生活责任感和财商。